説明文のマクロ構造把握

―国語教育・日本語教育への指導・応用に向けて―

立川 和美 著

流通経済大学出版会

目　次

序　はじめに・本研究のねらい　……………………………………… 1

1．テクスト分析の歴史的展開　………………………………………… 5

　1．1．文章論の流れ　………………………………………………… 5
　1．2．文章論で扱う領域　…………………………………………… 7
　1．3．文章とは何か―文章の定義と分類―　……………………… 9

2．テクストにおける文脈展開　…………………………………………13

　2．1．文と文との連接関係について―結束性―　…………………13
　2．2．マクロ的視点から文章を捉えた議論　………………………16

3．国語教育・日本語教育における説明的文章　………………………19

　3．1．国語教育における説明的文章…………………………………19
　　3．1．1．中学校・高等学校における文章のジャンル分け…………19
　　3．1．2．国語教育における先行研究…………………………………22
　　3．1．3．中学校国語教科書における説明的文章……………………23
　　3．1．4．高等学校教科書「現代文」における説明的文章…………27
　　　3．1．4．1．高等学校の国語教育における説明的文章のあり方　27
　　　3．1．4．2．高等学校教科書「現代文」の教材配置と「評論」教材　28
　3．2．日本語教育における説明的文章………………………………31
　3．3．教材に見られる説明文の内容―説明文分析へむけて―………39

i

4．説明文のジャンル特性 …………………………………………………42

4．1．説明文をめぐるジャンル理論………………………………………43
4．2．説明文における提題表現と叙述表現………………………………47
　4．2．1．提題表現・叙述表現に関する先行研究………………………48
　4．2．2．説明文に見られる提題表現と叙述表現の分析………………54
4．3．説明文が持つその他の特徴…………………………………………59
4．4．説明文が持つジャンル的特徴のまとめ……………………………60

5．説明的文章における「のだ」文の機能 ………………………………65

5．1．「のだ」に関する先行研究 …………………………………………66
5．2．活用別に見る文章での「のだ」の出現傾向………………………69
5．3．意味分類別に見る文章での「のだ」文の機能……………………73
5．4．説明的文章における「のだ」文の特徴……………………………80

6．説明文における「中核文」の認定―文段認定へむけての方策― ……83

6．1．中心文・トピックセンテンスに関する先行研究と「中核文」…83
　6．1．1．文段・段落という概念をめぐって……………………………83
　6．1．2．「中核文」と中心文・トピックセンテンスの定義 ………88
6．2．説明文における「中核文」の認定…………………………………95
　6．2．1．「中核文」の機能とあり方 ……………………………………95
　6．2．2．「中核文」の認定手順 …………………………………………98
6．3．中核文認定の予測段階に関する項目……………………………101
　6．3．1．文段の機能と種類の予測……………………………………101
　6．3．2．中核文が持つ抽象的な機能…………………………………105
6．4．中核文認定の認定段階に関する項目……………………………107
　6．4．1．中核文の性質と文型・キーワード…………………………108
　6．4．2．中核文の性質と接続表現等…………………………………113
　6．4．3．反復表現………………………………………………………116
　6．4．4．提題表現と叙述表現…………………………………………122

6．4．4．1．提題表現の意味的な連鎖について　　123
　　　6．4．4．2．叙述表現内の文末表現・モダリティ　　124
　　　6．4．4．3．叙述表現における「のだ」表現　　128
　6．4．5．指示表現……………………………………………… 132
　　　6．4．5．1．指示語に関する先行研究と中核文との関係　　132
　　　6．4．5．2．コ・ソの文脈指示用法　　134
　6．4．6．中核文認定の意味レベルについて……………… 140
　　　6．4．6．1．表現の意味レベルに関する先行研究　　140
　　　6．4．6．2．近接性(換喩的・提喩的表現)と類似性(隠喩的・直喩的表現)について　145
　　　6．4．6．3．中核文認定における意味的指標の具体例　　156

7．説明文のマクロ構造の認定 ………………………………… 165

7．1．マクロ構造に関する先行研究……………………………… 165
7．2．マクロ構造把握の手順……………………………………… 172
7．3．マクロ構造認定の具体的方策……………………………… 178
　7．3．1．文段の機能と切れ続きの指標としての連接関係
　　　　　（手順［2］）……………………………………………… 178
　7．3．2．文章のマクロ構造の図式化（手順［3］）………… 181
　7．3．3．文段の性質及び集合文段の配列（手順［4］）…… 183
　7．3．4．集合文段相互の連接関係（手順［5］）…………… 188
　7．3．5．統括部位と推論形式（手順［6］）………………… 194

8．説明文のマクロ構造認定のケーススタディ ……………… 203

ケーススタディ1　「ゆず」……………………………………… 203
ケーススタディ2　「むくどり」………………………………… 207
ケーススタディ3　「さくら」…………………………………… 210

9．説明的文章に見られるマクロ構造 ………………………… 215

9．1．本章で扱うコーパス………………………………………… 215
9．2．説明文のマクロ構造の特徴………………………………… 217

9．3．説明文に見られるマクロ構造の例……………………………… 222

結び―本研究の成果と今後の課題―　　……………………………… 230

あとがき　……………………………………………………………… 234

　主要参考文献一覧………………………………………………………… 236

　〈付録1〉本研究で用いたコーパス　……………………………… 249
　〈付録2〉説明的文章教材便覧　…………………………………… 251
　〈付録3〉高等学校現代文一覧　学校用教科書目録 ……………… 257

序　はじめに・本研究のねらい

　人間の言語活動の一つに「客観的事実を伝達する機能」があるが、本研究は、そういった機能を中心に持つ説明文を対象として、マクロ構造の把握を行う。この説明文とは、大きくは「説明的文章」の中の一ジャンルとされ、「ある対象に接している人（または接した人）に、外見や客観的観察（経験的事実）だけではとらえることができにくい、構造・機能・作用・効果・価値・成立・由来・歴史・原因・未来に対する予想などを知らせる」（『国語学大辞典』樺島忠夫担当）内容を持つとされる。また国語教育の観点からは、「相手に理解させることを目的とした知的な言語活動であり、正確な内容と客観性が求められる」（米田1997）とされ、客観性や正確さ、分かりやすさが重視される。具体的には、広告や宣伝、案内、新聞記事、評論などが含まれ、その網羅する範囲はかなり広い（尾川1989）。さらに、文学的文章が「時間的な経過」を軸に展開していくのに対して、説明的文章は、ある事象の性質やそれに関する因果関係、他の事象との関連などの情報を伝達するもので、「論理的な組み立て」を軸に展開していく。そのため、人間の理解過程の枠組みに沿った、「推論」を引き出すような構造を持っている。

　またこのジャンルは、理解者・表現者のいずれの立場にとっても身近であり、解釈面での個人差が問題となりにくい客観的な内容を持つことから、言語技術の指導が行いやすいという特徴があり、その学習目標としては、しばしば論理的思考や認識の深化・拡充等が設定される。しかし、そのジャンル決定に対する言語学的な指標は一定とはいえず、具体的な構造分析や系統だった構造把握の手法など解明すべき面も多く残されている。国語教育や日本語教育の実践では、指導の工夫が多く試みられているが、両領域の連係の不在や、理論に基づいた指導の具体化などの問題が存在している。

こういった意味で、現在、両領域の教育現場の実態をふまえながら、指導への応用を念頭に、言語学的枠組みを用いて説明文の特徴や文章構造を明らかにすることが求められている。そこで本研究では、今日までの日本語学における文章論ならびに欧米におけるテクスト分析といった先行研究を参考にし、それらの手法を積極的に取り入れ、先の必要に応え得る新しい角度からの分析を行っていきたい。

　ところで、日本語の文章論では、文章の分類について諸説が提示されているが、大きくは「内容上からの分類」と「構造上からの分類」とに分けられる。ここでは、このように従来別個に存在していた「内容上」と「構造上」との分類を併用して議論を進めていく。具体的には、ジャンルの検討において前者を中心に「説明文」の内容の性質を考察した上で、後者を活用してその文章構造を捉えていきたい。そしてその際、国語教育や日本語教育における体系的な指導の方法論の構築に寄与するような方向を目指したいと考えている。

　言語教育には、様々なタイプの学習者のニーズに合わせ、言語運用能力を向上させるという使命がある。だが、その根幹となる基本的な力は、「獲得」した情報をもとに事実を正確に「理解」し、的確に「判断」を下す能力であり、その育成においては、実生活で運用されている「文章・談話」という言語単位が活用されるべきであろう。日本語学では、「文章」を一つの言語単位と認めた時枝（1950）以来、「文章論」が研究の一分野として認められるようになったが、この領域は比較的新しく、今後、様々な可能性を持っている。その中で本研究は、教育の方法論のための基礎的研究として、言語学、特にテクスト分析の枠組みを用いて文章の仕組みを体系的に捉えていく。但し、文章・談話指導の具体的実践の方策を直接論じるという方法ではなく、教育に携わる者として客観的に日本語を分析することで、その理論的な基盤作りに寄与するという姿勢をとる。こうした応用言語学的見地からのテクスト研究の必要性は、先行研究においても指摘されており、意義あることと考える（Kaplan 1966など）。

　また、今回は、国語教育と日本語教育との応用を視野に置くが、両者は相互交流を図ることで、より効果的な教育の展開が期待されるものと考えられる。たとえば、国語教育では、「人間の働きである言葉の教育」（鳴島 1992）や、「情報活用能力の育成」（田中 1997）など、言語のpracticalな側面が注目されてきてい

るが、これは、日本語教育では早くから重視されてきたことである。従来の国語教育においては、内的側面（静的・情意的）が比較的重要視されてきたが、今日では、こういった外的側面（動的・実用的）もバランスよく取り入れていく言語観が主流となっている[注1]。このようなニーズに応える必要から、文章や談話構造の理解、そしてそれを可能にする論理的思考力や豊かな表現力の育成は、ますます重要になってきている。1980年代から盛んになってきた教育言語学の分野でも、語彙・文法・音韻から文章構造へと研究の対象は広がり、今後はさらに、その言語が用いられる文化の特性や、社会学、心理学など、多くの分野を包含した学際的なアプローチが必要になると予想される（Carter 1995）。

　本研究は、執筆者の国語教育と日本語教育との両現場での経験を生かし、双方に有益な成果を求めるという新たな姿勢をもって臨みたい。また、言語分析の手法を考える上では、前述のとおり、日本語を対象とした研究にとどまらず、欧米での言語研究や、英語教育（母語としての、第二言語としての）における議論、たとえばテクストの構造や特徴を知ることが言語能力の基礎であるといった言語教育理論等も取り入れ、幅広い観点から分析を進めていきたいと考えている[注2]。

　最後に、本研究の展開の手順を、概略として示しておきたい。

① 説明文の特徴について言語学的に検討を行い、そのジャンルの特性を探る。
② 文章構造把握の基礎単位である「文段」、および「中核文」の認定方法やその特性について考察する。
③ 本研究で考案した手法を用いて説明文のテクスト分析を行い、その構造の特性を明らかにする。

　また、これら一連の分析は、言語教育の理論的な基礎作りに貢献することを第一に考え、進めていくものとする。

注

（注1）　国語教育においては、母国語としての日本語を用いた表現や理解の基礎を築くという目標のもと、言語技術の向上とともに生徒の情操面の育成に重点が置かれていた。そのため、心理的行動としての言語という見方が主要な位置を占め、精神的な成長を促すよ

うな指導が中心であった。この方向性は、第一言語が個人の思考作用を可能にしていることや、学校教育が人格形成の期間と重なっていることと関連しており、意義深いことであるが、近年は、言語運用技術にも強い関心が持たれ、その指導方法が盛んに議論されている。

(注２) 第一言語としての英語教育では、テクスト及びテクスト分析の扱いについて、次のような指摘が見られる。

For some teachers the resulting awareness can also form the basis for improvements in competence in language use. The rapid expansion of upper secondary school 'A' level course in England in English language is predicated on assumptions that text and text analysis are central learning in, through and about English. (Carter 1995: 156)

1．テクスト分析の歴史的展開

　本章では説明文のテクスト分析に先立ち、その基礎について概略する。

1．1．文章論の流れ

　「文章論」は、我が国では「文体論」や「文章心理学」に続き、時枝誠記によって提唱された「文章」を研究対象とする比較的新しい分野である。一般的な「文章論」の研究内容について、『国語学大辞典』(西田直敏担当)では、次のように規定されている。

文章論　文章に関する論の意で種々の方面で用いられる。(1)文法論におけるセンテンスの論。シンタックス。構文論。文論。(2)文法論における一篇の作品・文章を対象とする研究。(3)文章作法。修辞学における文章の作り方の論。(4)作品論の一部として作家の文章・表現などを論じたもの。文芸批評の一種。

　また「文章」は、「単語－文節－文－段落（文段）－文章」という言語階層の最上位に位置するが、その下位単位の単なる集合体ではなく、「それ自身完結し統一ある言語表現」(『国語学大辞典』時枝誠記担当)だと考えられる。この「完結性」と「統一性」、そして「線条性」が文章の中心的な性格であるのだが、これらは具体的に明確な形式や形態として捉えにくい。それはたとえば、「統一性」については一貫性をもった文脈の展開を示す要素の規定、「完結性」については前後の脈絡が切れる判断の根拠などの問題として、しばしば指摘される。ただ、これらは、文章の「内容」とも密接に関係しており、いずれも文章論研究に

おける重要な課題であるといえよう。

こうした点をふまえ、以下では、「文章論」をめぐる日本語学研究の流れにおいて、本研究の方法論と関わる部分を取り上げていきたい。

昭和初期の国語学界では、「文法論」の射程は「文」までで、文章は文の集合体にすぎず、文と文との間に生じる関係は、専ら修辞の問題であり、文法論の対象とは考えられていなかった。そういった状況の中、時枝（1950）は、「言語に於いて単位と認められるもの」を「語・文・文章」とし、「質的統一体」としての「文章」を、言語単位として認め、文法学の研究対象に据えるべきだと主張した。

そして、その研究方法は、「文章の構造或は文章の法則は、語や文の研究から帰納し得るものではなく、文章を一つの言語的単位として、これを正面の対象に据えることからはじめなければならない」とし、「文章のことは修辞論に属することで、科学的な言語研究の対象とするに値しないもののやうに考へることは正しいことではない。」との批判とともに、「教育活動の根底に文章学の確固たる裏付なくしては、その教育的指導を完全に果すことが出来ない」といった国語教育の問題としての要請を指摘した。このように「文章論」の主たる研究課題が「文章の構造或いは文章の法則」である点は、それまでの研究が「個別的な文章」を対象としていることとは対照的である。

この後、「文法論」としての「文章論」というものが成り立つのか、すなわち文法論に必要な形態的指標を、意味内容が深く関わる文章において取り出すことが可能なのかという議論が起こるが、これについて日本語学では、大きく三つの立場が取られている。

①文章論は文法論であると認める説：永野賢など
②文章論は文法論から除くとする説（表現論や文体論で扱う等）
　　　　　　　　　　　　　　　　：金岡孝・佐藤喜代次など
③連接論までは文法論として扱い、それより大きな言語単位については文法論の
　外に置くとする説　　　　　　　：市川孝など

以下では、各説の内容を簡潔にまとめ、併せて本研究の立場を示したい。

まず、文章論を文法論と認める永野（1986）では、「文法論的文章論」という観点から、「連接論・連鎖論・統括論」という枠組みを設け、文章分析を行う。次に文法論としての文章論を認めない立場であるが、金岡（1989）では、「文章論の課題」として「文章の定義、成分、構造、分類」を挙げ、その研究課題は「表現論（言語表現論）」の分野に属するものと考えている。

　最後に、文章論の中で部分的に文法論を認める市川（1978）は、「少なくとも文と文との関係の考察（文連接論）は文法論に含めることができると考えられる」とする。そして、文法研究を「意味をもった言語単位の相互関係を考察して、一方が他方を構成する際の形式的現象を体系的に研究するもの」だと考えた上で、「段落関係」や「文章構成」が客観的指標に基づいて捉えることが非常に困難である点で、これらの研究は文法論的に考察するのに適さないと結論づける。

　本研究は、文章分析にあたり、文相互の関係（ミクロ）と段落構成（マクロ）の両方をとりあげ、両者を組み合わせることで、説明文の特性を明らかにしていく。そして、前者では言語的な指標（客観的要素）を手掛かりとし、後者ではそれに加えて人間の推論形式や読みの方策（主観的要素）とを併用といった、③の市川説に沿った方法をとっていきたい。

１．２．文章論で扱う領域

　文章の構造や機能を研究する日本語学の文章論の中心的な領域は、文や段落の連接、及びそこから発展した文脈展開に関する研究などがある。欧文の研究では、テキスト言語学や談話分析として、文章のまとまりを示す結束性や一貫性を取り上げた研究が多く、このテーマは近年、日本語の分析でも盛んに取り入れられている。本節では、以下、こうした文章論研究の扱う領域をサーベイするが、まず、前節でふれた「文章論」と「文法論」をめぐる議論を整理しておきたい。

　文章論を文法論の一領域とする永野（1986）は、「文法論的文章論」の立場から、「語構造論」「文構造論」「文章構造論」を立て、下位単位から上位単位への構成、文と文章の関係を積極的に認め、文章構造論では「下位単位の連接・連鎖・統括の法則を究明」する。さらに「文論」が抽象的であるのに対し、「文章論」は具体的であり、文章分析にあたっては「文脈を支える具体的な主題と題材

とを常に念頭に置く必要」があると強調する。

これに対し、「文の連接論」までを「文法論」として認める市川（1978）は、文章論の研究内容として、以下の事項を挙げている。

1．文章とは何か。
2．文章はどのように分類されるか。
3．文と文とは、どのような語句で関係づけられるか。
4．文と文とのつながりかたにはどんな類型があるか。
5．段落はどのようにして成立するか。
6．段落と段落とのつながりかたには、どんな類型があるか。
7．文章全体はどのようにして構成されるか。

この考え方に通じるのが林（1987）である。林（1987）は「表現活動」という視点から、文章論の領域として「表現主体論、表現機能論、表現効果論、表現環境論、表現形式論」の5種類を挙げる。また、文章をその成立過程も含めた上での単位としてとらえ、"discourse analysis"の方法として、"syntax"のレベルにとどまらず文章中の各語の働きを"context"の中で発展するものとして捉える"semantics"の領域に踏み込んで構造解析を行う。

その他、文章論は文法論とは異なる領域とする指摘は多い。たとえば南（1974）は、文章の構造を分析する上では、文・単語・形態素などの文章の構成要素の文章中での現れ方を明らかにする必要があるとし、書き言葉の文章における「作品、部、章、節」が、「形式的には階層的であっても、それぞれの内容を考慮に入れてそれらの関係を考えようとすると、簡単には説明しきれないところも多い」と、純粋に文法論のみで文章の解明を行う難しさを指摘している。また金岡（1989）は「文章論の課題」である「文章、文の連接、文章の構造、文章の分類」のうち、「文の連接」の問題がわずかに文法学の課題だとし、文法論として文章をとりあげることに極めて消極的な姿勢を示している。西田（1980）も、『国語学大辞典』「文章論」の項目で、「文法論とは別に国語学の一部門として設定されるべきもの」だとし、文章論を独立した研究領域と考えている。

以上が「文章論」を「文法論」として位置付けることに関する議論であるが、

次に、独自の視点で文章論を考える研究として、長田（1995）、森岡（1965）を見ておきたい。

長田（1995）は、文章は古くから国語学上の研究課題とされてきた語・文などとは異なる言語単位であると考え、「文章とはその文章の作り手によるある一つの「答え」であり、「答えとしての文章」を成立させるはずの「問」が存在する」という文章研究の仮説に基づき、文章論の内容として「文章の成立を記述し説明する分野」と「文章の構造を記述し説明する分野」を挙げる。

森岡（1965）は、西洋で長い伝統を持つ「コンポジション」の理論を日本語の文章で実現しようという目的で文章作法を論じているが、その中で「主題、材料、構成、段落、文」などの文章論研究と関連するテーマを多くとりあげている。

以上、本節では、先行研究における文章論で扱われる領域について概観したが、次節では、研究対象としての「文章」のありかたと、分類を見ていくことにする。

１．３．文章とは何か―文章の定義と分類―

本節では文章の性質を規定する事項とその分類方法に関する理論をとりあげるが、最初に「文章」についての定義から考えてみたい。

「文章」は、文法論的には「文」の上位に位置するものであるが、単なる「文」の集合体でない。たとえば市川（1978）は、「文章の一般的性質」を規定する条件として以下の二点を挙げている。

a) 通常、二文以上から成り、それらが文脈をもつことによって統合されている（文章における統合性）。
b) その前後に文脈をもたず、それ自身全体をなしている（文章における全体性）。

また永野（1986）では、「文法論的文章論」が対象とする文章とは、「原則として文の連続によって成り立ち、内部に文脈を保ちつつ統一し完結した言語形式を具え、前後に文脈をもたぬもの」であり、「文章が言語表現上一つの単位である以上、文と同様に、内部的には意味の統一性を、外部的には形態の完結性をもた

なければならないはず」だと指摘する。

さらに林（1987）では、「文章」を「現実の目的をもって生産され、その目的のもとに完結した言語表現の統一体」と定義し、ここから「文章」の持つ特徴的性格とは、「現実性・完結性・統一性」だとしている。

以上から、文章とは、それ自体で内部に統一性（統合性）と完結性（全体性）を持っており、線条的な流れに沿った脈絡が存在するものと見ることができる。

しかしその一方、南（1974）は、こういった「それ自身の内部の統一性、完結性、およびその前後の文脈との断絶」について、「それらを具体的ないくつかの点について細かく見ていくと、それほどはっきりしない場合が少なくない」とし、文章というものを「なんらかの意味での"ひとまとまりの言語表現"」だと考えた上で、文章の単位を考える手がかりとして以下を挙げている。

1．表現された形そのもの（外側のくぎりと内側の連続性）
2．内容（話題）の一貫性
3．一定の言語的コミュニケーションの機能
4．参加者（書き言葉では一定）
5．媒体
6．使用言語
7．全体的構造

但し、これに続いて、これら全てが現実に存在する文章にあてはまるかは別の問題であるともしており、ここから文章という言語単位の規定の難しさが窺える[注1]。

次に、文章の分類であるジャンル論について、ここでは文体論や文法論などと関わる広い視点から考えたものを中心にとりあげる（文章論におけるジャンル論について詳しくは第4章で議論を行う）。

文章は、報告、手紙、論説、説明、随筆、日記、小説など様々なジャンルに分けられるが、まず形態的側面に注目してみると、その調子から大きく「韻文」と「散文」とに分けられる他、文脈（和文脈、漢文脈、欧文脈）や、文末（です体、だ体、である体）による分類が可能である。一方、内容的側面については、表現

者の意図や機能によって「実用的文章（手紙・日記・報告・論説など）」と「非実用的文章（小説・随筆など）」、内容展開の方式による時間的展開中心の「文学的文章」と論理的展開中心の「説明・論説的文章」とに分けられる。

　また文体論の視点から、ドイツの心理学者K.ビューラーは「報告の文体（referential style)」、「喚情的文体（emotive style)」、「訴えかけの文体（affective style)」という機能に基づく分類を行っているが、これに沿った分類として、平井（1970）は国語表現の立場から、「文章の目的」に基づいた「知らせる文章、説き伏せる文章、感銘を与える文章」の類別を行っている。また、談話と文章を組み合わせた阪倉（1963）は、コトバの機能の4分類に沿って、文章を以下のように分類している。

　　幼児期独語（自己中心的なコトバ）：第一類　心覚えの文章
　　話しコトバ（対話のコトバ）：第二類　証文の文章、申告、通達、証明
　　書きコトバ（文章のコトバ）：第三類　規約の文章、報道、解説、論説、
　　　　　　　　　　　　　　　　　　　　説教、広告
　　内言（思索のコトバ）：第四類　宣言の文章、小説、詩

　文法論的視点からは永野（1972）が、「文の連鎖から見た文章の特性―各種の文章形態における文法的特質―」（1972）として、三尾（1948）を参考にした以下の分類を行っている。

　　(1)現象文の連鎖を基調とする文章：観察記録などの叙景文、初歩的な生活描
　　　　　　　　　　　　　　　　　　写形式の文章、新聞の社会面
　　(2)現象文と判断文との交錯を基調とする文章：新聞の社会記事、物語、小説
　　(3)判断文の連鎖を基調とする文章：説明文、論説文
　　(4)未展開文に重みを持たせている文章：詩

　これに加えて、時枝の「詞」と「辞」、および入子型構造形式を改案してうけつぎ、「辞」を四分類した上で、「陳述の連鎖から見た各種の文章形態」を以下のように規定している。

(1)統一辞の連鎖を基調とする文章：記録・報告
　(2)述定辞の連鎖を基調とする文章：論説・評論
　(3)統一辞と述定辞との交錯する連鎖を基調とする文章：小説など（に多い）
　(4)伝達辞の連鎖を基調とする文章：会話調の文章

　この他ユニークな方法論として、平沢（1992）では、文章の分類基準を「表現目的・伝達相手・表現意図・文体・連接構造」とし、マトリックスをもとに13種類の文章の類似度を計算し、「伝達型文章・説得型文章・情感型文章・混合型文章」の4種類に分類している。これは、計量的なジャンル分けの例といえるだろう。
　以上のように、文章のジャンルについては、他の研究分野と関わる部分も多く、様々な分類が行われているのが実際である。

注

(注1)　この他、長田（1995）は、以下の三条件を備えたものは、その言語表現の形態上の大小にかかわらず「文章」だと見なすという見解を示している。
　（一）　文章は、その作り手の文字言語による一つの答えである。したがって、文章は、その文章の作り手の、文字言語による一つの答として成立する。
　（二）　文章は、成立するとき、その言語表現を統一するものがあることと、その言語表現自体が表現の時点において完結し全体をなしていることによって、自立する。
　（三）　文章は、文章の読み手にとって、理解するべき対象である。

2．テクストにおける文脈展開

　本研究では、文章のマクロ構造の立体的な把握を試みるが、その際、線条的な文脈展開に注意を払うことも必要である。本章では、この文脈展開に関する議論をまとめておきたい。

2．1．文と文との連接関係について―結束性―

　文章は、文と文とが結びついて文脈を形成することで質的統一体としての形をなしている。本節では、その結びつきについて考える。Halliday & Hasan (1976) は、この結びつきを"cohesion"（結束性）とし、その具体的要素として、文法的な"reference", "substitution", "ellipsis", "conjunction"と、意味的（語彙的）な"reiteration", "collocation"を挙げているが、これらは、日本語のテクスト分析においても応用することが可能である。

　一方、日本語学における文章論研究では、結束性を示す要素として「連接」、「つなぐ」、「関係づける」といった視点が取り入れられている。ここでは「連接」を中心に、その代表的な文章論研究として、永野（1986）と市川（1978）をとりあげたい。

　まず、永野（1986）は「文の連接関係」を示す形式として、以下を挙げている。

　　(1)接続語句　(2)指示語　(3)助詞・助動詞　(4)同語反復・言い換えなど
　　(5)応答詞など

　また市川（1978）では、「文をつなぐ形式」を、以下の3類として提示する。

(a)前後の文（あるいは節）相互を直接、論理的に関係づける形式。
　　　①接続詞　②接続詞的機能をもつ語句　③接続助詞　④接続助詞的機能をもつ語句
　　(b)前文（あるいは前節）の内容を後文（後節）の中に持ち込んで、前後を内容的に関係づける形式
　　　⑤指示語　⑥前文の語句と同一の語句　⑦前文の語句に対して同義・類義の語句
　　(c)その他の形式
　　　⑧前後関係を説明する表現　⑨前文の表現を（要約して）接続語的に繰り返す　⑩特殊な文末表現　⑪なんらかの意味で前後関係を表す語　⑫特殊な活用形

　一般的に、いわゆる文をつなぐ典型的な要素とは、「接続表現」や「指示表現」であるが、文脈展開を視野に入れた場合、結束性を示す、永野の(4)と(5)や、市川の⑦、⑧（例：メタ言語）、⑨、⑩（例：のだ表現）なども重要であり、本研究のように立体的に文章分析を行う際には、手掛かりとなる。

　こうした「文と文との連接」の解明は、日本語の文章論では中心的課題の一つとされ、文と文がどういった意味的関係で結びついているのかを類型化する作業が長く行われてきたが、そういった細かな接続の類型については、第7章で取り上げるとして、本節では結束性と関わる連接にフォーカスして、さらに議論を進めていきたい。

　市川（1978）では、文と文との論理関係そのものを「文の連接関係」と呼び、次のように類型化を行っている。

　　(1)順接型　(2)逆接型　(3)添加型　(4)対比型　(5)転換型　(6)同列型
　　(7)補足型　(8)連鎖型

　ここで結束性との関わりから注目されるのは、「(8)連鎖型」という「接続語句は普通、用いられ」ず、「連係・引用関係、応対、提示的表現との連鎖」を表すタイプである。すなわち、「語彙」の意味的な関連や、場面設定におけるつながり（これは「一貫性」に発展する）による連接関係ということができるが、こう

2. テクストにおける文脈展開

いった接続詞の入らない「連鎖型」は、省略や反復、指示を含んだ連接である。その点で「結束性」との関係が深く、またこれは、間を隔てた文や、連文と文の間にも成立するものとも考えられている。

永野（1986）では、「文法論的文章論」の立場から文を重要な文章の成分と見、その連続として文章の成立を考えるため、文の相互関係は研究の中心的課題と捉えている。永野（1972）ではまず、「隣り合った二個の文の連続関係」として次の「連接関係」を示している。

　一. 展開型　二. 反対型　三. 累加型　四. 同格型　五. 補足型　六. 対比型
　七. 転換型

これは市川説と近い観点も多いが、「一. 展開型」が、市川説の「順接型」と（一部接続詞を含まない場合）「連鎖型」の両方に対応する点が大きく異なる。さらに、これとは別に三つ（以上）の文の関係として、「飛び石型」と「積み石型」を示している点はユニークである。これらはいずれも「意味的な関係」による結びつきを含んでおり、文が単に隣同士の連続的な流れのみで文脈を形成しているのではなく、文と文とがまとまって別の文へと連接していくといった展開が存在することが示唆されている。

文と文との意味的なつながりを考える場合、そのつながりを示す言語的要素を手がかりに文脈を追っていくことになるが、構造的に分析を行うためには、特にテクスト内での各語、各文の意味や内容に着目することも必要となってくる。そうした意味で、いわゆる「接続表現」ではない部分で成立するこういった連接には、注意が必要であろう。

この他、文と文とのつながりを取り上げた議論に、長田（1995）の「連文論」がある。ここでは「語」を単位とした文章構造の解明において、句点を越えた「語」の意義のつながりの中で「連文」が考えられている。そして、文章構造を論ずる上で当然必要となる連文成立の記述と説明は、「文章における意義の繋がりが、文を超えて繋がっていることを記述し説明することだ」とされている。

また森田（1993）では、文章の成分を「句（文章論における「詞」）」と「展開

語（文章論における「辞」）」とに分け、展開語を「表現者の態度」に即して

  1．孤立式 2．付加式 3．不確定式 4．反復式 5．説明式
  6．限定式 7．順態式 8．逆態式

のタイプを認めているが、これも先の「連接」と関わる議論の一種と捉える事ができる。また、これらに当てはまらない「(形式上は何等展開を示す語句が見当たらない) 曲流式」という文章の心理的文脈を認めるパタンが追加されており、これは特に文学的文章でよく見られるタイプとされている[注1]。さらに、連続する二文のみではなく、意味の連関として多少離れていても相互に影響がある連文範囲を「意味場」と呼び、

  新たな意味場を作る接続詞（転換）
  文脈の意味場に従う接続詞 ア意味場の中での展開（累加・並列など）
           イ意味場に付加する展開（補充）
          ウ意味場に対する展開（順接・逆接など）

が提示されているが、これは前述の市川説、永野説と重なる部分が大きい。
 以上、本節は文の連接と文脈展開について見てきた。特に、文脈展開に注目した場合、いわゆる接続表現による連接以外に、「結束性」を示す指標とされる語の意味レベル（対義語、類義語、上位語下位語、言い換え、要約など）や、指示表現に注目することが、テクスト構造の解明には不可欠であるということができる。

2．2．マクロ的視点から文章を捉えた議論

 文章をマクロ的視点から捉えようとする研究には、「起承転結」や「序破急」といった「構成」、「プロット（どのように内容を描出するか）」の研究や、いわゆるPropp (1928) のロシアの民話分析、Dundes (1975) のアメリカインディアンの民話分析に見られる「ストーリー（描かれる内容自体）」に関する研究等

2. テクストにおける文脈展開

がある。本節では、これらの研究について、その概略をまとめておきたい。

まず、日本語の文章論における「文脈」をめぐる議論として、市川（1978）は、文脈を「言語表現の意図のもとに生ずる内容上の脈絡」と考え、時間的に展開する「線条的文脈」と空間的配置による「非線条的文脈」とを考える。そして各々に内容上の直接的なつながりを持つか否かという点から、「直接的文脈」と「間接的文脈」を認め、これが文章の「統合方式」の違いへと結びつくとする。

また森田（1993）は、文相互の連接関係は個々の文の意味上の問題だとし、そこから文脈上の意味場が形成されると考えている。

一方、林（1987）は、「文法によって文を作る力（構文力）」と「文脈の流れを作る力（文脈力）」との総合が文章を生み、こうした文章を生産する活動を「講話活動」と呼び、「文章論的構文論」という立場をとる。また「文脈」については、「言語という記号の刺激によって頭の中に織りなされる有形無形の映像」だと定義した上で、本居宣長の「ことば」の見方（言＝ことば・事＝こと・意＝こころ）に従って「言語文脈、事物文脈、心文脈」の三種類を設定し、記号論や文法論、認識論などから多角的にそれらを検証しようとしている。

この他土部（1973）は、文章の展開形態について、流れる要素「文脈」と構える要素「構成」との二種を考え、この二者の関わり合いをもとに文章を分析している。

これに対し、Propp（1928）は、100編のロシアの魔法昔話の内容を、登場人物たちの31の「機能（例：禁止・出立・結婚）」として記号化することで、その構造を提示した。こうしたストーリーの構造的把握の手法は、Dundes（1975）に受け継がれ、彼は北米インディアンの民話の構造を、プロップの「機能」を整理した「モティーフ」という概念を使って分析している。

以上、本章では、文脈の展開に関する先行研究をまとめてきた。本研究では、言語の客観的指標に基づき、説明文のマクロ構造把握を行っていくが、こうした書き手の作り出す継時的な思考や意味内容の流れといった文脈の展開も分析上の重要な要素と考えている。

注

（注1） 森田（1993）では、「日本語教育と連文論」というテーマにおいて、日本語学習におけ

る連文の導入を、読解・表現教育の見地から様々な「使用文型とキーワード」としてとりあげている。

3．国語教育・日本語教育における説明的文章

　本研究は、言語教育の方法を具体的に議論するものではないが、その結果を、言語教育へ応用することを目的としている。そこで本章では、日本語を対象言語とする言語教育である国語教育と日本語教育における説明文の扱いについて考察していきたい。

3．1．国語教育における説明的文章
3．1．1．中学校・高等学校における文章のジャンル分け
　文部省学習指導要領では、「説明」とは「事実や事柄について何かを解き明かしたり解説したりする文章」とされている（中学校学習指導要領解説国語編 2008）。国語教育では、これに沿った教材作成や指導が行われているが、本節では教科書教材におけるジャンル規定をまとめておきたい。

　まず中学校の教材例として、文部省検定中学国語教科書の中から『現代の国語』（三省堂 1996年度版）を取り上げ、その文章のジャンル分けを考える。国語教育の領域では、文章の特質から大きく「文学的な文章」と「説明的な文章」とに分割され、具体的には次のようなジャンルが含まれている。

〈図表3－1：中学校国語の文章のジャンル分け〉

文学的な文章＝叙情的・心情述懐的な詩歌や叙事詩などの韻文 　　　　　　　虚構性の強い物語・小説・戯曲など 　　　　　　　自伝や記録文学・随筆 説明的な文章＝記録・報告・説明・解説などの事実に即した客観性の強いもの 　　　　　　　論説・評論・随想などの観念的で主観性の強いもの

また、これらの具体的な特徴は、以下のように規定される。

　文学的な文章とは、読者の感性・情動に働きかけ、想像力を刺激する文章であり、ことばによってつくりあげられた、ある種の形式美、構成様式を備えた芸術作品である。これを作者に即して考えてみれば、作者の感受性によってとらえられた主題、主想が、想像力の働きによって、虚構の世界のできごと、事件として創造・創作された文章だといえる。
　説明的な文章とは、書き手の興味・関心・問題意識によってとらえられた事象、書き手の考え方や思想などを、記述の目的や意図を踏まえ、書き手の知的な操作によって論理的に再構成し、読み手の理解や共感、読み手に対する説得が得られるように述べた文章である。説明的文章の読み手はそうした文章に接することにより新たな知識や情報を得たり、自己の認識を変容させられて、問題意識を持ったり逆に書き手のものの見方や考え方を批判したりする。

　　　　　　　　　　（『現代の国語　学習指導書総説編』（2008）三省堂）

　こうした規定から、中学校教科書の説明的文章は、「客観性の強いもの」と「主観性の強いもの」とに二分されてはいるが（図表3－1参照）、両者は完全に分離され得るものとはいえず、さらに一つの文章中に主観性と客観性の両方が混在しているケースも考えられる。
　一方、高等学校教科書のジャンル分けは、おおむね次のようである。

〈高等学校教科書における一般的なジャンル分け〉
　　論理的な文章・・・論説・評論・記録・報告・説明・史伝
　　文学的な文章・・・詩歌・随筆・小説・物語・戯曲

　高等学校国語科の検定教科書でも、各教材に対してアプリオリにジャンルが設定されているのが通例だが、その根拠はいずれも抽象的で、言語学的な要素は明示されていない。また、中学校国語教科書では全ての教材文にジャンル規定が行われているのに対し、高等学校教材ではジャンル付けがない文章も見られることから、ジャンルに関する細かい配慮はなされていないように感じられる。さらに

3. 国語教育・日本語教育における説明的文章

高等学校の教材で「説明」は「論理的な文章」に含まれているが、実際に該当する文章は所収されていず、いずれの教科書も現代文の教材は「論説」と「評論」のみで構成されているのが実際だ（平成8年度『現代文』）。つまり、高等学校では、「説明文」というジャンルに特化した指導は、行われていないと見ることができよう。

以上の教材分析から、学習指導要領及び各教科書が行っているジャンル分けによる「説明文」とは、以下のようなものとしてまとめられる。

> 狭義：いわゆる説明的説明文。説明の対象について客観的姿勢で新しい情報を提供し、読者の理解を深め、思考の深化を促す文章。
> 広義：狭義の説明文の他、解説文、記録文、報告文、論説文、評論文等、ある程度の主観を含む文章。
> 文学的文章との対比が成されるのはこちらである。

本研究では、これをもとに以下のようにジャンル規定を行う。

〈図表3−2：本研究における文章のジャンル分け〉

```
文章 ─┬─ 説明的文章（広義説明文）＝論理的な内容の展開が中心
      │    ┌事実描写中心┐・・・・・・・・・・・・・・・・┌意見主張中心┐
      │      記録  説明  解説      論説  評論  意見
      │           （狭義説明文）
      └─ 文学的文章＝時間的な内容の展開が中心    小説など
```

文章のジャンルを考える場合、まず内容展開が「論理的な流れ」と「時間的な流れ」のいずれに支配されるかによって、説明的文章（広義説明文）、文学的文章とに大別する。そして前者については、叙述内容が「事実描写中心」と「意見・主張中心」とのいずれの傾向が強いかという指標（スケール）を設け、さらに細かいジャンル（記録、説明、解説、論説、評論、意見）を位置づける。スケール上の各ジャンルは連続的に存在し、一つの文章には主観的な「意見・主

21

張」と客観的な「事実描写」の内容が混在し、両者の比重によってジャンル規定が行われる。つまり、スケール上に様々なジャンルがゆるやかな体系を成しており、意見、主張、批判などを中心とする論理性の高い文章から、事実描写中心の実用性が強い文章が並ぶわけである。いくつかの具体的なジャンルをとりあげると、たとえば「論説」は「物事の理非を論じる文章」（中学校学習指導要領解説国語 2008）で、解説にくらべて書き手の立場や議論の展開が明示され、「評論」は「物事の善し悪しや価値等について書き手の考え方を述べた文章」（同）として、さらに書き手の見方や考え方が叙述の中心となるという見方もできる。スケール上の各ジャンルは幅を持って規定されるべきものと考えられ[注1]、広義、狭義の説明文を認める。

3．1．2．国語教育における先行研究

　国語教育における説明文に関する先行研究（授業研究・教材研究）には、大きく二つの流れがある。

①説明的文章全般に関する研究：
　　樺島（1978）・森田（1988）・寺井（1989）・速水（1990）・難波（2009）など
②説明的文章教材に関する研究：
　　表現指導　浦上（1988）・佐藤（1991）など
　　読解指導　岸・綿井・谷口（1989）など

　①は、国語教材としての説明文が持つ性格や内容、指導の目標や方法を広く論じた研究であり、②はそれらをより具体化したものである。難波（2009）は、説明文の教育内容や指導方法に関する系統性や整合性の欠如といった問題を提起したもので、樺島（1978）、森田（1988）は①の立場を明らかにした上で②の研究分野まで踏み込み、教科書教材の具体的な内容分析という実践的な性質を持っている。だが、こうした研究はいずれも各々の独立性が強く、研究相互の関連性を高めることが、今後の課題といえるだろう。
　国語教育においては、現場への応用を意識しながらも「理論」的に整った研究を進め、さらにそれに裏打ちされた体系的な方法論に基づく「実践」論の展開も

急務である。特に読解指導に関しては、「説明文」が時代や社会に密着した情報や思想を扱うジャンルであることから、常に新しい教材を分析対象とすることが求められる。また、従来あまり研究対象とされてこなかった高等学校教材へもコーパスを広げ、広く上級の語学指導に役立つような研究も期待される。

3．1．3．中学校国語教科書における説明的文章

本節では、中学校教科書に採択された文章を調査し、説明的文章指導の実態について検証する。このジャンル（例：解説文・評論文・随想など）に見られる作品や、その中での（狭義の）説明文の割合と内容の傾向とを調査することで、各学年の指導の特色を明らかにしていきたい。そして説明的文章指導では何が求められ、そのためにどんな教材が用いられ、どんな指導がなされてきたのかを整理しようと思う。

本研究の教科書分析の対象とする三省堂『現代の国語』（1997年版）の教材単元の内訳は、第1～3学年まで全て、次のように構成されている。

```
文学単元・・・・・・2単元（例：人間を考える、人間の真実）
説明・論説単元・・・2単元（例：文明と人間、平和な世界へ）
古典単元・・・・・・1単元（例：古典にふれる、古典の心）
総合単元・・・・・・2単元（例：生活と文化、ことばと文化）
その他・・・ことばのきまり、ことばのしおり、漢字、読書など
```

以下では、各学年の教材のジャンルと取り扱い時間数、特徴をまとめる。（具体的な説明的文章教材の内容については、〈付録2〉を参照。）

第1学年

全教材数　40　　140時間

	教材（文学的文章は数字が所収作品数。）	時間数
文学的文章	詩……3 物語…3 小説…2 随筆…2	計26時間
説明的文章	ミツバチの帰路（**説明**） 花があれば自然（随想）＊ アイスキャンデー売り（随想）＊ カバこそぼくの人生（随想）＊ 高齢化社会ときみたち（解説） この小さな地球の上で（随想）＊ ふき漆の器（解説） 切ることと創ること（ルポルタージュ）	4時間 5時間 4時間 2時間 3時間 5時間 3時間 4時間 計30時間
その他	古典・漢字など	計84時間

　この学年では「随想」というジャンルの教材が4作品あるが（＊印）、内容にはかなり幅がある（その意味で「随想」はこの中学校教科書において注目すべきジャンルである）。例えば「アイスキャンデー売り」は、作者自身の体験を小説ふうに綴ることで反戦の思想を強く訴えた文学的文章に非常に近い作品である。ところが「花があれば自然」は、具体的事実（細胞培養の方法、昆虫と花との共生関係等）を説明していくことで、「自然」の意味を改めて考え直し、生き物の世界に関心を持つことを促す、論説文に近い作品である。

　また、この学年で唯一の「説明」のジャンルである「ミツバチの帰路」は、典型的な科学的説明文であり、多くのデータからミツバチの生活を明らかにしていく内容となっている。

　時間配分は、説明的文章30時間のうち、随想が16時間を占め、「随想」を除いた事実描写の傾向を強く持つ説明的文章の配当時間は14時間となっている。

3. 国語教育・日本語教育における説明的文章

第2学年

全教材数　40　　125時間

	教材（文学的文章は数字が所収作品数。）	時間数
文学的文章	詩……2 小説…5 随筆…2 短歌…1	計19時間
説明的文章	同じということ違うということ（随想）＊ 緑の長城はできるか（ルポルタージュ） 「見える」ことの落し穴（評論） 短歌とその世界（解説） 一枚の地図（随想）＊ 国際化の構図（論説） じょうご造り・くど造り（解説） 文化というもの（論説）	3時間 3時間 3時間 4時間 2時間 4時間 3時間 3時間 計25時間
その他	古典・漢字など	計81時間

　この学年に入ると、説明的文章の中の随想（＊印）が減り、客観的内容を持つ教材が増える。「一枚の地図」は、随想のジャンルと規定されているが、地図の特徴を説明し、地球上に生きる人間としての立場や日本人としての国際社会の中でのあり方を説く論理的な文章である。随想のジャンルにおいて、エピソードやストーリーの分量が低下し、具体的事実に基づいた主張が中心に据えられるようになっているのである。この学年では、文学的文章の時間数が大幅に減り、言語事項や論理的文章に多くの時間が割かれている。いわゆる狭義の「説明文」教材は含まれていないが（解説が1教材のみ）、説明という言語活動において重要な「伝達」という言語技術が最も強く打ち出されている学年である。こうした教材の在り方からも、中学校教材におけるジャンル規定のゆれを見ることができる。

第3学年

全教材数　37　　125時間

	教材（文学的文章は数字が所収作品数。）	時間数
文学的文章	詩……4 小説…6 随筆…2 俳句…1	計28時間
説明的文章	考えるということ（随想）＊ 鳥のいる「異風景」（随想）＊ 地球環境の危機（論説） 俳句とその世界（解説） わたしたちと世界（随想）＊ 文化交流を考える（論説） 「ありがとう」といわない重さ（解説） 手あかのついた言い回し（評論）	4時間 3時間 5時間 4時間 3時間 3時間 6時間 5時間 計33時間
その他	古典・漢字など	計64時間

　第2学年に比べて説明的文章の時間が増えている。いわゆる「説明」というジャンルはやはり見られず、随想（＊）の時間数・教材数が増加しているが、論理的な内容の文章が揃えられており、身辺雑記のような随想は一編（「鳥のいる「異風景」」）にとどまる。この他、第3学年においては、生徒の社会的な視野を広げる意図に基づく論説や評論が多いことが特徴である。

　以上からこの教科書では、第1学年から第3学年へと学年が上がるに従って、文学的色彩の濃い作品から説明的色彩の濃い作品へと内容が変化していることが分かる。また「随想」と呼ばれるジャンル群は内容に幅をもって設定されており、特に第3学年では「評論」のような、作者の明確な主張が論理的に展開されて読者を結論へと導く文章が大部分を占めている。これは、生徒の精神的な成長の過程や論理的思考力、理解力の育成に配慮したものだといえよう。具体的には、人類の課題としての環境問題、平和な世界への希求、国際社会の中での文化論などが見られるが、中学3年生という義務教育修了の学年において、「社会人」として広い視野から世

界を見る目を養う教材を揃えるという主旨に沿った採択が行われている。

　ところで、中学校レベルの国語教育では国語を「正確に」理解し、表現することが目標とされるが、説明的文章の基本的目標である伝達の授受能力の育成においては、正確さに加えて「適切さ」や「的確さ」も養う必要がある。特に上級学年に進むに従い、そういった側面を重視した教材を盛り込むことは、高等学校への橋渡しとなることから、説明的文章の教材において、特にこうした言語技術を磨くような教材の強化が求められる。また本研究では、一種類の教科書の分析にとどまったが、他社の教科書についても同様に学年を通じた分析や比較検討を行うことで、教材という側面から中学校国語教育の実際をさらに明確化することができると考えられる。

3．1．4．高等学校教科書「現代文」における説明的文章
3．1．4．1．高等学校の国語教育における説明的文章のあり方

　まず、高等学校の「現代文」分野から見た国語科のカリキュラムとして、都内の中高私立一貫校の一例を挙げてみたい[注2]。

　　高1必修　「国語Ⅰ」：週5時間
　　高2準必修「国語Ⅱ」：2～4時間
　　　　　（うち現代文分野は全員履修で2時間、残りの古典分野は80％が履修）
　　高3必修　「現代文」：週3時間
　　　　選択「国語表現」：週2時間

　これは2004年度現在の学習指導要領に沿った標準的なカリキュラムであるが、本節では、主に3年生で必修とされる「現代文」の教科書について調査を行う[注3]。1989年度高等学校学習指導要領の定義では、純粋な「説明」（＝本章で定義した狭義の説明文のジャンル）は扱いがなく、説明的文章の教材として「評論」と「論説」が提示されている。また指導書は「論説・評論・随筆」のジャンルで構成され、内容伝達の機能を主たる指導目的とする「説明」のジャンルは取り上げられていない。本研究のジャンル分けに沿って考えると、これらの中では「論説」が最も客観性が高く「評論」、「随筆」の順に主観的傾向が強くなると考えられるが、

採択された論説教材には、説明の叙述部分も多く含まれている。

前述の通り、高等学校の教材ではジャンル規定の認識が十分ではなく、内容の印象から設定が行われているようで、具体的な言語学的な指標についての議論は見られない。このような現状において、説明という文章の言語的な特徴を検討することは、言語技術能力の効果的な育成に役立つと考えられるが、詳しくは第4章以降で論じていきたい。

3．1．4．2．高等学校教科書「現代文」の教材配置と「評論」教材

1996年度用「現代文」の教科書のジャンルの内訳は、〈図表3－3〉のようである（高等学校教科書「現代文」については〈付録3〉を参照）。目次に提示されたジャンルは、全教科書共通で「随筆・評論・小説・詩・短歌・俳句」となっている。本研究では、これらの中で韻文は一つの項目とし、残りの散文は各項目の作品数をカウントした[注4]。

全教科書平均のジャンルごとの割合は、それぞれ22％〜28％となっており、教材数のジャンルごとの割合はほぼ均等であるといえる。しかし、実際の授業で採択される教材は、単に配置されている教材の比率だけからは結論づけられない。例えば都内中高一貫私立校の中学校（2005年度カリキュラム）では、教科書に掲載された教材をほとんどすべて消化した上で、その他に多くの副教材（中1＝口語文法、中2＝基礎的な古典講読、中3＝文語文法など）や読書指導などを織り交ぜて授業を行っている。同様に高等学校「現代文」では、教科書全教材を扱うわけではなく、生徒のレベルや受験指導等を考慮して担当者が慎重に検討し、適切な教材をピックアップしたり、他の作品を補充したりする方法がとられる。その結果、「評論」のジャンルの読解を中心に授業が進められることが多く、このような授業形態をとる場合は、「評論」の教材が質・量共に充実した教科書を選ぶ必要がある。もちろん、こうした現場での実際は、各学校の指導のあり方や生徒の興味、ニーズ、能力によって変化するわけだが、こういった点にも注意して各教科書の特徴を見ていきたい。

説明的文章の下位に属する「随筆」と「評論」の収集作品数に着目すると、『第一 高等学校新現代文』は少なく、『筑摩書房 新編現代文』や『角川 高等学校現代文』、『右文 新現代文（上）（下）』、『旺文社 高等学校現代文』は多い。特に

3．国語教育・日本語教育における説明的文章

〈図表3－3：平成8年度高等学校教科書「現代文」ジャンル一覧〉
（数字は実数、（ ）は全教材に占める各ジャンルの割合％）

発行出版社	書名	ページ数	全作品	随想	評論	小説	韻文
＊日書	新版 高校現代文	302	28	8 (29)	7 (25)	6 (21)	7 (25)
＊東書	現代文	328	25	5 (20)	8 (32)	5 (20)	7 (28)
東書	精選 現代文	356	31	2 (7)	11 (35)	9 (29)	9 (29)
＊学図	高等学校 現代文	326	28	6 (22)	9 (32)	5 (18)	8 (28)
教出	精選 現代文	356	33	6 (18)	10 (30)	12 (37)	5 (15)
教出	新選 現代文	324	27	6 (22)	6 (34)	7 (26)	8 (30)
＊大修館	高等学校 新現代文	330	27	6 (23)	8 (33)	6 (23)	7 (26)
＊大修館	高等学校 現代文	310	29	6 (21)	9 (32)	7 (26)	6 (21)
大修館	新編現代文 Ⅰ	178	18	2 (12)	6 (33)	4 (22)	6 (33)
大修館	新編現代文 Ⅱ	178	20	4 (20)	4 (20)	6 (30)	6 (30)
明治	新現代文	308	27	8 (30)	4 (15)	7 (25)	8 (30)
明治	精選 現代文	324	30	5 (17)	8 (27)	7 (23)	10 (15)
＊右文	現代文	320	26	6 (23)	10 (39)	6 (23)	4 (15)
＊右文	新現代文（上）	182	18	10 (56)		4 (22)	4 (22)
＊右文	新現代文（下）	178	16	10 (64)		3 (18)	3 (18)
＊筑摩	新編 現代文	358	33	9 (28)	12 (36)	6 (18)	6 (18)
＊筑摩	ちくま現代文	358	30	9 (35)	5 (20)	5 (20)	6 (25)
筑摩	現代文	354	27	6 (22)	7 (26)	8 (30)	6 (22)
＊角川	高等学校 現代文	360	33	7 (21)	13 (40)	7 (21)	6 (18)
＊旺文社	高等学校 現代文	326	34	11 (32)	9 (25)	9 (25)	6 (18)
尚学	新版 現代文	332	34	8 (24)	4 (12)	8 (24)	14 (40)
尚学	新選 現代文	360	30	7 (23)	7 (23)	9 (31)	7 (23)
第一	高等学校 現代文①	336	24	4 (17)	7 (28)	7 (29)	6 (25)
＊第一	高等学校 現代文②	344	24	4 (17)	10 (41)	6 (25)	4 (17)
第一	高等学校 新現代文	312	21	4 (19)	3 (14)	9 (43)	5 (24)
	合計		668	149 (22)	188 (28)	168 (25)	163 (25)

　評論の所収作品数は、『筑摩 新編現代文』や『角川書店 高等学校現代文』が極めて多く、『尚学出版 新版現代文』や『明治書院 新現代文』、『第一 高等学校新現代文』は少ない。この2ジャンル（説明的文章）の比率が50％を越えている教科書は、〈図表3－3〉の全25冊中、＊を付けた13種類である。またこの2ジャンルの合計の採択比率が最高の教科書『筑摩書房 新編現代文』（64％）と最低の教科書『第一 高等学校新現代文』（33％）との差は31％となっており、「現代文」教科書は、内容にかなりばらつきが存在していることが分かる。
　次に大修館書店『高等学校 現代文』を取り上げ、この教科書の評論教材について考察してみたい。具体的には「現代文」における評論というジャンルの内容や、その中での「説明」的要素の織り込まれ方、それに対しての指導について検討を行う。
　この教科書には「評論」として7作品が掲載されている。その他ジャンル規定

29

のない「8 言葉と表現」という単元に、外山滋比古、谷崎潤一郎の「言語」を
テーマとした論理性の高い作品が掲載されており、この二点も評論に組み入れる
ことが可能であるため、全9作品で「評論」分野が構成されていると見ることが
できる。この9作品の詳細は以下の通りである。

〈図表3－4：『大修館書店 高等学校現代文』の評論教材〉

作品名	作　者	作者の他教科書の作品所収
「旅について」	三木清	2
「人間の時間について」	中村雄二郎	1
「無常ということ」	小林秀雄	8
「オフ・サイドの感覚」	加藤典洋	0
「あらまほしき自然」	村上陽一郎	3
「話体と文体」	外山滋比古	1
「含蓄について」	谷崎潤一郎	6
「現代日本の開化」	夏目漱石	22
「今日と明日の芸術」	山崎正和	5

　一年間で扱う評論教材としては質・量共に適切であり、しかもレベルの高い充
実した作品が集められている。但し作品の内容は、人生論や文化評論、社会評論
が軸となっており、歴史的、科学的な内容がやや手薄であるようだ。
　さて、評論には狭義の説明文に近い内容も含まれているため、その点において
情報の正確な把握と伝達といった言語機能に関する指導も行われる。評論の読解
作業は、書き手が論理性をもって構築した「情報」（これは事実関係を構造化し
た「説明」にあたる）を把握した上で、叙述の筋道に沿って書き手の論点を理解
するといった情報の「構造化」が必要とされる。前述のように、正確に情報を把
握する技能は、中学レベルで既に定着しているため、高校レベルでは、情報を構
造化した「論理」を理解する技能が求められると見ることができるだろう。こう
した一連の技能は、別個に存在するものでなく、有機的なつながりを持って個人
の内部に存在する。そこで、情報把握に関する正確さや適切さといった基礎技能
を高等学校レベルにおいてさらに充実させることは、論理を理解する基盤として
必要であることはいうまでもなく、評論教材指導においては注意したい点である。
　次に、この教科書で評論教材として所収された作品の作者について、他の教科

書における扱いを見ておきたい。

　三木清は「人生論ノート」からの抜粋が多く、古典的名著といわれる系列が未だ根強く残っているようで(注5)、これは小林秀雄も同様である（「無常ということ」5冊、「平家物語」2冊、「考えるヒント」1冊、「お月見（エッセイ）」1冊）。それに対して、中村雄二郎、村上陽一郎、加藤典洋、外山滋比古といった比較的新しい論客も進出してきており、作品の書かれた時代や社会背景などを考慮した指導の重要性は、特にこのジャンルで求められるものといえよう。さらに『筑摩　新編現代文』は、「評論」として狭義の「説明文」に近い内容を持つ作品を意識的に所収しており、これは評論教材のジャンルとしての幅を意識した結果だと考えられる。

　夏目漱石は、様々な小説作品（「こころ」6冊、「吾輩は猫である」2冊、「三四郎」2冊、「草枕」1冊、「夢十夜」1冊、「それから」1冊）が採択されているのに対して、評論は限定された作品（「現代日本の開化」8冊、「私の個人主義」2冊）となっている。これは、漱石が小説家であったため当然の結果ではあるが、こうした文学的文章、説明的文章の両方の領域をカバーする作家は他には見られない。そこで実際の授業においては、教科書掲載作品だけではなく、他の様々な作品を扱うことによって、一人の思想家としてのあり方を考えることも可能であるし、文体的な視点から教材を扱うことも可能であるといった展開が考えられる。こうした意味でも教員は、教育現場で採択された以外の教科書にも目を配ることが期待される。

３．２．日本語教育における説明的文章

　日本語学習においては、その学習目的から、説明的文章は非常に多く教材に取り入れられている。初級においても、精神的な涵養を行う「小説」や内容展開を楽しんで読み進める「随筆」のような文章は少なく、明確な目的を持って読む説明的文章が圧倒的に多い。こういった意味で、教材としての説明文は、国語教育に比べて日本語教育で非常に大きな位置を占めているといってよい。

　一般に、日本語教育においては、学習者が既に母語を習得していてその運用に問題がないことが多く、その上で個々のニーズに応じて日本語の技術向上に力が注がれる。その具体的なニーズとは、日常生活の中で必要な様々な情報を得ると

いった生活日本語、サバイバル日本語から、仕事や研究の中で役立てるといったビジネス日本語、学生のための日本語など、幅広いものとなる。

　さて、日本語学習の中心的な教材は、国語教育と同様、教科書である。日本語教育の教科書は、文型や会話、文法説明などのウエイトの置き方や学習者のレベル、技能や目的、専門に応じて様々な種類が見られる。たとえば、教科書は「初級・中級・上級」といったレベルに加え、学習者の年齢、母語によっても異なる。また一人の学習者でも、読解や聴解、作文、会話、発音など技能によって教科書を使い分ける。さらに学習の形態に応じ、教室用、独習用といったタイプ分けも見られる。こうした日本語教育の教科書については、学習者の多さから初級レベルの文法や文型を扱う教材が中心であり、中級レベル以上の教材はそれに比べて少ない傾向が見られる。

　以下、本節では、中上級の日本語テキスト（教科書・問題集）をとりあげ、そこに採択されている読解教材を整理していきたい。今回こうしたテキストを取り上げる理由は、分量・内容ともに一定レベルの文章が採択され、国語教育の中・高生にほぼ対応する教材と考えることができるためである。

　まず、広く一般に検定試験対策用として利用されている問題集を取り上げる。岡本・氏原・桜井（2005）『パターンで学ぶ　日本語能力試験　1級読解問題集』は、日本語能力試験1級に出題される長文読解問題が網羅的に収められており、「解説」といった典型的な説明的文章に加えて、「小説」や「随筆」、「紀行・ルポ」等のジャンルが立てられている。説明的文章については、「解説」に読売新聞朝刊の記事が、「随筆」に産経新聞夕刊の記事が、それぞれとりあげられている。またこの問題集には、「根拠」や「内容把握」といった項目に絞り込んだ短文の練習問題も並んでいるが、新書と新聞記事を出典としたものが目に付く。

　次に大学の留学生教育の現場で用いられている例として、早稲田大学日本語教育センター編（1988）『外国学生用　日本語教科書Ⅰ・Ⅱ』をとりあげる。これは、大学レベルの授業のために編纂されたもので、独習でも利用できるよう、各章の末尾に文化事項や言語事項に関する注を付している。Ⅰ・Ⅱの2巻構成で、編集方針として「日本の文化と文学を中心に多くの分野から多様な文章を選択し、数・量ともに多めに収録した」（本文の最長19ページ）とあり、テキスト本文のジャンルについては、「いろいろな種類の文章に接しておくことが必要と考え、

3. 国語教育・日本語教育における説明的文章

小説・評論・随筆のほか、読み物・新聞・手紙・日記・講演・落語など、多様な表現的性格の教材を集める一方、内容の点でも文化論や文学作品以外に、言語関係、政治・経済・社会学、数学・物理学・地学・気象学・心理学、演劇・美術・建築といった広い分野にわたるよう心がけた」とある。全般的に長く読み継がれてきた近代文学が中心で、現代的な政治経済、科学などの新しいトピックは少ないため、「必要に応じて、そのつど、新鮮な教材を補充することが望ましい」とされている。この他、表記が縦書きである点も、優れた日本語の文章を味読することをねらいとしたものと考えられる。具体的な教材は次表の通りである。

早稲田大学日本語教育センター編（1988）目次

上級Ⅰ	上級Ⅱ
①小さな手袋（小沼　丹）	①吾輩は猫である（夏目漱石）
②日本の天気（高橋浩一郎）	②文構成から見た日本語（金田一春彦）
③説得力のある話し方（堀川直義）	③エネルギー変換（江上不二夫）
④坊ちゃん（夏目漱石）	④行間を読む（小池　滋）
⑤数学の楽しさ（矢野健太郎）	⑤城の崎にて（志賀直哉）
⑥そばや今昔（堀田平七郎）	⑥進展する国際化（土屋六郎）
⑦摘み草（円地文子）	⑦立春の卵（中谷宇吉郎）
⑧経済を見る目（都留重人）	⑧言葉の力（大岡　信）
⑨富岳百景（太宰治）	⑨手紙と日記（福原麟太郎）
⑩新聞から	⑩日本語となった外国語（矢崎源九郎）
⑪テレビとストレス（島崎敏樹）	⑪休憩時間（井伏鱒二）
⑫敬語の誤り（辻村敏樹）	⑫日本人のこころとかたち（山崎正和）
⑬少年寅さんはおちこぼれだった（山田洋次）	⑬舞台の奥の日本（河竹登志夫））
⑭伊豆の踊り子（川端康成）	⑭高瀬舟（森鴎外）
⑮梗概を書く（竹西寛子）	⑮他人と遠慮（土居健郎）
⑯日本の自然（中野尊正・小林国夫）	⑯働く女性が社会を変える（菅原真理子）
⑰熱気球イカロス5号（梅竿エリオ）	⑰美を求める心（小林秀雄）
⑱問題の装置（星新一）	⑱古寺巡礼（和辻哲郎）
⑲印鑑（團　伊玖磨）	⑲日本語の感情表現（阪倉篤義）
⑳虫のいろいろ（尾崎一雄）	⑳陰影礼賛（谷垣潤一郎）
㉑情報への飢え（稲垣佳世子）	㉑建築有情（長谷川堯）
㉒人を表すことば（鈴木孝夫）	㉒「である」ことと「する」こと（丸山真男）
㉓科学者とあたま（寺田寅彦）	㉓春はあけぼの（田中澄江）
㉔細雪（谷崎潤一郎）	㉔芝浜―古典落語

所収の文章の中でいわゆる説明文を取り出してみると、Ⅰでは、②、③、⑥、⑯、⑰、㉒、Ⅱでは②、④、⑥、⑩、⑲等であり、新聞記事からの教材は、コラムや社説を収めたⅠの⑩のみである。さらに説明的文章は「評論」に近い内容が多く、またこの教科書には、日本の高等学校国語の教科書に採択されている評論が多いことも特徴である（Ⅱ⑧、⑫、㉒）。小説についても、Ⅰの④、⑨、⑭、Ⅱの①、⑤、⑧、⑭、⑳など、日本人にとっても必読の作品が揃えられており、日本文化に関する知的教養を身につけることを意識した、単なる文章理解の域を越えた内容となっている。これは、この教科書の学習者が、研究を目的とした日本語学習を想定していることとも関係している。

　ところで、近年、中上級者用日本語テキストとして、大学で学ぶための日本語を身につける「アカデミックジャパニーズ」という概念が広がってきている。アカデミックジャパニーズとは、日本語の文法力や読解力などの「受信型スキル」だけではなく、「主体的に考え、その場の状況を考えながらコミュニケーションしたり発表したりする「発信型スキル」を伸ばすこと」だとする佐々木他 (2001)『中・上級者用日本語テキスト 大学で学ぶためのアカデミック・ジャパニーズ Academic Japanese for International Students』は、そういった目標に基づいて編まれた教科書で、大学生活に直結したテーマを掲げている。実際の講義や演習の受け方はもとより、オリエンテーションや掲示板の見方、大学祭への参加、トラブル対処などの項目について、内容が展開しており、具体的には以下のようである。

佐々木他編（2001）　目次抜粋

```
第1課　オリエンテーション
　Ⅰ履修申請　　Ⅱ奨学金の申請
第2課　講義——歴史を読み解く（上）
　Ⅰ講義内容の理解
　　Ａキーワードを知る　Ｂキーワードや数字を聞きとる　Ｃ箇条書きを文章に直す
　Ⅱ講義内容の確認
　　Ａ自分の言葉で説明する　Ｂ感想を書く
　Ⅲ関連資料を読む
　　Ａ記事の内容を理解する　Ｂ記事の内容をまとめる
第3課　講義——歴史を読み解く（下）
```

3. 国語教育・日本語教育における説明的文章

> Ⅰ講義内容の理解
> 　A講義を聞いて表にまとめる　B文を読んで表にまとめる
> Ⅱレポート作成の準備
> 　Aレポートのテーマを友達に相談する　Bレポートのテーマを先生に相談する
> 　Cレポートの資料を集める　D資料を読んで内容をまとめる
> 　Eレポートの構成を考える
> 第4課　情報の読み取り
> 　Ⅰ掲示板の情報　Ⅱ教務からの連絡　Ⅲ授業に関する連絡　Ⅳファクスの情報
> 第5課　講義——遺伝子と生命倫理（上）
> 　Ⅰ講義内容の理解
> 　　Aキーワードを知る　B重要な数字や語句を聞きとる　Cノートを文にかえる
> 　　D説明を聞いて理解し、図を完成する
> 　Ⅱ関連資料を読む
> 　　A適当な記事を選んで内容を推測する　B新聞記事を読む
> 　Ⅲ自分の考えをまとめる　遺伝子研究のメリットとデメリットを考える
> （中略）
> 第7課　大学祭とサークル活動
> 　Ⅰ大学祭の見学
> 　Ⅱサークルでの大学祭参加
> 　　A説明を聞いて理解する　B話し合いの内容を理解する
> 　　C大学祭までにするべきことを確認する　D必要なものを電話で手配する

　ここで伸ばすべきスキルは「講義・演習をこなすための日本語能力をつける」ことや考える力を養うこと、「スピーチ」や「討論」などの発信型スキルを養うこととされているが、とりあげられている資料は、新書や新聞記事が多く、日本語能力検定1級対策のテキストのジャンルと通じるところがある。また新聞記事教材では、見出しやリードなど、文字の大きさや太さなど、実際の記事のレイアウトと同一の体裁をとっている。さらにこの教科書の「講義の受け方」を学ぶ課では、大学で教科書として用いられる専門書の文章を扱っている。

　もう一冊、同様にアカデミックジャパニーズを目的とした読解教科書として、アカデミックジャパニーズ研究会編著（2001）『大学・大学院　留学生の日本語① 読解編』をあげる。これは中級レベルの日本語の高等教育機関の専門分野の勉強をしようとする留学生などのために作成された教科書で、「学術的な専門分野で勉学・研究しようとするすべての日本語学習者」を対象とし、内容は、文化系・理科系問わずどの分野の学習者にも役立つような内容となっている。Ⅰ部

（1課から11課）とⅡ部（12課から14課）から構成され、Ⅰ部では基礎的な項目を学習し、Ⅱ部ではそれをもとにレポートや研究計画書、論文（一部）を読む構成で、報告文や論説文を読む力に加えて学術論文を読むための基礎的な読解力を養うように作成されている。目次は以下のとおりである。

アカデミックジャパニーズ研究会編著（2001）目次

第Ⅰ部
第一課　言葉の役割
第二課　イルカと超音波
第三課　地図の分類
第四課　睡眠時間
第五課　日時計
第六課　研究者の二つのタイプ
第七課　地球温暖化
第八課　風呂場の戸
第九課　手で数字を表す
第十課　茶はどのようにして伝わったか
第十一課　「タ」と「ハタケ」
第Ⅱ部
第十二課　カラスの自動車利用行動
第十三課　台湾南部の客家社会についての一考察
第十四課　人間とロボットの協調動作に関する研究

　各課の本文の出典としては、樋口裕一『読むだけ小論文』（学習研究社）や、角山栄『茶の歴史』（中央公論新社）などのほか、執筆担当者の書き下ろしが採択されており、パラグラフ・リーディングやスキャニングなど構造的な読みの実践が目指されている。
　同じ大学レベルでも、特定の専門分野で学ぶ学生を対象とした教科書としては、山崎他（1992）『―理工学を学ぶ人のための―「科学技術日本語案内」Handbook of Scientific and Technical Japanese』がある。これは、「理工系の日本語学習者が、基礎的な科学技術日本語の用語と科学技術日本語の書き言葉での表現を学習するため」の教科書で、その構成と特徴は、次の通りである（本書の使い方より）。

3. 国語教育・日本語教育における説明的文章

　本書は、理工系の日本語学習者が基礎的な科学技術日本語の用語と科学技術日本語の書き言葉での表現を学習するためのものであり、日本語学習の初級レベルが終了し、ある程度の読解能力がある学習者を対象としている。ただし、本書はすべての漢字に読みをつけ、必要な範囲での英訳を載せたので、初級レベルの日本語学習者であっても、基礎的な科学技術日本語の用語・表現集として使うことができる。
　また、本書は科学技術日本語の参考書・教科書として学習することも、詳細な目次や用語・表現索引を利用して辞書的に使うこともできる。さらに、理解を助けるために、関連事項をコラム欄に示し、第1章・第2章には練習問題をつけてその解答例を別冊にまとめた。このため、科学技術日本語を必要としている全ての日本語学習者に役立つであろう。

　そして全体は3つのテーマに分かれた内容で、章立ては、「第一章　用語：基本的科学技術用語の習得」、「第二章　表現：基本的表現・文型の習得」、「第三章　文章：レポート表現・文体の習得」となっている。
　初級レベル終了程度でも使うことができるよう、全ての漢字にはルビが付され、適宜英訳が載っているが、内容的には高度な科学技術に関する文章が用例として用いられている。さらに巻末には理工系教員が留学生の日本語教育を行う際の資料が付され、標準的教科書、一般解説文章などの例として11冊の専門書（翻訳3冊を含む）が挙げられている。この教科書は科学技術に特化し、専門領域の語彙を増やすことに力点が置かれているのが特徴である。例えば、外来語では「アスピレータ」、「アダプタ」、「アモルファス」、また日本語でも「上皿電子天秤」、「可変抵抗」といった極めて専門性の高い語彙、「あそび」「がた」など日常的な意味とは異なる特殊な語句が挙げられている。説明文のジャンルだけが教材としてとりあげられ、それに沿って、具体的に理解や表現の方法が示されている。
　最後に、東他（1995）『中上級用日本語テキスト　日本の社会と経済を読む』を見ておきたい。著者は全員日米両国で語学教育に携わっており、この教科書は欧米の英語圏の日本語学習者を想定して作成されている他（巻末には、各課本文の英訳がついている）、ビジネス日本語のクラスに対応するという特徴を持っている。こういった目的から、全体は「第Ⅰ部　社会編」と「第Ⅱ部　ビジネス

編」とに分けられ、前者では「言葉、地理、政治、社会問題、余暇」、後者では「経済、ビジネス文書、しきたり、社会慣行」などが取りあげられ、次のような構成となっている。

東他（1995）　目次

第一部　社会編	第1課	日本の姿：国土と人口
	第2課	ゴルフ場と日本の自然
	第3課	旅に出かけよう
	第4課	日本人は貯蓄をしすぎているのか
	第5課	疲れている日本のサラリーマンたち
	第6課	冠婚葬祭
	第7課	接待天国ニッポン
	第8課	日本の政治
	第9課	コミュニケーション・スタイル
	第10課	日本語の発達
第二部　ビジネス編	第11課	社員募集中
	第12課	日本たたき
	第13課	国境が消えた：貿易摩擦って何？
	第14課	生産調整
	第15課	これからの日本企業
	第16課	規制で何が起きているのか
	第17課	社内文書
	第18課	ビジネス文書（社外文書）
	第19課	日本式ビジネス交渉術
	第20課	変化する日本の会社組織
	English Transcription　解答例	

　各課には、本文と語句の説明が示されているが、教材の文章は、説明、解説もしくは評論という説明的文章のみで、大前研一『新国富論』（講談社）といったビジネス書や、『フォーブス』（1994.7）といったエグゼクティブビジネスマン向けの雑誌記事の他、朝日新聞の記事も見られる。新聞テクストは、実際の段組で掲載されており、実戦的な読解が意識されている。

　以上、それぞれに特色を持つ6冊の中上級向け日本語教科書のテクストのジャンルを検討してきたが、早稲田大学日本語研究センターの教科書以外は、新聞記

事や新書といった、極めて同時代的な説明文が中心であった。日本語教育においては、説明的文章が重視されており、学習者の母語に関わらず応用が可能な効率的読解方法習得に向けた指導が求められているといえよう。

3．3．教材に見られる説明文の内容―説明文分析へむけて―

　本章では、現場の指導への応用を見据えた説明文分析のために、国語教育と日本語教育で実際に利用されている教科書を概観した。

　まず国語教育においては、現在の教科書のジャンル規定の根拠が抽象的で、印象主義に傾いているという問題点を指摘した。文章には、各々に固有の構造や特性が存在しているため、それを探ることによってジャンルの言語的特徴が明らかになるはずである。説明文は、正確に客観的事実を伝達する文章であるが、この性質がいったいどこから来るのか、どうすればそういった性質になるのかという問題は、ジャンルの言語的特性の解明を通して解決されるものだといえよう。これについては、英文におけるジャンル分けも大いに参考になり、例えば、Reid (1993) はKinneavy (1971) の「目的による談話の4種類」を挙げている。これはJakobson (1960) のモデルを下敷きにしたものだが、文章が関わる広い要素に注目しており、日本語の文章の分類にも、応用的価値を持つものと考えられる。

> Kinneavy organized discourse into four main types of aims:
> Reference, persuasive, literary, and expressive. Each kind of discourse has a different aim and emphasis;
> 　reference discourse emphasizes the subject,
> 　persuasive discourse emphasizes the reader,
> 　literary discourse emphasizes language,
> 　expressive discourse emphasizes the writer.　　　　(Reid 1993)[注6]

　上記のジャンルは、国語教育の表現分野の類別と重なるが、それぞれの境界は厳密には設定されていない。もちろん全てのジャンルに関して線引きすることは困難だが、「説明する」文章が持つ言語学的な傾向は指摘できるのではないかと考えられ、これは「事実」と「意見」とを区別して表現すべきだという表現指導

とも関連する。

　また、中学校・高等学校の国語教育は、母語習得の完成段階にあたり、全体性・調和性を十分に意識して行われるべきではあるが、その中でも「説明的文章」の教材やその指導の果たす役割は重要である。このジャンルの文章において情報を正確に把握するためには、構造的な理解は不可欠である。これに関しては近年、認知レベルからのアプローチも活発で[注7]、そうした心理言語学的側面と共に、文章理解の方策のために、文脈の結束性や一貫性をつかみ、それらを手がかりに文章構造を組み立てる研究が進められるべきである。

　一方、日本語教育においては、説明的文章は教科書教材の中心的ジャンルと捉えられ、評論テクストと同様に、説明や解説といった狭義の説明文を中心に採択する教科書が多く見られた。これは国語教育の教材とは異なる点である。また、精神的な成長過程と語学学習のタイミングが異なることが多いという性格上、取り扱われる文章は限定されるためにジャンルに関する議論は少なく、専ら叙述される内容（例：政治経済、科学技術、芸術等）の特性に注目が集まり、それが収録されるテクストの特性に結びついていた。

　しかし、説明文読解及び表現の技術向上に関しては、国語教育同様、その指導方法の開発は重要な課題だといってよい。

　以上をふまえ、次章からは、言語学的な説明文の分析を進めていきたいと思う。

注

(注1)　本研究においては、叙述内容の観点からスケールを立てたが、ジャンル規定の上では、他の諸要素（例：機能、目的など）も盛り込むことが可能である。

(注2)　平成11年度告示の学習指導要領では、高等学校国語科の科目は「国語総合」「国語表現Ⅰ・Ⅱ」「現代文」「古典講読」「古典」の6科目であったが、平成21年度告示では「国語総合」「国語表現」「現代文A/B」「古典A/B」の6科目に再構成された。以下、本研究で扱う「現代文」は、今回の改定で総合的な言語能力の育成を目指す科目である「現代文B」に相当する。

(注3)　1995年度検定を含む文部省検定教科書目録に掲載された教科書26冊のうち、『三省堂　新編現代文』『三省堂　現代文』を除くものを対象とする。

(注4)　『教育出版　新選現代文』・『大修館書店　高等学校新現代文』・『明治書院　精選現代文』・『筑摩書房　新編現代文』・『筑摩書房　ちくま現代文』・『筑摩書房　現代文』・『第一出版社

3. 国語教育・日本語教育における説明的文章

　　　『高等学校新現代文』の7冊については、ジャンル記載が見られなかったので、他の教科書を参考にして筆者が分類を行った。またこの表では、作品の分量に関わらず1作品は1とカウントした。
(注5)　これについては、吉田（1996）にも指摘が見られる。
(注6)　Kinneavy（1971）は、さらに"reference discourse"の代表例について次のように述べている。

　　　With the anthologized essay as a focus, then, the characteristics of the various kinds of reference discourse will be examined.

　　　Scientific, informative, and exploratory discourse are each considered in isolation, though the anthologized essay combines the three.

　　　The abstraction of the problems of each in isolation is necessary, for they are separate problems.　　　　　　　　　　　　　　　　　　　　　　　　　　Kinneavy（1971）
(注7)　文章理解に関する認知的アプローチの例として次のような指摘がある。言語情報処理での文章理解は既得知識構造（フレームやスクリプト）に文章の内容を結合させることによって理解が実現する。そこでは、文章の枠組みとなる既得構造を見つけ、それに文章の内容が矛盾なく組み込まれれば正しい理解が成立する。既得構造は得られても、それと文章との整合性がとれなければ誤解が生ずる。文章からその枠組みとなるべき既得構造が導かれないとき、理解する事に失敗する。（石澤・古郡 1990）

4．説明文のジャンル特性

　ジャンルを特定するための言語学的な指標の規定には困難な部分もあるが、広く説明文と認められるジャンルが持つ言語的特性や構造を指摘することは、可能だと予想される。本研究では、一般的に「説明文」とされる文章を分析することで、他ジャンルの文章との違いを明らかにしながら、その特徴を捉えていきたい。具体的には、「説明文」と認定されている国語教育及び日本語教育の教材、説明を目的とした読み物、新聞記事等を対象とする。
　さて、本研究では、「説明的文章」(広義説明文) の一部を構成するものとして狭義の「説明文」を位置付け、その特徴を表す形態的指標として、「提題表現と叙述表現」、「トピックセンテンスや接続表現などの定型表現」、「のだ表現」等を取り上げたい。
　これらはいずれも、従来の概念的なジャンル規定とは異なり、ジャンルの性質とマクロ構造に関わる文脈展開に即した言語的パラメーターである。まず「提題表現と叙述表現」は、「説明」という作業における基本的な文の構成要素であるが、これらを通して、文相互の受け継ぎを観察することで、説明文特有の構造を認めることが可能となる。次に「定型表現」だが、これは端的に「説明」というジャンルを示す表現として、各々が説明に効果的な機能を持ち、文脈展開の方向を示すものである。そして「のだ表現」は、文法論において指摘されている「説明のモダリティ」という枠を越え、文章内での特性や機能を詳細に検討することで、マクロ構造の解明に役立つパラメーターである（この項目に関しては「5．説明的文章における「のだ」文の機能」で詳しく論ずる）。以上のように、本研究でとりあげる説明文の性質を示すこれらのパラメーターは、文章の中でマクロ・ミクロの両方向に機能する項目として認められるものである。
　以下、これらのパラメーターを議論する前に、日本語学および欧米でのジャン

ル理論と、そこでの説明文の位置づけを概観しておきたい。

4．1．説明文をめぐるジャンル理論

　本節では、日本語及び英文におけるジャンル規定についてまとめていきたい。

　日本語の文章論では、文章の分類について諸説が提示されているが、原理的には「内容上からの分類」と「構造上からの分類」との二種類に分けることができる。まず、前者に基づく、表現の意図や具体的機能からの分類をとりあげる。

　代表的な例として、「読み手に与える効果」を基準にした平井（1970）の分類がある。

　　何かを知らせる目的の文章：説明するタイプ・描写するタイプ
　　　（説明文・記事文・叙事文・解説文・記録文・報告文・観察文など）
　　何かについて説きふせる目的の文章：議論するタイプ・説得するタイプ
　　　（議論文・説得文・勧誘文など）
　　何かについて感銘を与える目的の文章：物語るタイプ・感動を表すタイプ
　　　（叙情文・随想文など）　　　　　　　　　　　　　　　　（平井 1970）

　これは、表現指導で大切な「なぜその文章を書くのか」という動機づけと結びつけられるため、言語学習におけるジャンル分けの典型ということができる。また波多野（1975）は、文章を「緊張体系の成立する方向」によって「叙述の文」と「説得の文」の二種に大別しているが、この「緊張体系」とは「相手」を「どういう状況に立たせたいか」という目標を指している点で、この平井説に近いものと見ることができる。さらに、市川（1978）では、読み手の種類によって区別する「具体的機能」による類別が行われている。

　　第一類：特定の相手に向けて表現される文章。また特定の相手との間で取り
　　　　　交わされる文章。
　　　　　通信の文章・告知の文章・申告の文章・報告の文章・証明の文章・
　　　　　契約の文章

第二類：不特定の相手に向けて表現される文章。
　　　　解説の文章・報知の文章・実録の文章・表出の文章・表明の文章・論説の文章・宣伝の文章・教戒の文章・公示の文章・規約の文章・課題解答の文章
第三類：記録の文章（即座の伝達を目的とするものではない）

　その他、修辞学的視点に基づく言語表明のタイプによる分類（澤田 1978）や、西洋の伝統的分類による五十嵐（1909）の「記実文（Description）、叙事文（Narration）、説明文（Exposition）、論議文（Argument、Persuasion）」といったジャンル分けなどが見られる。
　一方、後者の「構造上」の分類は、文章自体が持つ言語的特徴に基づくものである。その代表例としては、文章形式による「韻文」と「散文」の二分類のほか、「単一な文章」と「複合した文章（対等形式・包含形式・付属形式）」といった間テクスト性をふまえた分類（市川 1978）などが挙げられるが、この他に、文章内部の構造形式に注目した以下のような分類も広く行われている。

・題材の「配列」に関する文章構造の類型（「問題提起－解決」など）
・結論の所在（「頭括型」「尾括型」など）
・全体構造（「序論・本論・結論」「起承転結」「序破急」など）

　これらに加え、特に説明文に関わるジャンル規定として、土部（1993）による叙述法からの分類についてもふれておきたい。ここでは説明文を、「ものごとの〈とらえかた〉本位の姿勢を持って、〈事態〉の存立事情を解明する文」と規定している。本研究では、スケールを用いたジャンル規定を提案したが、土部説の〈とらえかた〉とは、書き手の意見や主張、ものの考え方であり、説明文はそれに基づき「〈事態〉の存立事情を解明する」とあることから、このジャンルが事実と意見の両方の要素の混在を認める点で、共通性を持つものと解釈できる。また、国語教育では大きく文学的文章と説明的文章というジャンルの二分割が行われているが、後者は主観性と客観性という度合いから二大別されている（3.1.1.参照）こともこれと深くかかわっている。

4. 説明文のジャンル特性

　ここまで、日本語学におけるジャンル規定をサーベイしたが、先行研究では、文章の書かれた「目的」や文章が果たす「機能」をもとに叙述を総体として捉えた区分が行われており、文章の叙述そのものに着目したジャンル分けはあまり見られなかった。しかし、ある目的や機能に適した文章構造や文体は存在するはずであり、特に説明文のように明確な機能（伝達機能）を持つジャンルでは、その傾向が顕著に現れると予想される。そこで本節では、以下、文章の叙述に言及している英文でのジャンル規定を概観することで、日本語の説明文の特性を探る上での参考としたい。こうした叙述自体を対象としたジャンル規定は、文章内容と関連した文章構造や文法的事項、文体上の特徴の析出などを扱うものであるが、日本語の文章に適用させることも可能だと思われる。

　まず、文法的観点から文章のジャンル分けをした例として、Longacre (1976) をとりあげたい。ここでは、2つの基本的なパラメーター

　　Agent orientation, Contingent temporal（i.e. chronological）succession

をもとにして文章を

　　Narrative, Procedural, Behavioral, Expository

の4種類に分類している（基本的には、上記2つのパラメーターを＋と－のいずれかの組み合わせで表す）。そこでExpositoryの特徴は、次のように規定されている。

　　[-Agent Orientation] [-Contingent temporal succession]
　　1. No necessary person reference
　　2. Subject matter oriented
　　3. Time not focal
　　4. Logical linkages

　加えて、このジャンルの具体的な形態的特徴として、以下のようにテンスや文章構造についての指摘が行われている。

　　Third person pronouns,　Equative / descriptive clauses,
　　Various tenses,　Linkage by sentence,　Topic/parallelism

次に取り上げるのは、Meyer, Haring, Brandt & Walker (1980) である。これは、Expository Text を 4 分割し、各々の叙述の構造について言及しており、後述する本研究の構造分析にも深く関わりを持っている。

　Expository text was classified into different types on the basis of the rhetorical predicate at the top most level of its content structure. We examine the following top level rhetorical structures: *response*, which relates a problem (or question) to a solution; *adversative*, which relates what did happen to what did not, or favored view to an opposing view; *covariance*, which relates an antecedent condition to its consequent; and *attribution*, which relates a collection of attributes to an event or idea.

ここでは、Expository がその内容と論理展開から、"response"、"adversative"、"covariance"、"attribution" に 4 分割されている。
以下では、マクロ構造やコンテクストとジャンルについての議論を見ていきたい。
一つの文章が、複数のジャンルの特性を併せ持つということはしばしば起こり得ることだが、この現象は文章のジャンル分けが構造と内容の両面に関わることを示唆するもので、Dijk (1977) では次のような指摘がみられる。

　Note that the categories involved are not only STRUCTURAL ('syntactical')——determine the linear and hierarchical ordering of macro-structures of discourse——but also CONCEPTUAL ('semantic'): they stipulate what the discourse is about (actions of heroes, world politics, the weather or certain products)…

　It is more interesting to elaborate a more abstract theory which relates structural categories to conceptual categories. The structure of an argument, for example, should be assigned independently of whether it is about engineering, linguistics or child-care.　　　　　　　　　　(Dijk 1977)

このようにジャンル規定では、文章内容（話題）や統語レベルのみならず、

4. 説明文のジャンル特性

概念や論理構造までをカバーする必要があるが、Smith（1985）では、特にコンテクストの重要性を指摘している。

> ......while some text types may not be dominated by a single set of linguistic features, nevertheless each text type does seem to be dominated by overall purpose. This dominance is ascribed to the function of the discourse framework in which each text occurs. Analysis of the various levels at which a discourse framework operates suggests that linguistic features may be helpful in identifying the purpose of a particular text, but are not necessarily the chief indices of the purpose of that text.
>
> (Smith. Jr. 1985)

こういった、その文章が実際にどのように用いられるかを考えることが重要であり、言語的事実は必ずしも十全にそれを示し得るとはいえないという指摘は他にも見られるが（Stubbs 1996など）、特に言語教育におけるジャンル規定では、言語様式のプロトタイプに加えて、テクストをめぐるその他のファクター（例 Discourse world, Core generic function, Generic blends, Register 等）を総合的に分析してテクストを捉えるべきだという考えも提示されている（McCarthy & Carter 1994）。これは、テクストをコミュニケーションの手段とする言語観によって、言語自体をダイナミックな存在と見なす立場からの見解であり、実践においても重要な指摘だといえる。

このように「説明文」のジャンルを規定する事項として、いくつかの示唆が示されたが、以下ではまずに、Longacre（1976）でも指摘され、文章構造決定に大きく影響を及ぼすと考えられる「提題表現」と「叙述表現」という視点から、説明文の特性を見ることにする。

4．2．説明文における提題表現と叙述表現

本節では、説明文の特徴の一つとして認められる、文章中での提題表現と叙述表現の在り方を取り上げる。先行研究でも、これらの連鎖の様相はマクロ構造把

握の手段として取りあげられており、特に提題表現は、その連鎖や統括が文段認定を行う主要な手がかりとされたり（佐久間 1987a）、その展開（Theme）が文相互の構造を把握する鍵となる（Daneš 1974）といった指摘が見られる[注1]。また、あるテーマ（話題）を中心に、そこから連想される主題に関するブレーンストーミングを行うことで、文章の枠組みの決定や、明確な主題を持つ整った文章表現を可能にする方法論（加藤・バネッサ 1992）も提示されている。そして、これらにおいて、Danešでは展開図式が、加藤・バネッサではTree diagram やCluster diagramが、各々主題の拡充を示す手段として用いられ、文章の展開と提題表現（Theme）とが密接に関係することが視覚的に明らかにされている。以下、こうした文章内容の展開という観点を中心に、提題表現と叙述表現に関する先行研究を概観し、説明文の特性を把握する有効な手段を考えていきたい。

4．2．1．提題表現・叙述表現に関する先行研究

　提題表現（ないし主題）は、文章論の研究において文脈の論理的展開をたどる要素として利用されてきた。一般的な概念規定として、池上（1984）では、主に英語における文の構成から、文を「文の冒頭にまず話し手が提示する主題部（Theme・topic）」と「叙述部（Rheme・comment）」に分割しており、これらは、「主語」と「述語」や、「既知情報」と「新出情報」（given informationとnew information, predicateとfocus）とは異なるものだと指摘する。

　一方、日本語の文レベルでの提題表現の決定に関しては、三上（1960）の「ハ」と「ガ」をめぐる題述関係の理論以後、多くの研究が進められている[注2]が、文章レベルへ発展させた研究として、寺村他編（1990）は、日本語の「XはYである」という文の「Xは」の部分は、その文で取り上げる主な事柄（話題）が何かを表しているとし、このような文章や段落の話題を示す表現形式を「提題表現」と呼んでいる[注3]。これは、文が「〜は」という主題提示部分をその典型とする提題表現と、その主題に関する情報を示す叙述表現によって構成されるという考え方に基づくものである。但し、日本語の文のタイプとしては、主題を持たない文（無題文）もあり、その場合、「〜が」の主格も提題表現と認める方法が日本語テクストの分析には適当だと広く考えられている。もちろん、日本語と英語とは言語構造が異なるため、単純に定義の比較はできないが、文章構造を考える上で、文の主語や主題、新

4. 説明文のジャンル特性

情報や旧情報、焦点といった概念については検討する必要があるだろう。ただ、前述のように、文の提題表現はTheme、叙述表現はRhemeと最も深くかかわるものであり、談話主題としての「Topic-Comment」や「新情報―旧情報」(Halliday (1974) によるInformation structure) は共通する部分もある一方、異なる性格も含んでいるということはいえよう。また、文の主題を総合して段落の主題を捉え、そしてそれらの総合によって文章全体の主題を捉えるというのが先行研究の手法だが、これに加えて線条的に流れる文脈から決定される各々の表現の含意や意味の連鎖を解明する作業も、文章の主題をつかむ上では重要である。よって、文章や段落の主題の決定には、文の積み重ねによって文章が成立している事実をふまえ、文脈を丹念に追いながら、その意味内容の展開を把握することが不可欠だといえる。

このように文の提題表現と文章の意味内容は不可分の関係にあるが、本研究では文章構造を捉えるという視点から、提題表現については、次のように考える。

> 文の提題表現とは、文章展開の基礎単位である「文段」の結束性を支える内容（話題）と深く関わる部分である。各々の文段の提題表現にあたる内容は、文段内の各文の提題表現が、文章内で果たす役割と具体的な意味内容を総合することによって決定される。

ちなみに本研究で用いる「文段」という術語は、意味的なまとまりを持った文の集合体を指し、「中核文」に基づいて決定されるものとする（文段及び中核文については「6．説明文における「中核文」の認定」で詳述する）[注4]。

次に先行研究における日本語の提題表現の決定方法について見ていきたい。

まず永野 (1986) は、文章展開の上で「が」と「は」は互換性をもつため、「が」の主格的性格と「は」の主題的性格とを認めた上で、両者を一括する考え方をとったほうがよいとして、文章分析における「主語の連鎖」を見る上で「主題主語」という考え方をとる。そしてこの主題主語を作る例として、題目を提示する方法を挙げ、以下がその用例とされている（判断辞とは、ここでは「だ」、「です」など断定の助動詞を示す）。

> も・とは・って・と言えば・なら（ば）・判断辞＋が（けれども）こそ・し

49

も・さえ・すら・だって・とて・といえども・でも・なりと・なんか（なんて）・たら・てば

　また佐久間（1987a）では、提題表現は文章の中の一部から取り出せる文段の主題となる表現であり、「ハ」などの助詞を含んだ先に挙げた永野（1986）の題目提示の語例が主な決定の基準となるとし、文段を統括する主題は「形態的」に判別されるものと考える。

　ただ、文の種類や付属語（いわゆる橋本文法での副助詞）といった統語的な指標のみを手がかりに、結束性を示す「文段の主題としての提題表現」を認定することは、難しいと思われる[注5]。その理由は、文段の結束性は各文の提題表現によって維持される部分が大きい反面、それ以外の反復表現や指示語にも大きく影響されるからである。そこで文段の主題については、こうした助詞の形態に加えて、前述のような言語現象や、叙述の意味内容も積極的に取り入れて決定する方法が実際的だといえよう。そのため、提題表現の取り出しにおいても、いくつかの言語形式に加えて、叙述表現や意味的な観点からの析出を、その方法論としたい。

　文段認定及び文段相互の関係を決定する手がかりとしての「提題表現」は、文章構造を明確化する指標である。本研究のマクロ構造分析では、文段の提題表現の認定は文レベルと文章レベルの両方向からのアプローチで可能となるものと考え、ミクロレベルからの積み重ねに加えて、マクロレベルからの検討も含めていきたい。

　さて、次に叙述表現についてだが、永野（1986）では時枝文法の「詞と辞」や入れ子型の概念を利用して、「陳述の連鎖の観点に立って文章構造を解明するには、文末陳述部において複数の辞が重層的に表現される事象に着目する必要がある。この重層性が陳述の連鎖という観点において重要な鍵である」として、陳述を「叙述辞」、「述定辞」、「伝達辞」の三種と規定する。

　また寺村他編（1990）は、文の基本的な構造を「提題表現＋叙述表現」と定義し、「叙述表現は提題表現と呼応して文を構成するもので、その中心的な役割を果たすのが述語である。」とし、「叙述表現の持つ文末の形式は多様な意味を複合的に担っている」という仁田（1985）の説をもとに、叙述表現を「客体的表現、

4. 説明文のジャンル特性

主体的表現、通達的表現」の3つに分割している。

説明文は内容の性質上、大部分の文末が客観的表現であるため、モダリティの違いによる文末表現のバリエーションが乏しい。ということは、逆に主観的表現や通達的表現が文段の中心的内容や分断点を示す有標な表現となり、文段認定に有効なマーカーになることが予想される。

また、文章論の先行研究における文章構造の把握では、提題表現の統括作用に注目する傾向が強かったが、Daneš（1974）では、Rhemeが文章内容の一貫性や進展を支える機能を持つことを指摘している。特に説明文においては、叙述表現は伝達の中心的内容を示すため、各文の叙述表現は強い結びつきを持って文脈全体の方向性を決定する力を持っている。そこで、このジャンルの分析において、文段認定に及ぼす叙述表現の機能に関しては、意識的に取り上げていく必要があるだろう。

その他、叙述表現内の「のだ」は、従来文法論において「説明のモダリティ」とされてきたが（益岡 1991、寺村 1984など）、これは説明文を特徴づける文末形式としてだけでなく、テクストの構造を明らかにする指標としても重要だと考え、次章で詳述したい。

以上のように文章論の先行研究においては、文の成分として「提題表現」と「叙述表現」とが注目されていたが、これ以外にも内容展開の鍵は存在すると考えられる。本研究では、その例として、「叙述表現」に含まれる用言と格支配の上で密接な関係を持つ部分（格）について、検討したい。

従来の研究で扱われていた「提題表現－叙述表現」の呼応による命題的な内容の取り出しのみでは、文脈の展開上重要な内容が脱落してしまう場合があり、とりわけ説明文ではそういったケースが多い。これは、説明文が情報の連鎖による立体的構造的を持っているため、中核的な情報の連鎖が提題表現と叙述表現以外の部分にも及ぶことがあるからである。そこで本研究では、説明文の構造的特性を理解する手段として、叙述表現と格支配の上で緊密に結びつく「ヲ格」・「ニ格」の成分を取り上げ、文章展開を追う指標とする。これは「叙述表現」と深く結びつく「格」を叙述表現に準ずる要素として議論の対象とするということだが、このように「格支配」の概念に基づいて取り出される要素によって、単なる「提題表現－叙述表現」の連鎖だけでなく、提題表現の内容の登場位置の推移を観察

することも可能になる。さらに、こうした格が文の「提題表現」と位置付けられるケースも認められる。

　本節の最後に、先行研究で取られていた方法を利用した説明文の分析例を示し、具体的な問題点をまとめておきたい。

〈例文〉
　1熱帯雨林は一平方メートル当たり年間2〜3キログラムの二酸化炭素を大気中から吸収して、地球の温暖化防止に役立っています。2これに対してサンゴ礁は、先にのべたように、共生する褐虫藻の光合成により、一平方メートル当たり年間4.3キログラムもの二酸化炭素を減らしているのです。3日本近海だけでも約千平方キロメートルのサンゴ礁があり、年間430万トンもの二酸化炭素を減らす役割を果たしていると言われています。
　4サンゴ礁の海は温かく、豊かな自然が広がり、海の生物ばかりか、わたしたち人間にとってもオアシスです。5サンゴ礁の島々に生活する人々は、豊かな海の幸を食糧にして生きています。6人々の住む家や、船を着ける桟橋、道路、風を防ぐための塀などにもサンゴでできた石が使われています。7そして、強風、高波からサンゴ礁が人々の住む島を守り、まさにサンゴが人々の生活を支えているのです。
　8サンゴ礁は、多くの生物を生息させ、人々の生活を支える働きもしていることを見逃したくありません。

（「サンゴ礁の秘密」中村庸夫『現代の国語2』三省堂）

　ここでは「ハ」「ガ」をともに提題表現と認めるが、先行研究の手法によって取り出されるこの文章の提題表現及び叙述表現は次の通りである。

4. 説明文のジャンル特性

文番号	提題表現	叙述表現
1	熱帯雨林は	役立っています。
2	サンゴ礁は	減らしているのです。
3	——	言われています。
4	海は	オアシスです。
5	人々は	生きています。
6	塀などにも	使われています。
7	サンゴが	支えているのです。
8	——	見逃したくありません。

以下、提題表現と叙述表現について、文章の流れに沿って見ていくことにする。

まず第3文では、提題表現にあたる内容が省略されているが、助詞等の形態にとらわれず、原文の内容から大切な情報を検討する必要がある。第3文の叙述表現「言われている」に対しては、「何ガ何ト言われている」のかを見るべきであり、説明文では格同士が結びついて文脈を形成するため、叙述表現と格の関係は注意を要する。

また第4文では叙述表現と成り得る用言が列挙されており、逆に第6文では、提題表現と成り得る要素が列挙されている。これらの表現の優先順位は、一文節抜き出しによる提題表現や叙述表現の決定では判断が難しい。さらに第6文は、副助詞を伴う提題表現と「(サンゴでできた)石が」という「ガ格」が並置されているが、後者が内容上重要な役割を担っている。この内容は第7文ではガ格をとる提題表現となっている。

第8文の「見逃したくありません」という叙述表現に呼応する提題表現については、特に文内に適切な要素は見つからないため、「私たちは」といった内容が省略されていると考えられるが、形態的には「サンゴ礁は」という「ハ格」が存在している。これに呼応する叙述は「支える働きもしている」という部分であり、実は文頭からここまでが文の要素としては「ヲ格」なのである。但し、この「ヲ格」が担う内容は、この叙述表現の文末「見逃したくありません」が打消を伴っていることから、両者が結び付くことで筆者の強い主張と捉えることができる。

叙述表現全般としては事実描写を示す「です」「ます」といった断定の文末が大部分であり、変化を認める有標な表現としては第2文、第7文に「のです」が、

53

第8文に否定の「ん」が見られ、いずれも説明文の展開を見る上での指標と考えられる。

　このように従来の形態的指標を中心とした提題表現や叙述表現の取り出しだけでは、文章構造をつかむに不十分な部分が多い。次節では、説明文の「提題表現」と「叙述表現」との取り出し方法の提案を行い、その特徴を考察していきたい。

4．2．2．説明文に見られる提題表現と叙述表現の分析

　従来、提題表現は付属語部分の形態から決定されていたが、説明文の構造を考える上では、内容的に文の主語・主題にあたる部分は全て提題表現となる内容を持つ可能性を持つため、文脈からそれにふさわしい要素を拾い出す必要がある。まず手始めに、「ハ」と「ガ」について統語論では両者は本質的に異なるとする見解が示されているが、文脈展開の上ではこの二者、さらには他の格との性質の類似性や相関性を考慮すべきであろう。三上（1960）では「ハ」の指示性・限定性から、提題表現としての役割が優先されているが、「ガ」格及び一部の「ヲ」格についても、そのあり方を改めて検討すべきである。「ガ」格は動作の仕手を表すという点で、他の「ヲ」格や「ニ」格とは叙述表現との内容的な結びつきが明らかに異なる。またしばしば議論される「～ハ～ガ～デアル」という文型では、「ガ」格はむしろ叙述表現の一部であるという見解も可能であるため、「ガ」格の扱いについては多くの問題が残されている。以下、中学校国語教科書『現代の国語』（三省堂 1997）の文章から、具体的な例を挙げ、提題表現の出現の実態を探っていきたい。

提題表現の取り出し：内容を加味した場合の「ガ」格・「ヲ」格
　① 「ガ」格が提題表現となる。
　　・例えば、一人の幼児が道で、ワンワンと鳴く動物を見かける。
　② 「ガ」格が叙述表現に含まれる（「ハ」格が提題表現として既存する、あるいは補うことができる場合等）。
　　・ところが、欧米では、ワープロが出現する百年以上も前から、タイプライターというものが普及していて、フォーマルな文章はタイプするのが普通でした。

4. 説明文のジャンル特性

③「ヲ」格が提題表現になる（提題表現に含まれる）。
・<u>サンゴ礁のことを</u>「海の熱帯雨林」と呼ぶことがあります。
・では、どのような場合にサンゴ礁が<u>できるかを</u>、考えてみましょう。

　説明文はテクスト全体として論理的な構造を成しており、格相互の関係については叙述表現との結びつきに応じて多くのパターンが想定される。そして、これら「ガ」格や「ヲ」格、「～ハ」の振る舞いは、説明文の内容の「連鎖」とも深く関わっている。

　次に、提題表現の提示方法という観点から、説明文の特徴を考えたい。まず提題表現の省略については、説明的文章と文学的文章の間に違いが見られる。三上（1975）では、「題目を示す「ハ」は、句点（ピリオド）を越えて次々のセンテンスにも及ぶ、言い換えると次々のセンテンスを略題にしてしまう底力を持つ」と指摘している。この「ピリオド越え」、もしくは「略題化」とも呼ばれる現象は、永野（1986）では「主語の連鎖」とされている[注6]。この点をめぐって説明文では提題表現と叙述表現を備えた文が多く、省略は少ないが、文学的文章ではしばしば提題表現が省略され、特に随筆文ではその傾向が強い。これは、随筆では主題が漠然と読者に伝わってくる形が好まれ、明確に主題を提示しない傾向があるためだと思われる。

随筆文での提題表現の省略の例
・死んだ父は筆まめな人であった。私が初めて親もとを離れたときも、（父ハ：省略）三日にあげず手紙をよこした。（父ハ：省略）当時保険会社の支店長をしていたが、……。

　また、随筆文では、以下の例のように略題表現（省略された提題表現）が一人称であることが多い。
・もしかして、この島は地球と人間の未来の姿のパロディじゃないかなと思った。（略題表現「ボクハ」）
・二ヶ月ほど、モンゴルの草原で遊牧民の少年と馬を題材にした映画の撮影をしていた。（略題表現「ボクハ」）

こうした省略が好まれる傾向は、ジャンルと深くかかわっていることが考えられる。随筆で描かれる場面（出来事、事柄、心象等）については、文章が書き手と読み手とをつなぐことで、それを両者が共有するという状況が成立しているのである。一方、説明文では、読み手と書き手の位置関係は異なり、あくまでも書き手は読み手に対して事柄を明快に伝達していくという立場に立つ。こうしたジャンル特性の違いから、随筆文では提題表現の省略が多いが、説明文ではこういった現象はほとんど見られない。ここから逆に、説明文では提題表現が端的に明示されると特徴づけられるが、説明文の「提題表現」の析出については、論理構造を基盤に、形態と意味の両方向から認定を行うのが適当であろう。
　次に、叙述表現をめぐる格関係から、説明文の特徴を考えてみたい。
　叙述表現に関する先行研究は、動詞を中心とする文末のモダリティから叙述の主観性や客観性の高さなどを見るものが大部分であった。これに対して本研究では、文章構造の解明のため、叙述表現をもとに文脈を追う方策として、「ヲ」格や「ニ」格の役割に注目する方法を提案する。Daneš（1974）では、「Themeはテクスト構造把握の決定にRhemeよりも重要な役割を果たす」が、その反面「Rhemeは意味的関係が文相互において保たれている唯一の部分」とも考えられている（但しDaneš（1974）は、'Rhemetic Sequence'については詳説していない）。説明文の中心的な機能は情報伝達であることから、文中でしばしば新情報を担うRhemeは、重要な内容を示すことが多い。ここからRhemeは、文章内のダイナミックな展開を支える部分であり、Rhemeの連鎖と内容展開は深い関係を持つと考えられる。そして、このRheme（叙述表現）の連鎖をより明らかにするためには、文末述語と強い繋がりを持つ「ヲ」格や「ニ」格への着目が不可欠である。

文脈展開に重要な内容を含む「ヲ」格・「ニ」格の例
・このことを本能的に心得ていたのはなんと山のアシナガバチで、ハチはそうと知っていて巣作りに漆の樹液を使うのだ。
・そして、それらのさまざまな経験はそれを表す言葉によって 互いに区別される仕組みになっている。

4. 説明文のジャンル特性

＿＿＿部は、文脈展開の鍵となる「ヲ」格や「ニ」格だが、これらはいずれも、格文法の視点から叙述表現の述語動詞の種類に関わらず、それとの緊密度を目安としても拾い出すことが可能である（例：「…ヲ使う」「…ニナル」）。

さらに、叙述表現内の述語が自立語として意味を持ち（形式動詞ではない）、しかも「ヲ」格が体言「の・こと・もと」等を伴う形式でまとまった内容を担う場合も、それらが重要な内容を含むケースが多い。こうした内容を端的にまとめる叙述を含む「ヲ」格や「ニ」格が中心的内容となる例は、説明文にはしばしば見られる。

・おそらく彼女は、<u>考えることが感じることとは違った精神の働きであること</u>を、そのとき初めて了解したのであろう。
・<u>松が松やにを出して傷口を守ること</u>をぼくらは見て知っている。

上の例では、いずれも、いわゆる提題表現（〜ハ）ではなく、ヲ格が受ける内容が主題と認められる。

ところで、説明文において、これらの重要な内容を含んだ格は、次のセンテンスではしばしば提題表現の部分に登場する。つまり文の連鎖として「斜格」から「直格」に繋がる「格の連鎖」を見ることができ、これは説明文の典型的な文章展開のパタンの一つということができるのではないか。すなわち、斜格に現れる文の重要な成分を析出することによって、文相互の立体的関係を明確化することが可能となるわけである。文学的文章では直格が連続して文章が進展していくことが多いため、論理的な性格は薄いが、説明文は直格と斜格の連鎖によって論理的な構造が形成されている。

以下、具体的な文章例を挙げて、検証してみたい。

（文学的文章の例）
・<u>メロス</u>は激怒した。（メロスハ）必ず、かの邪知暴虐の王を除かねばならぬと決意した。<u>メロス</u>は村の牧人である。（メロスハ）笛を吹き、羊と遊んで暮らしてきた。けれども（メロスハ）邪悪に対しては人一倍敏感であった。今日未明、<u>メロス</u>は村を出発し、野を越え山越え、十里離れたシラクスの町にやって

きた。メロスには父も母もない。(メロスニハ) 女房もない。(メロスハ) 十六の内気な妹と二人暮らしだ。
(太宰治「走れメロス」)

(説明文の例)
・人間は、自分達に都合のよいように機械を発達させてきました。今後もさまざまな改善によって機械はさらにそのしなやかさを増し、「人間らしい」都合のよさと「機械らしい」都合の良さを兼ね備えて行くでしょう。将来は「あれ、これは人間ではないか」と思えるほどの機械が出現するかもしれません。しかし、それは人間ではなく、あくまでも０／１信号の飛び交う電子回路のかたまりなのです。
(０と１の世界)

　説明文は典型的な斜格→直格という連鎖の例で、この斜格と直格の連鎖は文章内の論理構造形成を担っているが、文学的文章はこれとは異なり時間的・場面的な流れが中心になっている。また、説明文各文の叙述表現（…線）を観察してみると、「発達させて」「しなやかさを増し」など、「機械」がどう変化していくかを多面的に表わし、さらに「電子回路のかたまり」と、その性格を詳述するといった内容的に緊密な結びつきを認めることができる。

　さて、前節の例でも指摘したが、説明文においては、一文の中に複数の叙述表現が存在している場合がしばしば見られる。文章構造を考察する上では、文脈からその関係性を明らかにする必要があるが、具体的には以下のような例が考えられる。

一文に複数の叙述表現が存在するパターン
① 文末に来る叙述表現が優先される（従属節など）。
　・バーコードをよく見ると、そばに字が書いてありますが、スーパーマーケットのレジなどの機械が読みとっているのは、数字ではなくしまの部分です。
② 文末の叙述表現と他の叙述表現が対等である（提題表現が共通であることが多い）。
　・ほとんどのサンゴは、ポリプが多数集まり、群をなして生活しています。

③　文末の叙述表現を残りの叙述表現が支える（文末に向かって順番に内容を積み重ねる形で文を作り出す。例：Aの結果B、そしてBの結果C）。
- テレビゲームは、これらの技術を<u>集大成し</u>、膨大な０・１信号を絶妙に<u>組み合わせ</u>、多彩な映像、リズミカルな音楽を<u>生み出しているのです</u>。

　以上、説明文の叙述表現の諸相について構造的に考えてきたが、最後に叙述表現の文体的特徴を簡単に示しておくと、説明文では省略された形態を持つ文末表現（叙述表現）はほとんど見られず、大部分が用言の終止形、またはそれや体言に助詞や助動詞を伴った形で存在することが挙げられる。よって、文学的文章に多く見られる体言止め等は、センテンスの印象を強めたり、余韻を持たせたりする働きをすることから、説明文には用いられない。その他、ジャンルの特性として「分かりやすさ」が重視されるため、一文が比較的短く、明快な表現が用いられる。数や順序を示す語句や図、絵、写真などが利用されることも、特徴の一つといえよう。

4．3．説明文が持つその他の特徴

　最後に説明文に見られたその他の個別的な特徴を簡単に列挙しておきたい。
　まず初めに、トピックセンテンスについて論じる。これは「6．説明文における「中核文」の認定」で詳しく考えるが、森岡（1965）では、コンポジションの立場から、トピックセンテンスを「段落の小主題をセンテンスの形式で言い表したもので明確に意識して書くことが望ましく、段落の最初に現れることが多い」と規定している。本節では「段落の内容をまとめていて、原文から一文で抜き出せる文」をトピックセンテンスと考え、その数に関してパイロット調査を行った[注7]。その結果、説明文におけるトピックセンテンスの存在の割合はおおよそ51.2%であった。ここから日本語の説明文は、トピックセンテンスとなるような内容が複数文に渡る叙述として存在しており、各段の要約や結論を述べた一文として意識的に挿入することは比較的少ないということがいえるだろう。
　次に接続表現についてだが、逆接の接続詞は文章展開において重要な役割を果たしていることは、従来「論説文」に関して指摘されてきたが（尾川 1989、多

門 1992)、これは説明文においてもあてはまる[注8]。

また接続助詞「て」の用法についても、説明文での使用には傾向が見られる。接続助詞「て」については、一般的に、以下のような用法が考えられている。

『日本国語大辞典第二版』では、「て」は「完了の助動詞「つ」の連用形」から派生したもので、「活用語の連用形を受けてそこまでの部分をいったんまとめあげ、さらに後続の部分へとつなげる役割を果たす」として、

 (1) 動作の状態、並列を表す。
 (2) 確定条件を表す。(順接・逆接)
 (3) 仮定条件を表す。(順接・逆接)
 (4) 連用修飾の関係を表す。(下の用言を修飾限定する。補助動詞に続く。)
 (5) 連体修飾の関係を表す。

といった機能を提示している。説明文では、その内容が読み手にとって未知であることが多く、論理的に文脈の流れに沿って理解が進められていく。そこで、「並列」や「動作の状態」を示すといった「～て、～て」と続けていく時間的な流れに沿うような用法ではなく、因果関係や説明の関係を示す用法が多い。

4．4．説明文が持つジャンル的特徴のまとめ

以上、説明文の特徴をめぐり、ジャンル論における位置づけや、テクストの提題表現と叙述表現を中心に論じてきた。本章で議論したテクスト上に現れる諸項目は、説明文の十分条件ではあるが、必要条件とはいえない。しかし、textureとしての「説明文」らしさについては、ある程度明らかにすることができたと思われる。英語にはpersuasive featureという用語があるが、ここではそれに倣った日本語の「説明文」の特徴を考えたわけである。以下、説明文が持つジャンル的特徴についてまとめておきたい。

文章は文学的文章と説明的文章に分けることができるが、前者は主に時間的進行、後者は論理的進行という文脈展開を持つという違いがある。文学的文章には小説や物語、随筆といったジャンルが含まれるが、たとえば物語の文体的特徴としては、過去時制（または独自の時制構造）、作為的動詞構造、等位接続（「て」の用法）などが挙げられる。さらに文学的文章（物語）や随筆の構造については、

4. 説明文のジャンル特性

次のような指摘が見られる。

> 物語が完成されたものとして認められるためには、いったい何が必要であろうか。分析してみると、段階型の構造の他に環状を成したといおうか、螺旋状をしていると言った方がよいような型の構造も存在することが容易にわかる。(中略) 普通、物語は展開していくにつれて複雑になってゆく環状的で段階的な構成の組み合わせから成り立っている。
>
> (シクロフスキー 1971)

> 時によると小話（アネクドウト）が随筆の大部分を占めることもあるし、また時にはテーマがずっと歴史的とか記述的なものであるときなど、小話はすっかり消えることもありうる。だが、一般に随筆はたやすく分析できないものだといわねばならない。というのは、随筆が一番うまくゆくのはもっとも計画的でない時だからである。しかし二つの重要でない事柄において一般法則は規定できる。すなわち最初の語は親しみ深いものか、人の注意をひくようなものでなければならないし、最後の語は力のこもったものでなければならない。
>
> (リード 1967)

これに対して、説明的文章は網の目状の立体的構造を持っており、「伝達」という目的に適切な構造を想定することが可能である。すなわち説明的文章とは、予めその構造を計画して書くことのできるジャンルだといえるのである。

さて、このような説明的文章の下位分類として、本研究では、叙述内容の性質をもとにして次のようなスケールを考えた。

文章内容から見た（狭義の）説明文とは、「客観的にものごとを説明する」、つまり「事実描写」の叙述を中核とする文章だといえる。本研究ではそれをさらに具体化するために、スケールを用いて説明的文章のジャンル別の位置づけを考えた。これは、「客観」から、徐々に「主観」の度合いを濃くした文章、すなわち書き手の「意見、見解」を主張したり提示したりする文章へ移行するスケールであり、これを図式化したものが、以下である。

〈説明的文章(広義説明文)のジャンル〉
事実描写中心←・・・・・・・・・・・・・・・・・・・→意見主張中心
　　　　記録　　　説明　解説　　　論説　論説　　　意見
　　　　　　　(狭義説明文)

　ここではゆるやかな体系の一部として「説明(狭義説明文)」が位置づけられており、その内容は「事実描写」を中心としてはいるが、それと同時に筆者の事実の捉え方を反映した意見や主張という内容をも併せ持つ文章だといえる。
　このように考えると、Longacre（1976）は、Expository textを［-Contingent temporal succession］、［-Agent Orientation］というパラメーターで示したが、本研究の視点では、前者は文学的文章との差異を、後者は説明的文章内での特徴を示す指標だと認められる。(狭義)説明文は、事実の正確かつ迅速な理解を読者に促す目的で発信され、受信においては客観的な事実把握が求められるが、伝達しようとする事実の捉え方や叙述には筆者特有の視点と論理的な操作が含まれており、それが文章構造の工夫として、読み手に受け取られることになる。
　この他、本章では、説明文が持つ構造的特徴として、主に提題表現と叙述表現を取り上げた。
　文段決定の指標として、提題表現は従来からその連鎖や展開の様相の解明が行われていたが、説明文では「ハ」などの形態的指標のみでなく、意味的視点から主題の取り出しを行って分析する必要がある。
　叙述表現については、従来、モダリティに注目した叙述の主観性や客観性とその連鎖の研究が大部分だったが、説明文では言い切りの形が多いことから、モダリティを含む文末を有標な表現として、構造の指標と認めることができる。また文末の用言と強く結びつく「ヲ」格や「ニ」格の目的格が、説明内容の重要な要素となる場合が多く、これらと提題表現との結びつきを捉えていくことが、構造把握の手掛かりとなる。そしてこれは、説明文の構造の特徴である、斜格から直格への連鎖が文相互の連続を通じて展開されることにもつながる。さらに提題表現に省略が少ないことも、他ジャンルとは異なる特徴だといえよう。次章では、文末表現の「のだ」のふるまいについて詳説したい。

4. 説明文のジャンル特性

注

(注1) また、砂川（2000）では、「文の主題」とは異なる「談話参加者の意識が向けられる指示対象（Chafe 1987）という「談話の主題（Topic）」の階層性がどういった表現形式として実現されているのかについて議論を行っている。

(注2) 文レベルの「主語」と「主題」の問題について、三上（1975）は、「日本語には、主格（仕手）が言い切りの動詞と文法的に呼応するという現象はない。また語順の上で主格が特別な位置を要求することもない。主語（構文上ある特別な役割を果たす主格）というものが、そもそも存在しないのである。（中略）主述関係に代わって題述関係「Xハシカジカダ」こそは日本語の構文の基本的な姿であり、西洋の主述表現よりもいっそう高次な文法形である。」と「ハ」格の安定度（全体性）の高さを指摘している。

(注3) 文レベルでの主語と主題に関しては、極めて多様な見解が先行研究で提示され、「ハ」は「題目説明関係」、「ガ」は「主語述語関係」を示す別物（丹羽 2004）であるという説を初め、「ハ」が示す「題目語」という概念は、他の様々な構造と別の次元を示すという見方が中心である。また「ハ」自体についても、寺村（1991）では、その基本的機能を「対比」と見て、そうでない場合に「題目提示」となるとみなしている。本研究では、文章のマクロ構造の観察を行っていくため、こうした議論の提示にとどめるが、文章分析においても、提題化という概念を「名詞＋ハ」として扱う場合もあり（青山 1987）、今後検討の必要がありそうである。

(注4) 段落と提題表現の関係については、砂川（1990）に、「提題表現とは段落決定のための機能であり、『談話の結束機能・談話の境界設定機能』の2つの機能を持つ」という指摘がある。

(注5) 野村（2001）では文を「提題表現−叙述表現」の形式で捉え、その連続体として記述するが、無題文では「ガ」の成分を提題表現に準じて認定し、省略された成分は補わないといった、実際の表現に即した方法論をとっている。また野村（2004）では、主語や主題といった成分が談話展開の中でどのように組織化されていくのかを観察することは、「談話論と統語論の接点」として検討されるべきだと指摘している。

(注6) これは、永野（1986）にある準判断文（ハの省略された文）（これは三尾の「分節文」及び三上の「略題文」と重なる）の処理とも関わる事項であるが、永野（1986）では、文を以下のように分類している。

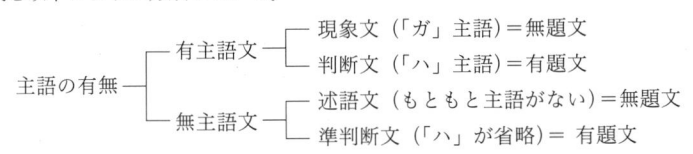

```
                    ┌ 有主語文 ┬ 現象文（「ガ」主語）＝無題文
                    │          └ 判断文（「ハ」主語）＝有題文
主語の有無 ─────────┤
                    └ 無主語文 ┬ 述語文（もともと主語がない）＝無題文
                               └ 準判断文（「ハ」が省略）＝ 有題文
```

(注7) 高等学校国語総合教科書『教育出版 国語総合』（平成18年版）の中の教材「季節」、「クローン問題と現代の幻想」の一部をそれぞれ2段、6段に内容的に分割し、トピックセ

ンテンスのありようについて指導した上で、大学1年生51名を対象に、各段のトピックセンテンスの有無を調査した。結果の詳細は以下のとおりである。

「季節」
第一段　トピックセンテンスあり　88%
第二段　トピックセンテンスあり　20%

「クローン問題と現代の幻想」
第一段　トピックセンテンスあり　29%
第二段　トピックセンテンスあり　76%
第三段　トピックセンテンスあり　80%
第四段　トピックセンテンスあり　67%
第五段　トピックセンテンスあり　20%
第六段　トピックセンテンスあり　29%

(注8)　逆接の接続詞については、次のような指摘がある。

「しかし」は思考の論理的進行に対して留保、反転・否定を表すもので、それ自体構造的（論理的）だといえる。(尾川 1989)

「しかし」のような逆接の接続詞は強い主張の姿勢を表す。又これは譲歩文とのセットでよく用いられ、後件を基軸とする文章展開規制を行う。(多門 1992)

5．説明的文章における「のだ」文の機能

　本章では、文章構造から捉えた説明文のジャンル的特徴、及び文段認定の指標として、「のだ」表現の果たす役割を考察する。「のだ」という表現（「のです」「んだ」も含める）は、文法論でしばしば議論されており[注1]、一般的に「説明」を表すモダリティと考えられている（益岡 1991，寺村 1984 など）。文章においては、前述の客観的事実に関する書き手の説明的な陳述、判断形式の一種であり、内容展開の鍵となるモダリティだといえる。さらにこの「のだ」表現は、文章の結束性（cohesion）とも深くかかわることが予想される[注2]。

　結束性（cohesion）とは、Halliday & Hasan（1976）によれば「テクスト性を作り出すための手段」、Beaugrande & Dressler（1981）では"Coherence"と並んで「テクスト性を示す中心概念」と定義されている。結束性は、内容のまとまりが文章の表層に現れたものであるが、「のだ」文は、周囲の内容を統括して文段形成に関わる機能を持つことから、結束性に関与する単位の一つだと考えられる。

　さらにテクストにおける結束性と密接な関係を持つ特性としては、池上（1985）で「卓立性」が、田窪他（1999）で指示対象の談話記述の「主題性（中心性・顕著性）」の強さが取り上げられている。「のだ」文は、いわゆる判断文に比べて有標で、書き手が焦点化を行う手段であるため、これらとも関係する要素だといえよう。

　こうした「のだ」の特性をふまえ、本章では、その具体的な機能とテクスト中での情報構造との関わりを分析するが、その際、「のだ」表現の前後の局所的な文連続だけに着目するのではなく、よりマクロ的視点から考察を行う。この作業を通して、前章で述べた説明文のジャンルについて新たな角度から解明を行うことができると思われる。まず、実際の文章における「のだ」の例について考えてみたい。

［A］　ここには、わたしたちが考えなければならない難しい問題があります。そ
　　　れは人類が地球という財産を勝手に利用したいだけ利用しようとする時代が
　　　いつまでも続いていい<u>のだ</u>ろうかという問題です。(中略)
　　　　初めの問題では、まず化石燃料の問題があります。(中略) 人類は長い間
　　　かかってできた、このエネルギー資源を大変早いスピードで使ってきました。
　　　人類は、資源が作られた時間よりもはるかに短い時間のうちにそれを消費し
　　　尽くそうとしている<u>のです</u>。　　　　　　　　　　　(かけがえのない地球)
［B］　きみ、時間ある？話したいことがある<u>んだ</u>。お父さんには分かってもらえ
　　　ないし、聞いてもくれない。だけど、だれかに聞いてもらわないと、ぼく、
　　　もうがまんできない<u>んだ</u>。　　　　　　　　　　　　　　　　　　(ベンチ)

　［A］は説明文の一部だが、いずれも形式段落の終結部分で「のだ」表現が出現し、前述の内容に対する書き手の姿勢が文章内容と関連しあう形で提示されている。一方［B］は小説の一部で、登場人物の発話に「のだ」が頻出しているが、［A］とは異なる効果が感じられる。このように文章に出現する「のだ」にはジャンルごとに差が見られ、特に説明的文章では、文章構造認定に重要な役割を果たし、事実関係を解説する文脈に特有の働きをすることが予想される。先行研究では「のだ」表現自身の意味についての統語的観点からの論考が中心であったが、本章では説明的文章における「のだ」表現の機能について、他のジャンルの文章との比較を通して、明らかにしていきたい。

5．1.「のだ」に関する先行研究

　「のだ」は統語的に、モダリティ（ムード）の一つとして様々に位置づけられている。益岡 (1991) では、判断系のモダリティの中で命題間の統合的関係に関わる働きを持つ「のだ」・「わけだ」を「説明のモダリティ」とし、仁田 (1991) では、言表事態めあてのモダリテイの中での「判断」の一種として「ワケダ」・「ノダ」などを挙げており、両氏においては「のだ」と「わけだ」は同枠に扱われている[注3]。
　また寺村 (1984) では、説明のムードとして、「ワケダ」や「モノダ」などに並んで「ノダ」を挙げるが、これらの中で「ノダ」のみはパラディグマティック

5. 説明的文章における「のだ」文の機能

のみならず、シンタグマティックな関係を持つと指摘している。「のだ」の意味的側面は、「わけだ」や「はずだ」、「ものだ」などの表現と近接的に捉えられることが可能だが、接続関係から見た統語的側面においては、以下のような構造をとり得る点で、他と同列には並ばない点こと注意すべきである。

$$\left\{\begin{array}{l}わけ・はず・そう\\こと・もの\\ところ・よう・みたい\end{array}\right\} + 〔な（だ）〕+ \underline{の+だ}$$

これは、本研究において、「のだ」を、他の「わけだ」や「ものだ」とは分けて論ずる根拠とする事実である。

一方、「のだ」の研究史については、国立国語研究所（1951）が準体助詞「の」に関する説明を発表して以来、多くの論考が発表されている。本研究では「のだ」の研究史を、ほぼ1950年代前半に端を発する「説明説」と「三上説」に大きく分割し、全体の流れを〈図表5-1〉のように捉える。

〈図表5-1：「のだ」の研究史〉

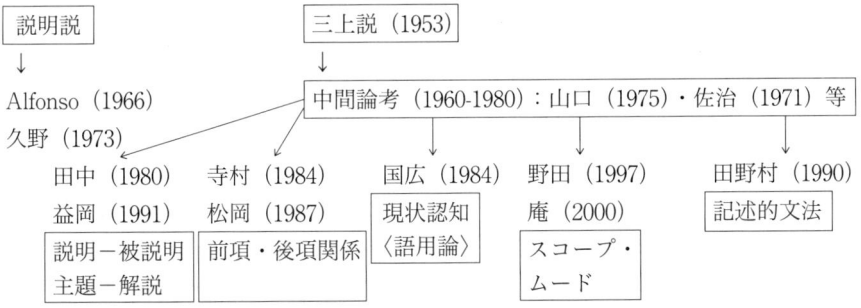

```
説明説              三上説（1953）
 ↓                   ↓
Alfonso（1966）      中間論考（1960-1980）：山口（1975）・佐治（1971）等
久野（1973）
   田中（1980）  寺村（1984）  国広（1984）  野田（1997）  田野村（1990）
   益岡（1991）  松岡（1987）  現状認知     庵（2000）     記述的文法
   説明-被説明  前項・後項関係 〈語用論〉    スコープ・
   主題-解説                                ムード
```

まず「説明説」は、「ノダ」の働きを「説明」と考える説で、1970年代まで活発に議論されていたが、これに対して国広（1992）は、「のだ」の基本的意味は「説明」だとはいえないと批判している他、「説明」という概念の規定が十分に行われていない部分も見られる。

一方、三上説は、

```
「何何スル、シタ」        ＋    「ノデアル、アッタ」
〈単純時〉（既定命題）           （話し手の主観的責任の準詞）
              〈  反   省   時  〉
```

という構造を提示し、「ノダ」の役割を「関係」として捉えている。そして、「ノデアル・アッタ」が「主観的責任」を示し、「ノダ」はそれ以前の内容（単純時・既成命題）に対する話者の姿勢、態度を示すと考える。現在の諸研究はこちらの流れから展開しており、この三上説は、「のだ」文は「ＸはＹだ」の構造を内在させ、コト的な名詞節「〜の」に「だ」のついた形の述語を持つ名詞述語文と見る山口（1975）や、佐治（1971）などの研究を経て、1980年代前半頃から多くの見解が示されている。以下、いくつかの代表的な研究をサーベイする。

　一つめは、構文分析の手法を用いて「ノダ」文を説明する項と説明される項とに分割し、その意味を捉えようとする試みである。田中（1980）は日常表現の「のだ」文について、「のだ」を含む文を「説明項」、その文によって前提される文や状況を「被説明項」とし、それらを理論的に精密化している。また益岡（1991）は「ノダ」文を、「主題－解説」型の有題文として、「主題」は解説部「ノダ」と直接的なつながりを持つ「設定された課題」であり、「解説」とはそれに対する「解答」だと規定している。

　二つめは、「ノダ」文を二つの事象（前項・後項）の関係で捉えようとしたものである。寺村（1984）では「ハズダ・ワケダ・モノダ」などと「ノダ」を説明のムードとして一つにまとめ、「ノダ」の含まれる部分（Ｐ）と、その状況（事実）の含まれる部分（Ｑ）という対等な事実関係によってその構造を表している。（但し前述の通り、本研究では、「のだ」は統語的にこれらと並ぶものではないと考える。）松岡（1987）は、この結果・理由の関係を一元的に説明するため、寺村説を「使用状況」によって図式化し、日本語教育への応用を図っている。

　三つめは国広（1984）の「意義素」を用いた研究で、「ノダ」の主要な働きを「現状認知」とする語用論的な論考である。この見解は「ノダ」を「現況の時制の設定が自由であること」と「出発点という発話者の意識の既定が明確であること」と捉えている点が特徴で、特に国広（1992）では「主観性」が明確に提示されている。

5. 説明的文章における「のだ」文の機能

　四つめは野田（1997）による、談話的問題に関わる「ムードののだ」と統語的問題に関わる「スコープののだ」の二種類を認めるタイプである。ここでは、否定文や疑問文、従属節における「のだ」や、翻訳における「のだ」文と原文との比較対照などの考察が行われているが、庵（2000）は、この記述を一部修正し、日本語教育のための文法への応用を図っている。

　五つ目は「のだ」表現を取り上げ記述的文法研究を行う田野村（1990）だが、ここでは「のだ」の基本的な意味・機能を「あることがらの背後の事情を表す」、「ある実情を表す」こととし、その意味特性・使用条件として「承前性・既定性・被歴性・特立性」を挙げ、各々を詳説する。

　以上、文法的な「のだ」分析は多いが、テクストにおける「のだ」に関する研究は少なく、霜崎（1981）が森鷗外『雁』のテクストにおける「被説明項」が先行文の広い範囲に及ぶことを指摘している他、石出（2004）による、夏目漱石の小説における「のだ」文の出現から見た作品の文体的特徴の析出や、伊土（1999）の小説の「のだ」文の分析等があるが、いずれも特定の作品を取り上げたもので、「ジャンル」と言った広い領域における「のだ」表現の解明は今後の課題となっている。

　以上から、テクスト内で「のだ」表現を「説明」という一元的な枠で捉えるのでは、その本質を明らかにすることが困難であり、「のだ」文と文脈との関係の把握が必要だと考えられる。

　そこで以下では、文章での「のだ」文の機能について考えていきたい。説明的文章は情報の伝達を目的とするため、特に命題（＝情報）伝達の姿勢を明示する部分である「のだ」文は、文章構造の枠組みの形成に寄与するはずである。次節ではまず、活用形別の「のだ」表現の出現傾向を分析していく。

5．2．活用別に見る文章での「のだ」の出現傾向

　「のだ」に関する表現は、断定の助動詞「だ」の活用に併せていくつかの形が考えられるが、活用を中心にした先行研究に、国広（1992）と田野村（1990）がある。ここで「ので」について、国広（1992）では「ので」と「のだ」の「の」は非常に関連が深いものとして分析しているが、田野村（1990）では、

(1) 原因や理由を表す：(例) 朝から断水している<u>ので</u>、水が出ない。
(2) 可否判断の基準を示す：(例) 本人がこない<u>ので</u>は話にならない。
(3) 「のダ」のいわゆる中止法の現れ：
　　(例)「静かにだ」などいふ事はあるが、間に語が省略された<u>ので</u>、直接の接続法ではない。

（田野村 1990）

に分け、「のダ」に含められるのは(3)の場合のみとしている。

　ここに挙げられている(1)は、橋本文法では理由や説明を表す接続助詞「ので」とされる表現だが、「の」の部分は前部の叙述をまとめる準体助詞に近い機能を残していると考えられる。また(2)の用法は、準体助詞「の」の後に格助詞「で」が付いた用法である。本研究では「のだ」の文法的な構造については、

準体助詞「の」＋断定の助動詞「だ」

という形式を基本と考えるため、いずれも「の」が準体助詞、もしくはそれに準ずる用法とし、(1)～(3)全てを「のだ」の一種と認めることとする。

　以下、本章では、中学・高等学校の国語、社会、理科等の教科書、大学の専門科目の教科書、また日本語教育中上級レベルで活用される伝記やコラムなどを、「文学的文章」と「説明的文章」に分割したものをコーパスとして、「のだ」文について分析する（本章で用いたコーパスは、本章末を参照）。本研究で議論の対象とするのは、一般的にいわれる「説明的文章」の中でも「事実描写」を中心に行う「説明文」であるため、コーパスの説明的文章は、基本的に「事実描写」を中心とするが、広い種類にわたるために多少内容に幅が生じている。そこで以下では「説明的文章」としてその傾向を論じていき、その過程を通して説明文の持つ特色を探っていきたい。〈図表５－２〉は作品の活用別の「のだ」の出現回数である。今回は、「のだろ」「のだっ」「ので」「のに」「のだ」「のなら」「のか」の７種類について調査を行う[注4]。右端欄の割合は、「のだ」表現の出現回数／総文字数である。この数値が大きい程、「のだ」表現の出現頻度は高いということになる。また、最下段の％は、上記７種類の「のだ」表現を総数とした場合のジャンルごとの当該表現の出現割合（％）である。

5. 説明的文章における「のだ」文の機能

〈図表5－2：活用別に見た「のだ」の用例数（%以外の数字はすべて実数）〉

〈文学的文章〉

作品	のだろ	のだっ	ので	のに	のだ	のなら	のか	計	割合
a	1		1		10			12	.17
b	3		1		22			26	.37
c			1		19			20	.28
d			2		32			34	.94
e	1	2			1			4	.10
f			3		5			8	.11
g			3	1	3			7	.12
計	5	2	11	1	92			111	.26
%	4%	2%	10%	1%	83%	0%	0%		

〈説明的文章〉

作品	のだろ	のだっ	ので	のに	のだ	のなら	のか	計	割合
h	1				6			7	.47
i	2			1	7			10	.36
j					4			4	.16
k			1		11			12	.35
l	1		3		3			7	.19
m	1				1			2	.07
n	3				1			4	.09
o	3		5		14			22	.69
p	2		2	3	18		3	28	.16
q			2	1	1			4	.39
r	3		8	2	14			27	.18
s		1	11		4			16	.09
t	1	2	1		5			9	.16
u	1		3			1		7	.19
v			3	1	1			5	.13
w			1					1	.02
x			2					2	.05
y			1					1	.04
z	1				1			2	.12
計	19	3	43	8	91	1	3	168	.17
%	11%	2%	25%	5%	54%	1%	2%		

以下、活用ごとの「のだ」表現の出現傾向について、考察していきたい。まず文学的文章では、出現回数／文字数（割合）の全体平均は.26である。作品dは特に高い数値が見られたが、これは作品全体が会話体によって成立しており、「のだ」が文末に頻出したためであろう（作品dを除いた平均は.20である）。また「のだ」形（終止形）が全体の83%と、出現する活用形に大きく偏りが見られ、

「ので」が10%である以外は、「のだっ（た）」「のに」は極端に出現率が低く、これは「のだ」文が持つ内容にも影響を及ぼす事項と考えられる。

　次に説明的文章だが、出現回数/文字数（割合）の全体平均は.17である。活用別の出現率は、やはり「のだ」形が54％と一番多く、「ので」が25％と続き、「のだろ（う）」という推量を示す未然形が11％である。

　以上から、「のだ」文に関する説明的文章の特徴について考察していきたい。「のだ」の出現率は、文学的文章=.26、説明的文章=.17と、若干、説明的文章の方が低めだが、文学的文章では会話の文末で用いられる用法が圧倒的に多く、活用形の大部分が終止形と偏っていた。文学的文章に多い例は次のようである。

・一週間経つと、毎晩彼女の家まで送っていくようになったんだ。
・とっても小さな足なんだよ。

　前者は自己の経験を語る際に語尾に付ける「回想」の用法で、会話文の文末に頻発し、語調を整える終助詞に近い働きも併せ持つ。後者は強調を示し、しばしば用例のように「念押し」の終助詞（「よ」等）を伴う。両者とも前述の事項に対する登場人物（話し手）の態度を示し、文章構造に影響を及ぼすものではない。この文末用法を除くと、文学的文章における「のだ」表現の出現率は低く、用法の種類は、説明的文章の方が圧倒的に多い。

　ここで、説明という行為から「のだ」文の役割を考えてみたい。説明とは「事実」に対して客観性を保ちながらそれを提示する主体的行為（意見）である。そこで「のだ」文は、客観的な事実をどういった形式（例：叙述の順序や配列、文章構造、修辞法など）で伝達するか（＝説明）という書き手の姿勢を示すモダリティを含んでいるため、その叙述は文章の中心的内容、すなわち読み手が内容理解の手がかりとする部分となる。つまり「のだ」文は、説明的文章における説明事項の中でも特に伝達したい部分に効果的に用いられ、それは説明文としての分かりやすさにもつながっていくのである。

　ところで、教科書のジャンル分けについて「3．国語教育・日本語教育における説明文」で論じたが、そこで文学的文章に属していた「伝記」（g）は、本章の「のだ」の出現傾向の数値からは説明的文章に近いという結果が出ている。教

5．説明的文章における「のだ」文の機能

科書における「伝記」のジャンル設定はその内容に基づくものと考えられるが、「伝記」教材の叙述内容は、「書き手」というフィルターを通した「事実」に基づく叙述であり、これは説明というジャンルに近いものといえる。すなわち「伝記」の記述において、書き手は事実認知の態度を明らかにする姿勢を持っており、この点において「伝記」は、比較的事実描写にウエイトを置く説明的文章の一部と位置づけることが可能だともいえよう。最後に、これは文学的文章・説明的文章ともに見られた傾向だが、「のだ」「のである」といった言い切りの用法が文学的文章で83％、説明的文章で54％となっており、本章での分析の中心はこの終止形を含む文の機能になる。次に、文章での「のだ」文の果たす機能について考えていきたい。

5．3．意味分類別に見る文章での「のだ」文の機能

本研究では、文章中での「のだ」文の機能として、以下の8種類を設定する。「のだ」文内部での「のだ」の詳細な意味記述については、国広（1992）・野田（1997）などがあるが、本研究は「のだ」の文章中の機能を考える観点から、そうした意味記述の分類や、文法領域の先行研究における語用論的意味を参考に、以下のように機能の項目立てを行った[注5]。さらに教育現場への応用をふまえ、こうした項目をより具体的に提示することを目的として、テクスト中の「のだ」文の機能の詳細と結束性への関与についての図式を次のように提案する。

〈図表5－3：本研究における「のだ」文の機能〉

結束力	文章内での機能	図式
強	①内容の統括・要約・まとめ	[(○→○→○)⇔ノダ文]
↑		[ノダ文⇔(○→○→○)]
	②原因・理由・根拠	{(○→○→○)⇔ノダ文}
	③言い換え・解説	{(○→○→○)⇒ノダ文}
↓	④問題提起・疑問提示	{(○→○→○)⇒ノダ文？}
弱	⑤結果・結論の提示	(○→○→○⇒ノダ文)
無	⑥事実の提示	○→○→ノダ文→○→○
	⑦心的状況a（相手志向） 告白・教示・難詰・助言・命令・確認・強調	○−○−ノダ文−○−○
	⑧心的状況b（自己・自他志向） 整調・決心・回想・あきらめ・再認識・発見・確認・強調	○−○−ノダ文−○−○

〈図表５−３〉において、中央の欄は「のだ」文の機能の一覧であり、右欄は文章中での「のだ」文と他の文との関係を図示したものである。「のだ」文を中心とした文章内容の結束力の強さは、「のだ」文が統括する範囲の広さ、周囲の内容との叙述レベルの相対的な高さ、内容分断点の明確さ、文内容の抽象性などから捉え、強い順に［　］、｛　｝、（　）で表している。（○印は、「のだ」文の前後の文を示す。）また、→や⇒の向きは文章の内容が進行する方向を示し、特に⇒は「のだ」文が周りのテクストをまとめる機能を持つことを表す。「のだ」文は、前の叙述をまとめあげるのが基本的な性質だが、図式における方向が左右の両方を含んでいることから明らかなように、周囲のテクストとの関わり方（方向性）は各々の機能で異なるわけである。

　また、基本的に①〜⑥が文章構造に影響する機能であり、⑦と⑧は「のだ」文自身が単独に持つ機能であるため、それらは図式が単に棒線（−）での関係となっている。①〜⑥の機能は、「のだ」文の前述内容との論理的関係によって分類をしている。以下、各々についてその特徴をまとめておきたい。

　まず、①〜④は前述・後述部の一文以上の部分（文章）を承けて働く機能であり、①は前後述部全体を外側から観察して要約する。②は前述部の内容の原因や理由を説明するもので、前述の内容をさらに深く解き明かす機能として「のだ」文と前述部は相互に関連が深い。③は前述部全体の内容をそれまでの叙述から一歩進めて、異なる方向から言い換える機能である。④は、前述の内容から導き出された結果としての「疑問」を提示する（関係図では「？」印）ことで、内容のまとまりを構成する機能であり、その後に続くそれに対する解答の内容と対になり、高次のマクロ構造にも寄与する。

　これら①〜④の前述部及び後述部にあたる部分は複数のセンテンスによって構成される内容を指し、①〜④の「のだ」は、その内容に対して読み手に深い理解を促そうとする書き手の態度がよく表れた用法である。

　⑤は前述の複数の文が互いに時間的推移や順序といった連鎖によって展開し、順々に叙述を追って導かれる結果、結論であり、「のだ」文はそれらの連鎖の最終的な結果として提示される。

　⑥の「事実」とは、個別的事象や一般的真理、習慣などを指し、これはその前述部をふまえて提示する用法だが、①〜⑤と比較すると、その内容が一般的知識

5. 説明的文章における「のだ」文の機能

によって促されるという側面を持つことから、「のだ」文と前述部との関係は弱い。

⑦・⑧については、前後のコンテクストとの関連が薄く、会話文などに出現する。前後の文と局所的に関係を持つだけで、テクストのマクロ的構造には影響を及ぼさず、専ら連続する一〜二文の連続の中での話し手・書き手の心的態度を表すにとどまる用法である。

つまり、①〜⑤はテクストの結束性に働きかける文段成立に関係する「のだ」文で、その力は、①が極めて強く、②③④がそれに続き、⑤は弱い。⑥はほとんどその力を持たず、⑦⑧には全くその力はないといえる。以下、各機能についてその代表的な例を提示し、さらに細かく見ていくことにする。

①内容の統括・要約・まとめ

この用法は、前述や後述のまとまりをもった内容の要約・まとめを行う帰納的な性格を持ち、文章内容に一般論としての抽象性や普遍性を持たせる用法である。「のだ」文は内容を統括する働きを持つため、段落の切れ目に登場したり、段落の機能を明らかにする文として働く。

(例1) すべての造礁サンゴの体内には、"褐虫藻"と呼ばれる、動物とも植物ともつかない小さな海藻の仲間が共生しています。(中略) 造礁サンゴは、この褐虫藻を住まわせてやる代わりに、褐虫藻の作り出す養分を吸収し、また、褐虫藻が吐き出す酸素をもらってどんどん石灰質の骨格を作っていきます。造礁サンゴと褐虫藻は<u>互いに欠くことのできないパートナーなのです</u>。

(例2) たとえば、自動車を10万台生産するにしても、さまざまな生産方法が可能です。労働の投入を減らして、代わりに機械を増加させることもできますし、より質のよい労働者を少数雇うことも可能でしょう。機械を新しいものに変えることもできます。どのような生産技術を選択するか、という問題が解かれなければならない<u>のです</u>。

例1では、褐虫藻と造礁サンゴの関係について具体的に説明を行った後で、「のだ」文が周囲よりも相対的に高い叙述レベルで要約を行うことで、全体が抽象的にまとめられている。例2では、まず生産技術の方法を列挙し、そこから筆者の主張を含めてその部分を統括したセンテンスとして「のだ」文が存在している。

②原因・理由・根拠

前述した内容の原因や理由、根拠を述べる機能である。前述部と「のだ」文の両項は同一事項を扱っているが、叙述レベルとしては、前述の内容全体についてさらに深く踏み込んだ事実を明らかにするため、因果関係の強さから意味的には「〜からだ」「〜わけだ」に近い用法といえる。

(例3)　人類の活動は、初めのうち、地球にとっては何の影響もない小さな出来事にしかすぎませんでした。森の木を切り倒して農業を始めたのも、その木を燃やして食事を作ったのも自然破壊には違いありませんが、その規模は地球の回復能力を越えてはいなかったのです。

前文で「小さな出来事にしかすぎませんでした」と述べた理由が、後の「のだ」文で提示されている。

③言い換え・解説

これは前述の内容を分かりやすく解説をしようとするもので、同一、あるいは具体化を進めるレベルで叙述を行う演繹的手法である。「①内容の統括・要約・まとめ」が抽象化を進めるのに対し、これは反対の性格を持つ。また次の例にも見られる通り、「すなわち」「つまり」など言い換えの機能を持つ語句と共起することが多く、前述の内容に関して別の角度からそれを捉え直す用法ともいえ、周囲と同じレベルから前の内容をさらに分かりやすく具体的に叙述する。

(例4)　このような感覚口の閉鎖が、誕生のかなり前に起こることは、(中略)機能的には説明できない。どうもこれは哺乳類の遺伝的な遺産に根ざしたもののようである。すなわち、高等な種類のものは、その発達計画に従って、より下等な、単純な形のものと同じ段階を経過していくのである。

(例5)　8時間の睡眠をとるには、8時間分の余暇をあきらめなくてはなりません。つまり、8時間の睡眠には、余暇8時間分の費用がかかっているのです。

例4は、「すなわち」という接続詞の機能からも明らかなように「言い換えると」といった内容で前の抽象的な叙述を詳しく解説している。例5では副詞「つまり」が用いられており、「のだ」文はその前の叙述と同じ事実内容を、叙述レ

ベルを変えずに異なった視点から言い換えている。

④問題提起・疑問提示
　説明的文章の中では「のか」、「のではないか」、「のだろうか」などを含む疑問文がしばしば見られる。問題提起に含まれる「のだ」文は叙述内容をまとめながら、その機能を明示する役割を持つことから、内容の転換といった文章展開を考えるにあたって重要だといえよう。
（例6）　ところで、ヤドカリはどのようにして宿変えをするのだろう。

⑤結果・結論の提示
　前述の事実から明らかになった結論を提示する形で、段落の分断点と関係の深い機能だが、この用例の特徴は、前述部の内容を順々に発展させた叙述が「のだ」文となり、前述部をまとめるのではなく、前述部から導かれる結果を叙述する点である。内容の切れ目によく見られるため、弱い意味で結束性に寄与するといえる。
（例7）　また、世界の原子力発電所から出すゴミも年々増えています。私たちはこれから何十万年にもわたって放射線を出し続ける、このゴミをどうするのかという新たな問題に直面しているのです。
　前述した内容の結果として生ずる事実を提示しており、この「のだ」文は、それまでの叙述から導かれる結論としての役割を果たしている。

⑥事実の提示
　前述した（後述する）内容と関係のある一般的な事実を提示する。この事実を示す「のだ」文は前後の要約や解説といった論理的文脈としての結合は弱く、相互を順接で結ぶ緩やかな関係を構築している。「強調」や「含み」といった意味づけをするだけで、文段中の様々な位置に出現する。
（例8）　明治の人間は割れた茶碗を漆でついで使い続けたし、（中略）木器の表面に漆をすりこんで、水に弱い木の器を水にも強い器に仕立てて用を足すのが習わしだった。漆の樹液をすりこむと木の器が丈夫で長持ちするのは思えばごく自然なことなのである。

⑦心的状況a（相手志向）・⑧心的状況b（自己・自他志向）

　文章中でコンテクストと強い関係を持たず、「のだ」自体のモダリティが強く表される用法で、文脈に大きな変化をもたらすことがない用法だといえる。⑦は、読み手や聞き手に対して自分の態度を提示したり、事前に叙述されている内容が間違いなくそうだということを印象づけるために用いる。⑧は納得・確認など前述した事実に対する自己の考え方や姿勢を主として自分自身に向けて述べる姿勢の表れであり、文末に添えられる「のだ」である。文学的文章、特にその中でも会話部分で多用され、説明的文章ではあまり見られない。「のだ」が文脈の内容や結束構造には影響せず、登場人物のムードの表れとして機能する用法である。特に⑧は口癖や整調、もしくは言い回しに親しみを持たせる目的で、話者が無意識に用いる用法が代表的である。テクスト内で集中して出現することが多く、会話や筆者の個人的な書き癖として現れる「のだ」である。

（例9）　「おい、象のやつは小屋に居る<u>のか</u>。（⑦）居る？居る？居る<u>のか</u>。（⑧）よし、戸を閉めろ。戸を閉める<u>んだ</u>よ。（⑦）早く戸を閉める<u>んだ</u>。（⑦）」

（例10）　ただ、並んで歩いていられるだけで、よかった<u>んだ</u>。（⑧）

　以下、この①〜⑧の「のだ」の機能別の出現数を〈図表5−4〉に掲げ、文章における機能から見た特性について検討していきたい。

〈図表5−4：機能別に見た「のだ」の用例数（数字はすべて実数、％は機能別用例数／全「のだ」文）〉
〈文学的文章〉

作品	①	②	③	④	⑤	⑥	⑦	⑧	計
a		2	3		1		5	1	12
b			1	2		5	10	8	26
c		1	7	2	2		8		20
d			3		1	1	18	11	34
e				1	1		2		4
f			5	1	1		1		8
g	1		4				2		7
計	1	3	21	6	6	6	46	20	111
％	1％	3％	19％	5％	5％	5％	42％	19％	

5. 説明的文章における「のだ」文の機能

〈説明的文章〉

作品	①	②	③	④	⑤	⑥	⑦	⑧	計
h				1	4		2		7
i	3	1	1		3	2			10
j	1			2			1		4
k	3	2	2	3	2				12
l	1		3	1		2			7
m			1			1			2
n			1			3			4
o	5	2	2	5	3	2	3		22
p	3	4	3	7	3	6	2		28
q			3					1	4
r	3	2	4	3	8	2	4	1	27
s	1	1	12	1			1		16
t	1	1	1	2	1		3		9
u			3		1	1			5
v			3		2				5
w			1						1
x			2						2
y			1						1
z							2		2
計	21	13	42	26	27	19	18	2	168
(%)	13%	8%	25%	15%	16%	11%	11%	1%	

　文学的文章では、⑦と⑧の「心的状況」が極めて多いが、これらはいずれも、単なる事実描写や心内表現とともに用いられている。会話場面で文末に「のだ」が繰り返され、それが語り手の口癖であったり、文末に軽く添えられたりする用法である。特定の相手に親しみをこめたり、熱心に聞いてくれることを期待したりするなどの心情的な訴えや、自分自身で考え方や態度を確認する場合に多発される。言い回しが柔らかく、穏やかになるといった文体的な働きもあるが、「のだ」そのものに強い役割はない。こういった用法は説明的文章にはほとんど見られないことから、「のだ」文自身が単独で意味を持ち得ることは文学的文章の特徴だといえる。またこれらの用法が全体の60%以上を占めることから、文学的文章中での「のだ」文の機能は限定されていると考えられる。

　一方、文学的文章と説明的文章とで大きく使用率が異なったのは、①と②の論理的関係を示す用法である。説明的文章では、どの文章にも偏りなく見られる用法であることから、両者は文章構造決定の機能を持つ用法で、文学的文章と比較

した場合の説明的文章が持つジャンル的特徴だといえる(注6)。

　また説明的文章では、「のだ」の機能が広い範囲で用いられていることから、その機能は役割分担されており、これが段落分割にも影響を与えていることが分かる。さらに「③言い換え・解説」は、説明的文章・文学的文章の両者に多く見られるが、特に教科書（生物・日本史・家庭一般）でしばしば用いられており、説明的文章の中での客観性の強いジャンル（狭義説明文）に多く見られる用法だといえる。

　このように文章ごとに「のだ」表現の機能は差が見られたが、ジャンルごとの傾向としては、次のようにまとめられる。文学的文章では、テクストにおける文章構造や内容展開の指標となる「のだ」は少なく、会話文で多用され、特定の機能に限定されている。逆に説明的文章では、全ての文章に平均して「のだ」文が見られ、その機能は多様で、かつ文章構造とも関係する内容分割の指標となる用法が多い。次節では、本章の分析から得られた結果をもとに、説明的文章の「のだ」についてまとめたい。

5．4．説明的文章における「のだ」文の特徴

　本章では、説明的文章における「のだ」文の果たす機能が、そのジャンル的特徴の一つとなるという仮説の下、文学的文章と説明的文章の両ジャンルに関して「のだ」文の出現状況と文章中での機能について調べた。

　活用別の出現状況では、文学的文章は終止形「のだ」が圧倒的で、かつ文末に使用されることが多い。一方、説明的文章では、文章中での出現範囲が広く、活用形も「のだ」形だけでなく、他の形も比較的偏り無く見られる。

　また文章における機能の面については、文学的文章では、結束性と関係する機能はほぼ「言い換え・解説」のみであり、大部分は登場人物の会話内における強調や決心、念押し」を中心とした主観的感情表現を示すために反復される文末の「のだ」が多い。それに対して説明的文章では、「内容の統括」や「要約」といった文章構造の中での指標としての機能を持った結束性に関与する用法が多く、これらは文章のマクロ構造を考える上で有効な指標となる。さらに、疑問提示を含む用法など、説明的文章では多様な用法が見られる点においても、「のだ」文の

5. 説明的文章における「のだ」文の機能

機能はテクスト分析に応用が可能だといえる。

このように、「のだ」の機能は説明的文章の特徴を示す一つの指標であると共に、そのマクロ構造を考える上でも重要な項目として扱う必要があることが明らかになった。次章では、この結果も盛り込み、説明的文章の構造把握を行っていくことにする。

注

(注1) 「のだ」は現在は一語化して考えられているが、体言助詞「の」に「だ」が付いた形をもととし、「だ」については、歴史的な「にてあり→である→であ→だ」の変遷が考えられる。以下では「のです」「のである」などの表現を含んだ文を「のだ」文と呼ぶ。またこれとしばしば関連付けられる「わけだ」、「ものだ」、「ことだ」、「ところだ」については改めて議論したい。

(注2) "cohesion"、"coherence" については、様々な訳語が用いられているが、以下、本研究では "cohesion" を「結束性」、"coherence" を「一貫性」と呼ぶことにする。

(注3) 本研究では、基本的には「のだ」について平仮名表記を用いるが、先行研究の紹介においては、各論考の表記に従った。

(注4) 活用形と意味とは関係を持つが、本研究では、文脈における「のだ」の「機能」という観点から、「～のだか」は「のか」に含めた。

(注5) 国広(1992)による「のだ」の意味分類は以下の18種類である。

理由・原因(＝説明)、習慣・風習、予定・予測、決心、一般的真理、真理・正解の発見、納得、あきらめ、確認、強調・決心の再説、柔らかい断わり、難詰、助言、命令、完了、回顧、行動予定(＝相手の情報不足の指摘)、前々からの事実

(注6) ①の用法に関して文学的文章で見られた1例は「伝記」であり(〈図表5－4〉参照)、前節の結果と同様に、伝記は説明的文章に近い文章の性質を持っているといえる。

〈本章で用いたコーパスについて〉

　ジャンルは中学校国語教科書での定義に基づいて分類した。また総文字数は［１行の文字数×行数］で計算した概数である。

〈文学的文章〉（以上　教育出版「中学国語１」より）

本文中記号	作品名	作者名（出典）	総文字数
a	オツベルと象	宮沢賢治	7200字
b	たぬき親父	柏葉幸子	6970字
c	残されたフィルム	内海隆一郎	7200字
d	ベンチ	リヒター／上田真而子訳	3610字
e	命の水	林充美	4200字
f	少年の日の思い出	ヘルマン＝ヘッセ／高橋健二訳	7000字
g	銀のしずく降る降る	藤本英夫	6080字

〈説明的文章〉

本文中記号	作品名	作者名（出典）	総文字数
h	ふき漆の器	秋岡芳夫（三省堂現代の国語１）	1500字
i	サンゴ礁の秘密	中村庸夫（三省堂現代の国語２）	2800字
j	言葉と意味と経験と	渡辺実（光村図書中学校国語３）	2520字
k	０と１の世界	山田勲（教育出版中学国語３）	3470字
l	渡り鳥のなぞ	柴田敏隆（教育出版「中学国語１」）	3604字
m	宿がえの名人「ヤドカリ」	武田正倫（教育出版「中学国語１」）	3060字
n	植物の姿勢と鮮度	樋口春三（教育出版「中学国語１」）	3500字
o	かけがえのない地球	島村英紀（教育出版「中学国語１」）	3325字
p	入門価格理論	倉沢資成（日本評論社1987）	17850字
q	３分間結婚スピーチ	山川文也（永岡書店1977）	1035字
r	人間はどこまで動物か	ポルトマン／高木正孝訳（岩波書店1981）	15360字
s	石川啄木	福田清人（清水書院1969）	18000字
t	キュリー夫人	白井俊明（小学館1965）	5780字
u	東京書籍 生物ＩＢ		2700字
v	三省堂 生物ＩＢ		3840字
w	山川出版社 新日本史		4256字
x	三省堂 新日本史		3840字
y	実教出版 家庭一般		2600字
z	編集手帳	読売新聞（1996.12.28～30）	1617字

6．説明文における「中核文」の認定
─文段認定へむけての方策─

6．1．中心文・トピックセンテンスに関する先行研究と「中核文」

　本章では、文章のマクロ構造を把握するための言語単位である「文段」と、それを決定する「中核文（kernel sentence）」の認定について議論する。

　文章論という概念が時枝（1950）において提示されて以来、段落や文章といった文よりも大きい言語単位を扱う研究が進められているが、日本語の文章作法では統一した話題や意味のまとまりを示す言語単位（段落等）に関する定義が一定ではないため、それを統括する文（いわゆるトピックセンテンス）についても様々な考え方がある。さらにこのトピックセンテンスに相当する文を指す用語は、「話題文・主題文・小主題文・中心文」（佐久間1978）や「題目文」（澤田1983）など様々で、術語自体の定義も一定ではないが、以下では「中心文」という呼称を用いることとしたい[注1]。

　ところで本研究では、文章構造を客観的に把握する手段として「文段」を設定するが、その決定のよりどころとして「中核文（kernel sentence）」という言語単位を考える。「中核文」は文段を認定する手がかりとなる一文で、文段のまとまりや切れ目を示すものであるが、英文のトピックセンテンスや日本語の中心文等とは異なる特徴を持ち、本研究において独自に規定するものである（「中核文」については後節で詳述する）。

6．1．1．文段・段落という概念をめぐって

　文章を分析する過程で第一に問題になるのは、文章の成分としての「段落」を認めることに対する可否であるが、文章のマクロ構造を把握する上で、「段落」

のように「文」よりも大きく「文章」よりも小さい、いわゆるマクロとミクロの中間的な言語単位を活用することは、極めて有効だと考えられる。

　日本語学の分野では、文を越える言語単位として、段落、文段、パラグラフ等と呼ばれる、内容上および形式上に区分された文のまとまりの部分の存在を認めるが、日本語の文章では英語の「パラグラフ」に対するような明快な規定がないため、その認定が難しい。段落とパラグラフとの違いについては、林（1959）にparagraph writingの原理を用いて、「段落が大きなものを小さく切ったものであるのに対して、パラグラフは小さなものを大きくふとらしたものである」という興味深い指摘がある他、英語のパラグラフに関しても、リード（1985）は「文段（パラグラフ）は句読法の一仕組」であり、「論理的、生理的ないし律動的要求で決定され」、「論理的には、文段は単一な観念の完全な展開を示すといえるし、これがじっさい文段の普通の定義である」としながらも、「このような定義はわれわれが文学に見出す文段には殆どあてはまらない」と、ジャンルによってはその成立の認定にゆれが存在することを示唆している。

　こうした背景をふまえ、以下では、日本語の文章における段落に関わる議論をまとめておきたい。

　まず文章論における段落論の出発点となった塚原（1966）は、全ての文章には、つぎのような二種類の段落が存在すると考える。

　　論理的段落＝文章構造の論理的な展開として設定される段落
　　　　　　　論理的に認定しうる潜在的な段落
　　修辞的段落＝文章形成の実際的な定着として認定された段落
　　　　　　　筆者の認定する顕在的な段落

そして修辞的段落は形式的段落、論理的段落は実質的な文法論的概念であり、段落の展開を見る上では、「修辞的段落と論理的段落との相互関係を前提とする修辞的段落の対象化が必須の要件となる」としている。

　市川（1978）では、日本語の実際の文章においては内容上の統一と形式上の改行とが合致していない文章が少なくないため、内容上の統一に重点を置いた「文段」という言語単位を認め、「文段とは、一般に、文章の内部の文集合（もしく

は一文）が、内容上のまとまりとして相対的に他と区分される部分である」と規定する。そしていわゆる「段落」の区分に問題があると考える時は「文段」による捉え方が必要になるとし、両者の特性を以下のように整理し、併せて、段落における中心的内容（小主題）を端的に述べている文（＝トピックセンテンス）の存在を認めている。

　　文章表現論＝段落(一字下げによるいわゆる形式段落・平面的)：規範的立場
　　文　章　論＝文段（複数の文集合・立体的・塚原（1996）の「論理的段落」）：
　　　　　　　　　記述的立場

　これに対して永野（1972）は、客観的な文章の筋道である「文脈」と、表現者・受容者の脳裏にある「脈絡」とを区別した上で、国語教育における「形式段落」と「意味段落」という設定を問題視し、「切れめとして改行されるからには、改行されるだけの内容（意味）上の理由があるはず」で「形式段落」、「意味段落」といった質的な違いとしてではなく、切れめの強弱といった程度の差として考えるべきだと主張し、段落を次のように整理する。

　　筆者の段落（脈絡）→書く過程において動く
　　文章の段落（文脈）→客観的に存在　　　　　：段落　形式段落
　　読者の段落（脈絡）→読む過程において動く　：文段　意味段落

　永野は、読む行為とは、読者が文章の段落を通じて筆者の段落に近づくことで、「段落には本質的に恣意性があること」を認めながらも、「筆者の意向を無視する文段のほうにこそ恣意性があるのではないか」とし、文脈としての「段落（改行段落）」は「最も明快な存在」であり、文法論的文章論においては「文章構造を解明するための手がかりとすべき」文章の成分と考えている。
　これらを受けた研究としては、佐久間（1987a, 1990）が提題表現や接続表現の統括を文段認定の基準と考える他、松下（1977）や森田（1993）なども、文より上位の概念である「段」の利用を支持している。
　本研究でも、文から直接文章の構成を探るのではなく、部分的に文法論を援用

しつつ「文段」という単位の相互関係を利用するが、文段の内容は「中核文（kernel sentence）」によって示されるものと考える。つまり文段とは「中核文」を持った文集合と規定することができ、「中核文」の内容がカバーする範囲が文段の範囲となり、これは読み手と書き手の両者が叙述内容の分断点との見解を共有することで決定される。その理由は、文章の書き手は「叙述する」内容から段落を設定する一方、読み手は「叙述された」意味内容から段落を設定しており、両者は叙述内容を媒介として結びつく関係にあるためである。読み手も書き手も各々の言語技術を駆使して叙述内容の分断点を決定していくが、その際の基準は文章自身に他ならない。つまり、読み手と書き手は、互いの共有知識や相互意識に基づいて、文章内容からそのまとまりや切れ目を判断していくのである。この際、国語教材のように理想的なテクストでは、一字下げの形式段落とこの「文段」の切れ目とが一致するパタンが多いが、paragraph作法が浸透していない日本語の文章では、一般的には必ずしもそうなるとも言えず、複数の形式段落の集合体によって一つの意味が形成されると認識されることなどもしばしばある。このように、書き手を読み手がともに意味のまとまりや切れ目を認めた部分としての「文段」が決定していくのである。

　先行研究では、「段落」は文の集合体であるため、段落中の特定の一文を、その内容を統括する「中心文」として抜き出すことが可能だとされていた。これは要約などに伴う読み手の主観性の問題が排除され、精密度の高い緻密な手法ではあるが、原文から一文を取り出す作業は、読解作業への直接的な応用は難しいと考えられる。その理由は、中心文と認め得る文が複数存在したり、全く存在しなかったりする場合が、日本語の文章では多数存在すると想定されるためである。そこで本研究では、「中核文」という理論的な単位を新たに設定することで、こうした問題を解決したい。「中核文」とは、形態的及び意味的な言語指標を手がかりとして読み手によって客観的に認定される文段の内容を表す一文で、文段決定の根拠となる単位とする。これは、必ずしも文章の原文から取り出した文とは限らず、適宜読み手がその内容を決定していく文である。

　このように「中核文」は読み手が作成するという点では、「要約」とも共通性を持っている。要約の指導に関しては、「教育的規範が先行し、要約文の言語現象としての実態把握による明確な論拠を示した記述的研究が極めて少ない」（佐

6. 説明文における「中核文」の認定

久間 1989)のが現状である。特に国語教育や日本語教育の現場では要約の指導が盛んだが、「要約を必要とする〈場〉を設定した上で〈要約文〉のあり方を考えるべきである」(鳴島 1992)といった指摘に見られるように、対象とする文章のジャンルや要約の目的なども含め、その作成過程の解明が重要だろう。

　また要約は、文章の「理解」と「表現」の両面にわたる言語活動であり、内容の主題や構造、重要部分の把握と、それらを整理してまとまった内容として提示するという広範囲な言語技能が必要とされる。特に原文の情報を処理することによって主要内容を把握する「理解過程」は、中核文認定と共通性が高い。そこでは統括力の大きい表現や語句相互の意味関係を認め、文章を構造的に捉える必要がある。具体的には、文章展開の型や注目するべき表現の把握、叙述されている情報の種類の判別などが挙げられるだろう。また要約には、「大意」、「サマリー」、「ダイジェスト」などの様々な方法があり、原文の表現をどの程度忠実に反映するのかなど、各々に違いが認められる。しばしば用いられる「要旨」や「アブストラクト」は、原文の主題や結論に焦点をあてて自分の言葉でまとめたものとされるが、いずれについても、読み手に叙述の内容に関して明確な見識を与え、書き手の結論や主張の最も重要な点を強調するもの (Emden & Easteal 1992) と規定されている。

　このように、要約の「表現過程」においては、論理的かつ簡潔に、筆者の主張をまとめ直すといった、文章産出の高度な技能が必要とされる。これは要約が「中核文」のように必ずしも一文で成立するものではなく、しばしばその分量も一定量を求められるために生ずる問題だが、この表現技術の重要性は、中核文においては必要とされない。佐久間 (1994a) は、要約という言語行為において重視される点として、「言語情報の処理・伝達技術の一種である」、「読み手の表現技法が要約文を形成する」ことを挙げているが、これは「中核文」の表現とは対照的な性質である。また田中 (1992) では、要約文作成に当たり、「原文の文章構成や用語を変えるといった表現上の工夫等による主観的な付加価値が付く」と指摘しているが、「中核文」はこれとは逆の「主観性に左右されず、あらゆる読み手に有効な手順に沿って客観的に認定されうる一文」と規定し、文の表現過程には重点が置かれないものと考える。一文という表現内容の短さや簡潔さから、読み手(中核文作成者)の表現方法に生ずる個人差は小さなものであり、大きな問題となら

ないわけである。但し、だからといってコンピュータによる機械的要約のように、原文を一定量ずつ抜き出して連結させていくといった文ではないことにも注意したい。一般にコンピュータによる文章要約は次のような方式がとられている。

　　コンピュータによる文章の要約はまず、その文章の中に高い頻度で現れる、その文章特有の単語群を選び出し、それらの単語（キーワード）が集中的に現れるセンテンスを一定量だけピックアップしていくというのが基本的な操作である。したがって人間が行う要約のように、原文の記述の順序を入れ替えて結論の部分を最初にもってきたり、原文の用語を別の用語に置き換えたりすることが、原則として行われない。　　　　　　　　　　　　　（田中 1992）

　中核文認定では、原文から様々な言語的指標（キーワード、反復など）を選び出して、そこから命題を一文にまとめ上げる作業が含まれるため、言い回しを変えたり、文構造を工夫して内容の出現の順序を変えることは、もちろん認められる。但し、一文という長さから、要約文ほど複雑な過程を含むものではないということである。
　この他に「要約」と「中核文作成」との違いを示す性質として、「要約」は読み手が自己の内部で文章内容や意味の組み替えを行うことによって、予め分節化され、限定された範囲の内容を抽象化する作業であるのに対して、「中核文作成」は、原文の内容に沿って客観的に文章のまとまりや区切れを析出していくという、反対の方向に向かう作業である点が挙げられる。この方向性の違いは中核文の性質として重要な要素である。
　さらに中核文は、「文段」設定と不可分の関係にあるため、「文段」の内外で働く機能を内蔵する（これについては次節で詳説する）。そして国語教育や日本語教育といった語学教育の方法論への応用を考え、「文章分析者」や「研究者」といった立場ではなく、広く「読み手」によって認定される単位であるとする。次節では、読みの技法をふまえた中核文のあり方について、具体的に考えていきたい。

６．１．２．「中核文」と中心文・トピックセンテンスの定義

　文章内容を的確に理解する手段として、本研究では「中核文」という単位を設定したが、これはボトムアップとトップダウンとを併用した読解を通じて決定さ

6. 説明文における「中核文」の認定

れる。心理的アプローチで提唱されている両活動の併用は、確実な読解を進めていくために不可欠だが、ここではその一般的な定義として、Fromkin.V. & Rodman R. (1993) を紹介したい。音声言語におけるtop-downとbottom-upの過程に関するこの説明は、文字言語にも適応されるものである[注2]。

> Top-down processes proceed from semantic and syntactic information to the sensory input. Using such 'higher level' information, it is suggested that we can predict what is to follow in the signal. Bottom-up processes move step-by-step from the incoming acoustic signal to semantic interpretation, building each part of the structure on the basis of the sensory data alone.　　　　　　　　　　(Fromkin & Rodman 1993)

　ボトムアップは単語や文といったミクロ単位を積み重ねて文章レベルへと進んでいく読みであり、その作業はテクストの叙述の流れに沿って行われる。文章が線条性を持っている以上、こういった部分的な情報から論理の脈絡を捉え、全体内容の理解へとつなげる作業は不可避である。
　一方トップダウンとは、読者に内在するスキーマを生かした「予測」を行い、それをもとに文章を構造的にとらえながら読み進めていく方法である。読解では、読み手の背景的知識やスキーマとテクストとを関係づける能力が必要だ (Rumelhart 1975) が、この作業で重要な役割を果たすスキーマは、認知心理学の分野で「単純な構造の意味ネットワークよりも一層進んだ水準の知識」（ノーマン 1984）とされており、高度に構造化された知識の集団と規定できる。読者はテクストに向かう以前に、このような知識（その内容には個人差があるが）を各々が必ず内在させており、読解過程にスキーマを活用したトップダウン方式を組み込むことは、中核文の作成にも生かされる。
　このようにトップダウンとボトムアップは、読みの作業の中で同時に生じ得る (Hill 1993) 技法で、それらは断続的に読みの過程で発生し相互に働きかけを行っていくが、「中核文」も同様の過程を通して明確な形を持つようになると考えられる。すなわち、細部に注意を払って正確に理解を行うといった「テクストから受け取る」側面と、読み手としての知識をどのように活用させるかといった「テクスト

へ関わる・働きかける」側面の両方が、読みの過程に取り込まれていくのである。

　ここで、本研究の考える文章のマクロ構造把握に関わる、読解活動でのトップダウンの有効性についてもう少し述べておきたい（これはトップダウンの優越性を示すものではない）。トップダウンでは、文脈から内容の展開を「類推」、あるいは「予測」する作業が行われるが、読み手はこれによって文章の中心的な内容を構造的に捉えることが可能となる。説明文では、その筋やテーマが整理された形で読み手の頭の中に取り込まれることで全体の内容が明確化し、書き手の説明する内容の理解に到達するが、それは叙述された各部分の単なる合成といったものではない。文章内容の整理や全体の構造化を行うためには、トップダウンにおける「予測」や「類推」が不可欠であり、これらは読解の上で重要な役割を果たしているのである。加えて、読み手は文脈に応じていずれのスキーマを用いるべきかを考えるが、内容の展開に応じてそれを微調整して活用していくなどの点において、トップダウンの読みは極めて能動的、創造的な活動だといえよう。

　ところで本研究では、教育現場での応用が可能な「中核文」のあり方を考えるが、これが「文よりも高次の意味内容のまとまりである『文段』へと結び」つくことや、そうした文段の「相互関係は文章全体の内容やマクロ構造把握へと発展する」という見解は、トピックセンテンスや中心文と重なるものである。しかしこれらとの大きな違いは、それらが原文から抜き出した特定の一文であったのに対し、「中核文」はそういったタイプ以外に、読者が原文の内容を用いて新たに作成した一文という形態を認める点にある。中核文の基本的な性質は以上のようだが、次にその具体的な機能に関して、トピックセンテンスや中心文に触れながら述べていきたい。

　トピックセンテンスは、英語のwritingやreadingにおけるパラグラフ理論での定義がおおむね確立しているため、まず、それについて概観する。

> For instance, it has been observed that first sentences often tell us what the whole paragraph is about, a macro-level front-placing of an element signaling the framework of the message. Such sentences are often called topic sentences, and are considered important for skills such as skim reading. It is often possible, just by reading the first sentence, to state what a paragraph is about (the paragraph theme), though it is not possible to

6. 説明文における「中核文」の認定

state what the text is saying about its theme (the paragraph rheme).

(McCarthy 1991)

　上記のようにMcCarthyは、トピックセンテンスの出現位置は「パラグラフの冒頭」であり、その「パラグラフのテーマ」を表すのが一般的だと定義している。但し彼は、文章把握に不可欠な文であるInitial Sentenceについても言及しており、本研究の「中核文」はむしろそれに近い要素を持つ概念だといえる。このように英語のトピックセンテンスと「中核文」は、必ずしも同一の概念を指すものではない。

　またDijk（1977）では、PASSAGE（=PARAGRAPH）の冒頭か結尾にTopical sentenceが登場するが、それは役割上、文章の他の叙述部分から意味的に突出しており、一般的な他の文同士のようには連結しないと指摘している。そしてパラグラフは同じトピックのまとまりによって示されるとし、パラグラフとトピックとが強い相関を持つことやトピックセンテンスがパラグラフ設定に強い力を及ぼすことを述べている。

First of all, in writing, we have rules for PARAGRAPH indentation which have a macro-structural nature: they mark sequences which somehow 'belong together' i.e. which belong to the same topic. A new paragraph thus indicates (sub-) topic change. (Dijk 1977)[注3]

　このように英語のwritingでは、一つのパラグラフに一つの内容が含まれるように書くという原則や、トピックセンテンスはパラグラフを統括する内容を持つ（Emden & Easteal 1992）といった規定が行われている。また、パラグラフ内は、"introduction"、"discussion"、"conclusion"の3つの部分から構成されるが、トピックセンテンスはパラグラフのトピックに関する中心的な考えを提示し、しばしばintroductionに登場するということを前提とするとしながらも、必ずしも出現位置やその形は一定していないことも事実だとする見方（Auerbach & Snyder 1983）もあり、日本語ほどではないが、実際の文章中での出現の様相には多少のゆれも見られるようだ。

　以上から、トピックセンテンスはMain-Ideaや文章構造を示すのに役立ち、読

91

解の際の重要な手がかりであることが明らかになった。次にトピックセンテンスの種類について、文章内容を射程に入れたBraddock（1974）の研究を見ておきたい。彼はアウトライン作成（日本語の要約文作成に近い）の方法を利用して、次の4種のTopic sentenceの種類を考えている。

1　Simple Topic Sentence（完全に引用される）
2　Delayed-Completion Topic Sentence（離れた部分を結合させる）
3　Assembled Topic Sentence（パラグラフ全体からまんべんなく引用する）
4　Inferred Topic Sentence
　　　　　　　　　　（フレーズの引用でなく、書き手の意図を推論する）

　この中で原文を引用することのみによって完成するのはSimple Topic Sentenceだけで、他は読み手の操作によって完成する文とされている。このBraddockによるトピックセンテンス決定の方法には、読み手の主観が入るという批判もあるが、応用性が高い読みのstrategyとして利用価値が大きく、本研究の「中核文」認定と一致した見解ということができる（但しBraddockは、これらのアウトライン作成に関しての具体的な手法に言及していないため、トピックセンテンスと中核文作成の手順については比較の余地がない）。
　さて、日本語の文章論における構造分析では、主語や陳述の連鎖、反復語句や指示語、省略、連接・接続関係などをそれぞれ単独の項目として扱うものが大部分であった。網羅的な研究としては、コラムなどの短編の構造に関するケーススタディ（寺村他編 1990）や、それを整理し、文章の諸相について様々な機能から論じた研究（佐久間他編 1997）などが見られるが、言語教育という視点に立ち、トピックセンテンス（中心文）から文章全体の機構を論じたものは管見では見られない[注4]。しかし、文段の中心的内容を示す文を認定して段落構成を検討することはマクロ構造理解のための有効な手段であり、その方法論を教育へ応用することは可能だと考えられる。また、「書き出し」、「結び」、「つなぎ」といったいわゆる文段の機能や、「意見をまとめて述べる」、「事実を説明する」などの文段の性質の認定についても中核文を活用することができる。
　さて、日本語のトピックセンテンス（中心文）の研究は、段落との関わりを述

6. 説明文における「中核文」の認定

べたものが中心であるが、設定の観点が様々であるため、その点に注意しながら先行研究をまとめておきたい。

市川（1978）では「中心文」の定義とタイプが以下のように提示されており、後続の研究の基点となっている[注5]。

> 中心文とは、段落における中心的内容（小主題）を端的に述べている文のことである。トピックセンテンスとも呼ばれる。中心文はどの段落にもあるとは限らないが、その反面一つの段落に二つ（以上）の中心文の含まれることもある。
>
> 〈中心文のタイプ〉
> 「要約的中心文」：一つの段落の中心的内容を要約的に示している文。繰り返しの部分、付加的な部分を除いて捉えられる。要約的中心文は段落の初めや終わりなどに置かれる。
> 「結論的中心文」：一つの段落の中心的内容を結論の形で示している文。論理の道筋をたどったり、いろいろな筋や事実を検討したりしたうえで、その行き着くところとしてとらえられる。結論的中心文は段落の終わりや初めなどに置かれる。

これ以後の中心文研究としては、野村（1987）がトピックセンテンスの機能を整理し、各文に含まれる形態的指標と機能を関連づけて説明している他、樺島（1980）では、「書き手が表そうとする中心的な考え」を「主題」、「文章のあらすじ」を「要旨」と定義した上で、トピックセンテンスを「その文章や段落で述べようとする主題や要旨を表す文」として、

1　内容概略（主題や要旨や結論を簡単に述べる）
2　内容予告（どんなことを述べようとするかの方向づけ）
3　問題提起

の三つの型をあげ、その形態的特徴（接続詞、副詞、文型など）を列挙している[注6]。これらの型は内容に基づいた分類だが、「1内容概略」が文章内容をまとめるの

に対して、「2内容予告」と「3問題提起」は、その後の叙述へ向けての方向性を示す性格を持っている。また佐久間（1994b）では、中心文が段内部を統括するだけでなく、段相互の関係に発展し得る力を持つとして、四種類の機能（文脈開始機能、文脈継続機能、文脈転換機能、文脈終結機能）を認めている[注7]。

　以上、トピックセンテンス、中心文の先行研究を見てきたが、最後にこれらをふまえて「中核文」についてまとめておく。本研究では、文相互の関係は時間的・線条的な要素と絡むため、実際の読みにおける文章の内容把握は、特定の一文単位で行われるのではなく、冒頭から結尾へと読み進めていく過程での幅広い叙述から総合的に行われていると考える。よって「中核文」や「文段」の認定も、書き手の作った文脈の流れを意識しながら読み手が作りだしていくものとする。

　これは、マクロ構造に関係する文段の機能を中核文が持つ情報を通して捉えるという動態的な立場である。文脈の重視は、各センテンスを積み重ねるミクロレベルからのボトムアップはもちろん、表現形式や意味内容が読み手のスキーマによって統合されるトップダウンの読解作業にもつながる。

　このように「中核文」とは、読み手によって作り上げられる一文の形を持った文段を統括する「意味内容」であって、文章原文中のいずれかの一文とは限定されない。また「中核文」は文段の話題及び主旨を必要にして十分な形でまとめる点で要約文の手法と重なる部分があるが、「短い意味内容の塊を把握するため（＝文段を決定するため）の単位」である点は、主観的側面を含む要約とは明らかに目的や方向が異なるものである。

　さらに中核文の構成については、トピックセンテンスとは、パラグラフのTopic（話の題材）とAssertion（筆者の主張や意見）を共に含むもの（Williams 1969）だとする指摘に見られるように、単なる話題のみを提示した文をトピックセンテンスに含めるか否かは議論が分かれるところである。その点について本研究では、説明文という文章ジャンルの特性に鑑み、「中核文」には、

1　話題提示
2　話題提示＋それに対する新たな情報

という二種類を認めるものとしたい。

6．2．説明文における「中核文」の認定

6．2．1．「中核文」の機能とあり方

　文段内部で文と文とは相互に立体的な関係を構築し、階層構造を成しているが、日本語学における先行研究では、「中心文」はこの階層構造をたよりに原文から抜き出す形で決定されていた。本研究で考える「中核文」は、機能的には中心文と共通性を持つが、中心文が原文の叙述に即して統括の包摂関係から割り出される一方、中核文は文段の持つ意味内容からダイナミックに捉えられる点で異なる単位である。本研究では文章のマクロ構造分析の手段として「文段」や「中核文」を決定するという立場から、以下のように規定を行う。

〈中核文の定義〉
　中核文とは、文段の主題となる中心的な内容を持つ一文であり、文章の意味的指標ないし形態的指標から読み手が客観的に認定していく文である。また中核文を含む意味内容のまとまりをもった文の集合体を文段と呼ぶ。中核文は文段決定の手段として常に存在しているが、それが顕在している場合と、潜在している場合とを認める。

① 明確に一文で中核文が存在する場合：顕在型
　　形態・意味的特徴を伴い、文段内部の中心的な内容を示す文。出現位置に関係なく、原文から一文で抜き出しが可能である。
　　これは従来の一般的な中心文やトピックセンテンスと同一のものである。
② 明確な形で中核文が存在しない場合：潜在型
　　読み手の側で、キーワードや接続詞、反復、指示表現などの形態的な特徴や、意味的な特徴から類推できる内容を持つ文。言語的指標をよりどころに客観的手法によって、連続、非連続の二文以上の内容をまとめることで成立する。

　日本語の文章作法では、「段落」や「中心文（トピックセンテンス）」の設定に対する定義が一定でないため、文章中でのそれらの存在のありようがまず問題になる。特に日本語の文章では、英語でいうトピックセンテンスとなる一文が存在しない場合が多く、読解活動において、読み手はそれにあたる内容（＝中核文）

を類推しながら文章読解を進めていくのが実情である。その場合、文段の中心的な内容を示す複数のそれらしきセンテンスが存在する、全く存在しない、などの様々なケースが想定されるが（具体的な在り方としてはBraddockの2～4があてはめられる）、いずれの場合においても、反復語句や接続詞、文型・キーワード、指示表現、文末表現などの形態的特徴や、General / non-general（=specific）といった意味的特徴を手がかりとして中核文を認定していくことになる[注8]。また本研究は説明文のテクストを対象とするものだが、この「原文から一文を抜き出すことにこだわらない」中核文の認定は、広義説明文に含まれる他のジャンルや文学的文章など、広く応用が可能な手法だといえる。

　このような中核文は、文段認定の基礎となるが、文段という言語単位についても、研究者間で若干見解が異なる。そこで、本研究で考える「文段」について、定義しておく。

　　　文段は、文章と文との間に設定される言語学的根拠に基づく客観的な言語単位である。まとまった意味内容を持つ統一体で、動態的に文章構造を捉える手段となる。

　これが、本研究で考える文段の基本的なあり方だが、この他に文段が持つと考えられる特徴について、いくつか挙げておきたい。第一に、この単位は中核文を起点とするもので、形態・意味の両側面の指標によって客観的に認定されるものである。こうした認定における指標を検討する点が、本研究の大きな特徴である。

　第二の特徴は、文段は個々の解釈によるぶれを回避しながら、書き手の作成した文章をよりどころに読み手によって設定される言語単位であることにある。本研究は、言語学の理論に基づき「研究者」の立場から文章分析を行いながらも、その方法論を国語教育・日本語教育の学習者や一般に存在する読者の読みの技法に応用可能なものを目指す。すなわち、理論的な方法論を構築することで、客観的に一定の共通した文段を認めることができると考えるわけである。この意味で、本研究で議論する「文段」とは、あらゆる「読み手」が中核文によってまとめる意味内容の統一体としての単位であり、実際の言語活動への応用性を強く意識したものだといえる。

6. 説明文における「中核文」の認定

　本研究での文章分析は、文の形態的指標や意味的指標をもとに中核文を認定し、そこから決定される文段の相互関係について考察することから、文段はその基礎単位となる。またここでは、文法論を部分的に援用して、文の連接類型を段落の相互関係に適応するなどの方法を取り入れるとともに、内容展開といった意味的な側面も重視していきたい。

　以上の通り、本研究における文段は、中核文を利用する点で従来のそれと方法論的に異なるものと言えるため、改めて以下に文段の認定の立場を示しておきたい。

　　文段とは、筆者と読者が文章内容について、見解を共有する言語単位（意味内容のまとまり）とする。その認定の基礎となる中核文は、意味や形態のレベルで他の叙述部分と言語学的に区別が可能な単位であるため、それによって決定される文段を利用したマクロ構造の把握は、言語理論に基づいたものだといえる。そしてこうした理論に基づく手続きをふむことによって、実践への適用を考えた社会的ニーズに応える方法論を構築することを目標とする。

　　文段の認定は、読みの一方策としての読者からのアプローチとなるが、それは同時に筆者の文章産出の過程とも密接に関係するものであり、文章の内容を通した両者の共有知識や相互意識が、説明文の確実な理解につながるものと考える。

　ここまで、中核文と文段を用いた説明文のマクロ構造理解について論じてきたが、ジャンルが同じでも構造が異なる場合や、構造が同じでもジャンルが異なる場合があるように、明確な形でジャンルと構造は一対一に対応するわけではない。先に見た通り、ジャンルはゆるやかな連続的体系の上に存在しているため、説明的文章の内部においても各ジャンルは柔軟に位置づけられる必要がある。とはいうものの、ジャンルと構造は相互に関係を持ち、その対応には一定の傾向が見られることも確かである（Fries 1995、立川 1994）。

　　Thematic progressions and the experiential content of the Themes do not occur randomly in these texts. In my data, the frequencies of the various thematic progressions vary with genre type, the experiential content of the Themes varies with genre type, and the proportions of times that certain meanings are expressed thematically also vary with genre type.　　　　　　　　　　　　　　　　　　　　　　　　(Fries 1995)

　こう考えると、説明文の論理展開に多く見られる方策や手順をあらかじめ知識として持っていることは、読み手にとって迅速で正確な読解活動の助けとなるであろうし、書き手は自分の意図を着実に反映した表現活動を行うことが可能になるはずである。これは文章のマクロ構造に関する応用性の高いスキーマの形成と言い換えることができるだろう。スキーマは読解過程の「予測」に必要な知識単位であるが、豊富なスキーマを適切に活用する技術を持つことは、読みのトップダウン型技能の向上につながる。この論理展開の手順（文章の構造）を把握するためには、文段の働きと相互の関連、また個々のセンテンスの機能・性格を把握する必要がある。次節では、その手段としての中核文作成の方策について述べていきたい。

6．2．2　「中核文」の認定手順
　まず、以下に「中核文」を用いた文章読解の概括的な流れ図を考えてみたい。

〈図表6－1：文章を読むにあたっての流れ図〉

主に文段レベル以下での作業	⇔	主に文段レベル以上での作業
〈「中核文」の認定〉	相互作用	〈内容の結束性や一貫性を認識〉
文相互の関係の検討		文段相互の流れ、まとまりと切れ目の検討
顕在型・潜在型の見極め		形態的・意味的指標から見た文段機能決定
形態的・意味的指標の検討		
文段の範囲の決定		
ボトムアップ・トップダウン＝推論		
↑↓		
マクロ構造の把握	（コンテクスト・間テクスト性等）	

　上記の作業は各々が単独に行われるのではなく、あらゆる部分が絡み合って進

められる。「文段レベル以下」、「文段レベル以上」、「マクロ構造」が一定方向の流れではなく、常に双方向でやりとりされているのは、そのためである。読み手は、文章の線条性に沿ってボトムアップとトップダウンとを繰り返していくが、それが検討、整理、統合されることで、立体的な文章構造の把握は可能になる。また、この中で特に重要な作業として「推論」が挙げられるが、池上（1975）の次の指摘は、上図における「推論」の在り方を明快に示している。

> われわれが、テキストを読むときは、絶えずさまざまな「推論」(inference) を行いながら、読んでいるのであり、その際は、われわれの言語についての知識だけでなく、言語外の世界についての知識も全面的に活用されるということが分かる。そのような「推論」は通常二つの方向に働いている。一つは次々と出てくる表現に含まれる情報を既に得られている情報に関係づけるという方向に、そしてもう一つはすでに得られた情報に基づいてこれから出てくる情報を予測するという方向にである。　　池上（1975）

文章読解過程で行う予測は、全体構造の把握につながっていく。なぜなら、読み手は既存の知識と文章から得た情報を組み合わせて予測を行い、それを論理的に発展させた「推論」によって、一貫した意味構成が理解されるからである。

ところで、「推論」と密接な関係を持つ事項として、文章には表現に明示されている以上の内容がしばしば含まれており、真の内容理解とはそれらも併せて成立するという側面がある。これと深く関わる要素としては、コンテクストや間テクスト性などが挙げられ、加えて、筆者や読者に固有に内在する思想や状況なども存在している。文章理解では上記の要素は不可欠だが、しかしその一方、説明文は未知の情報を伝達する目的を持つことから、その情報の大部分を文章の叙述自体で完結する傾向が強いジャンルであることも間違いない。そこで本研究では、以下、所与のテクストの記述的な分析を優先対象として議論を進めていく[注9]。これは、説明文が定式化したいくつかの構造を持ち、筆者ごとのスタイルが比較的強調されにくいジャンルであり、テクストの言語情報が伝達内容の大部分を占めると考えるためである。

ここで、〈図表6－1〉においてに、常に「意味的」な観点が関わっているこ

とについてふれておきたい。日本語の文章論では、文段の恣意性を可能な限り排除するために、言語形態的指標によって文段の認定基準を設定しようとする立場が見られ、「形態」よりも「内容」を重視した設定は、恣意性が強い観念論として批判される傾向がある。しかし、教育的な「読み」への応用をふまえて文章構造を考える場合、内容に含まれる「意味」を加えることは必須の用件である。形態的指標は、分析の客観性を高めるstrategyとしての性質が強いが、文章という内容のまとまりの理解には、意味レベルに基づいて、思考の流れや論理展開と言った文章特有の要素の検討や、単なる語句の操作という次元を越えた全体的な把握が不可欠である。これは、中核文が文段内外の方向に機能を持つことや、マクロ構造の決定に影響を及ぼすこととも関連する。

　こうしたことをふまえ、以下では中核文認定の具体的な手順を提示したい。

〈図表6－2：中核文の認定の手順〉

```
Ⅰ  予測段階（抽象的）
      文段が持つ機能と種類の予測
              ↓
      中核文が持つ抽象的な機能（文段内方向・文段外方向）の予測
Ⅱ  認定段階（具体的）
      中核文の認定＝出現位置の検証。顕在型か、潜在型か。
                （→文段に含まれる情報・内容の整理）
    〈形態的指標〉
          a   文型・キーワード・接続表現等
          b   反復表現（同一反復と関連反復、全体出現と部分出現）
          c   提題表現と叙述表現（文末表現・モダリティ等）
          d   指示語
    〈意味的指標〉
          e   叙述の方法（内容から判断される統括力の高さ・結束性・
                        General/non-general（＝specific）・
                        意味の類似性と近接性）
Ⅲ  文段の決定　＝　中核文の意味内容の及ぶ叙述範囲の明確化
```

　中核文の認定は、Ⅰ予測段階、Ⅱ認定段階という二段階で作業が進められるが、具体的な流れは次のとおりである。まず形式段落を目安として、文段の機能と種類に関する予測をもとに、中核文の抽象的機能を予測する。ここまでは中核文認

定の準備段階にあたる。このようにして中核文の在り方を大枠として予想した上で、認定段階では叙述内容から適切な部分を客観的に抜き出していく。認定のための指標を言語学的基準に基づいて予め設定しておくことで、読み手の恣意性の介入を防ぐことができる。具体的には「形態的指標」と「意味的指標」としてa～eの項目を掲げたが、中核文認定に大きな力を持つ項目は、個々の文脈によって決定されていくことになる。つまり、文章内容から形態的指標や意味的指標を選び出す作業は、文脈に即して行われ、a～eは横並びの関係を保つことになる。以上から中核文が認定され、これに基づいて文段が決定される。

　また中核文作成は、一文の簡潔な形で段落内容を把握するための作業であるが、その表現方法についてはここでは議論の対象としない。これは要約文と中核文の大きな性質の違いを示す部分だが、その理由は次の通りである。

1 ）中核文は文段の中心的内容を示すことを目的とした簡潔な構造を持つ一文である以上、それに向けた作文指導（表現指導）を行う必要がない（基本的な短作文の技能で対応が可能である）。
2 ）中核文には唯一の正解が存在するわけではなく、言い回しや語彙、語順等に幅を認める（これは中核文が文段把握のための単位であり、その内容に重点が置かれるためである）。読解過程では、中核文作成の手順が理解でき、それに沿って文段を認定し、文章の意味内容やマクロ構造が把握できることが最終的な目標となる。

　次節では、中核文認定に関する手順〈図表6－2〉の各項目について検討していきたい。

6．3．中核文認定の予測段階に関する項目

6．3．1．文段の機能と種類の予測

　本節では、予測段階での文段に関わる側面についてとりあげる。中核文は一文にまとめられた形で提示されるが、その存在形式は顕在型と潜在型に分けられる。説明文においては大部分が潜在型であり、複数の文にわたった内容として存在す

ることが多い。

　先行研究では、原文から抜き出せる一文としてトピックセンテンス（中心文）が存在し（複数の文としての中心文を認める立場（市川 1978等）は少数である）、段落内部を統括すると考えられていた。しかし「中核文」とは原文から「導きだせる一文」で、文章の言語的形態と意味内容から理解される文段の中心的な内容を持ち、文段はその統括力の及ぶ範囲として決定される。さらにこれは文段の内容をまとめる一方で、文段の機能も示す。

　文段の中からこのような内容の一文を析出することは、潜在的中核文の存在を認めることで可能になることであり、これはその出現位置や、特定の一文を取り出せない場合の解決策となる。また、原文中の一文をトピックセンテンスとして析出する方法では、各センテンスの相互関係の「分析」が不可欠であるため、実際的な読みの技法を指導する教育実践への応用には困難が伴うが、叙述内容から中核文を作成するという作業を導入することで、現実的な読みにも対応できる。

　本研究では、以上のようにして成立した文段を文章構造の基礎単位として用いるが、ここで、文章構造分析の上で文法論がどこまで有効かという議論に対する姿勢を示しておきたい。これについては、「複雑で困難な問題」とする金岡(1989)や、「文法論を完全に立てることができる」と考える永野(1972)、「部分的に条件付きで肯定する立場」をとる市川(1978)など、様々な立場が見られるが、本研究では、文章分析と文法論の関係について次のように考える。

① 基本的に連文までは文法論を準用することができる。
② 文段は中核文によって決定されるが、それには文法論（接続詞等）を準用する部分と、文法論を越えたレベル（反復・意味レベルなど）とが併用される。構造を考える上では、意味的な内容把握が肝要となる。
③ 段の配列や統括などの構造を捉える上では、テクスト分析の手法を中心とし、一部、文法論も参考にするが、「意味」を重視する立場をとる。

　これは、文章分析において文法論を準用しつつも意味レベルに着目する手法で、市川説に近い立場である[注10]。一般的に「文法」とは形態を伴うものであり、文章分析の中で利用した場合、その範疇では解決されない部分が残るため、それは

6. 説明文における「中核文」の認定

言語の持つ「意味」によってカバーする。説明文は伝達を中心とする客観性の高いジャンルであるため、こういった「意味レベル」に関する議論も客観的に進めることが可能だと思われる。

さて中核文認定の予測段階では、まずそれが含まれる文段の機能や種類に関しての予測が必要となる。本章では以下、これらについて議論を行う。

まず、文段の機能についての先行研究を簡単にまとめておく。文章構造と段落との関係においては、統括機能を有する段が存在する位置と全体の段落数から、文章構造のパターンが論じられることが多い（塚原1966、市川1978など）。また段は文章中の位置によってその機能が異なる（佐久間1994bなど）が、冒頭や末尾がしばしば統括の機能を持つなど、文章中の位置と機能は密接なかかわりを持つ。そこで本研究では、文段の機能についてこれらの先行研究をふまえ、予測段階として極めて客観的かつ簡単に判断が可能な文章内における段の「位置」から、「開始・終結・展開・転換」の4機能を設定する。

次に文段の持つ具体的な内容（文段の種類）についての研究は、広く段落の種類を研究したもの（佐久間1987bなど）の他に、説明文の段落の種類の研究（森岡1965, Decker 1974）などが見られ、たとえば森岡（1965）では、説明や論証の文章の段落の整え方として、「定義・実例・類推・比較・対照・列挙と概括・繰り返し・消去法・原因と結果」といった詳細なタイプ分けを提示している。

またGraesser & Goodman（1985）では、Decker（1974）の「説明文（expository text）における文章の修辞」として、以下の10種類がまとめられている。この分類には個々の項目に含まれる要素の重複や、配列の概念の混入といった検討の余地もあるが、説明文の段落の種類として応用が可能な類型である。

説明文における文章の修辞（Decker 1974）

1. classification
2. comparison and contrast
3. illustration and concretizing
4. analogies
5. process analysis
6. cause/effect analysis
7. definition
8. induction/deduction
9. description
10. embedded narratives

以上を参考にした上で、中核文認定の予測段階における文段の種類、すなわち読解作業を開始する時点での大まかな文段の種類の判別として、抽象的な３分類を立てる。それは、説明文の叙述内容を大きく「事柄」、「説明・解説」、「意見」と分類するものである。これは、説明文の内容が、「事実」（森岡（1965）の「実例」、Decker（1974）の３, ９など）と、その理解を助けるための「説明・解説」から成立しているとする考えに基づくものである。よって「意見」（森岡（1965）の「類推」、Decker（1974）の４など）は説明文の中でも書き手が強い主張を唱えた場合にのみ生じるといえ、説明文の文段は前二者を中心に構成されると予想される。さらに、この文段の種類は、説明文中に見られる代表的な内容のパタンとして、６つに下位分類され、予測段階における文段の種類は、以下のようにまとめられる。

〈図表６－３：予測段階における文段の種類〉

```
［事柄］
　主要話題提示：新たな話題（文章全体を貫く主要な話題）を提示する。
　関係話題提示：前述の話題に対して関係を持つ話題を提示する。
［説明・解説］
　事柄説明：事柄を論理的に分析したり、問題点を解明したりする。
　結論：事柄から最終的に言えることをまとめ、整理する。
［意見］
　主張：書き手の見解や提言を述べる。
　予測：書き手の類推や見込みを述べる。
```

　上記は中核文認定の予測段階での種類であるため、中核文決定後に文章構造を考える際に比べて抽象的分類となっている。文章の全体構造はこの予想を起点として導き出されるが、これらの文段の機能や種類を予測することによって中核文の内容が定まっていく。なぜなら中核文は文段の中心的内容を持っており、文段の機能や種類は中核文自身に反映されるからである。もちろん中核文認定の具体的指標を検討する段階でも、文段の機能は有効に働く[注11]。

　以上、中核文認定の予測段階の文段に関わる事項について考えてきたが、これは一字下げの形式段落を便宜的に援用しながら論の流れをたどるもので、全体構造をつかむための準備となる。次節では、これに続く中核文自身が持つ機能の予

測について考えていきたい。

6．3．2．中核文が持つ抽象的な機能

　中核文の「機能」は前節で見た「文段の機能」や「文段の種類」とも関係するが、これを考えることによって、認定段階の作業を円滑に進めることが可能となる。先行研究においては、トピックセンテンスの一般的な機能として、Gorrell & Laird（1967）が、「移行を示す」、「パラグラフの組織を示す」、「トピックを示す」の三点を掲げているが、これらの中で前二者は副次的機能と認められ、最後の「トピックを示す」機能が中心的機能であるといえよう。

　野村（1987）は、日本語の文章のトピックセンテンスの機能として

①パラグラフの話題を提示する機能
②パラグラフを開始または終了させる機能
③パラグラフの論述観点を指定する機能
④パラグラフの構造を指定する機能

の四点を挙げているが、やはり①を主要な機能としている。

　そこで本研究では、中核文が持つ抽象的な機能を考えるに当たり、この中心的な機能の精密化を行いたい。中核文は、段内の話題や構造を決定するといった文段内部における前述の中心的機能に相当するものと、文段の外へ働く前述の副次的機能とを併せ持つ。各々はミクロ、マクロと逆の方向へ向けて働く機能だが、両者は密接に関係している。そして、前者は中核文自身の性質を表す主要機能であるが、後者は文段と強く結びつき、中核文が文章構造把握の手段の一部であることを示す、予測段階においては「文段の機能」に重ねられる機能であると考える。以上から、本研究では、前者の機能を「文段内容提示機能」と呼び、まずはこの機能に特化して議論していきたい。

　中核文の「文段内容提示機能」は、文段の統括と深く関わるが、これについては、市川（1978）の「文章統括の仕方」の分類が参考になる[注12]。これは文章全体における統括の分類だが、中核文が行う統括に応用することが可能である。それは文章全体が、内容の統括によって意味のまとまりとしての統一体を形成して

いることと同様、文段という文集合も、中核文によって統一体を成していると考えられるためである。但し、本研究の対象である説明文というジャンルの特性をふまえ、「事柄」、「意見」、「説明」といった文段の種類を基本として整理をし直す必要があるだろう。また、文段内部という小さい単位に関する項目という点で、具体的な叙述内容に沿って認定を行うといった、大きな単位である文章とは異なる側面も考えられる。以下では、市川（1978）の「文章の統括の仕方」を応用して、予測段階での中核文の抽象的機能に関わる項目を示したい。

〈図表6－4：中核文の文段内容提示機能に関わる項目〉

中核文の文段内容提示機能 （中核文の中心的機能）	具体的な叙述内容例	文段の種類
［A求心的な統括を行うタイプ］	①主要な題材・話題 ②要旨・あら筋・筋書き ③主題・結論 ④提案	事柄 説明・解説 説明・解説 意見
［B周辺的な統括を行うタイプ］	⑤本題対比・関連事項 ⑥筆者の意向・立場	事柄 意見

　これは具体的な叙述内容に基づいた中核文の抽象的機能（中心的機能）の分類である。文章全体から見た文段の相互関係において強い力を発揮するのは［A求心的な統括を行うタイプ］で、中核文の具体的な叙述内容として掲げた①～④は、それぞれ「①：事柄　②・③：説明・解説　④：意見」といった文段の種類と対応する。一方の［B周辺的な統括を行うタイプ］は、内容の橋渡しのような働きを担う文段の中核文に多く見られる。

　次にマクロといった文段の外の方向に働く中核文の副次的機能についてだが、これは前述のように、前節で述べた文段の機能と重なり、「開始・展開・転換・終結」を考えることができる。予測段階においてこれらは主に文章全体から見た中核文の位置を根拠として考えられるが、特に「展開」の機能については、その他の機能に比べて極めて多様な内容と在り方が想定される。

　ここまで、前節では文段の機能と種類、本節ではそれをもとにした中核文の文段内容提示機能（中心的機能）及び文段の外へ働く機能（副次的機能）について考えた。これらは次の中核文認定の基礎となる予測段階であり、抽象的内容にとどまるものではあるが、認定における具体的内容に大きく関与するものである。

6. 説明文における「中核文」の認定

本節の終わりに、これらの手順についてまとめを行っておきたい。

〈図表6－5：中核文認定の予測段階における手順の具体的項目〉

［文段の種類と文段の持つ機能に関する予測］
　▼文段の区切れ。
　▼文段の機能（開始機能・終結機能・展開機能・転換機能）
　　文段の種類（事柄・説明・解説・意見）
　　↓
［中核文が持つ機能に関する予測］
　▼潜在型か顕在型か。
　▼中心的機能：文段内容提示機能は次のいずれか。
　　　A求心的な統括を行うタイプ：
　　　　主要な話題・題材、要旨・あら筋、主題・結論、提案
　　　B周辺的な統括を行うタイプ：
　　　　本題対比・関連事項、筆者の意向・立場
　　　中核文の具体的内容例と文段の種類との関連も参考とする。
　▼副次的機能：文段外部へ働く機能は次のいずれか（「文段の機能」と重なる）。
　　開始機能・終結機能・展開機能・転換機能

　これらの予測段階における抽象的事項は、中核文の全体像を明らかにし、具体的な内容認定を進めるための基盤として不可欠なものである。次節からは、中核文認定の具体的な手がかりについて考えていきたい。

6．4．中核文認定の認定段階に関する項目

　本節では、中核文の認定段階に用いる指標（図表6－2参照）の項目に関して論じていきたい。具体的項目は以下の通りである。

中核文の認定に関する指標
　〈形態的指標〉　a 文型・キーワード・接続表現等
　　　　　　　　b 反復表現
　　　　　　　　c 提題表現と叙述表現（文末表現・モダリティ等）
　　　　　　　　d 指示語
　〈意味的指標〉　e 叙述の方法

これらの項目について、まず「ａ文型・キーワード・接続表現等」は、中核文の性質を予め規定した上で、それぞれの具体的な叙述方法を探る。中核文の性質は、前節でみた予測段階における「文段の種類」や「中核文の文段内容提示機能」の具体的叙述内容と関係するが、ここでは認定段階の各指標に特有に見られる具体的な叙述をもとに整理を行う。これは、予測段階での議論は抽象性が高いのに比べ、認定段階ではより具体化が図られるためである。

　また「ｃ叙述表現」は、特に文末表現やモダリティといった小さい表現単位を扱うが、文段の性質を端的に表すことから、予測段階で立てた「文段の種類」をもとに、その具体的表現について検討する。

　読みの過程では、「予測」と「認定」が繰り返されているため、この認定段階の具体的指標も、予測段階にフィードバックされながら読解が進められる。〈図表６－２〉の手順においても、「予測段階」の作業と、文章内容に即して実際に中核文を作成していく「認定段階」の作業は、読み手の頭の中で頻繁に相互移動を繰り返すといったメカニズムによって進められるのである。

〈形態的指標〉
６．４．１．中核文の性質と文型・キーワード

　中核文には、文段内部と文段外部とへ働く機能が存在し、両者を組み合わせることでミクロとマクロの両面からその実体を明らかにすることが可能となる。

　以下では、これらの機能をもとに説明文の内容から中核文の性質を設定し、各項目と関係の深い文型やキーワードについて具体的にまとめていきたい。従来の研究では、トピックセンテンスやkey sentenceに関しては、その性質や例が列挙されていても、内容的な整理が不十分であったために、構造的な読みにむけての応用性が低いといった問題があった。そこで本研究では、「読み」の過程における中核文作成の精密度を高め、加えてその簡便化を図るため、説明文のジャンルにおける中核文の性質ごとに、実際に出現する表現類型をまとめる。読解作業においては、これらの表現類型が中核文認定の手がかりとなると同時に、その性質を帰納的に把握することにも役立つ。

　先行研究における中心文の性質としては、次に挙げるようなものが代表的である。

6. 説明文における「中核文」の認定

平井（1970）による中心文の性質

    1．その段落で取り上げる話題を単に予告。

    2．その段落の内容の概括。

    3．その段落の内容のこまかな予告。

    4．修辞法的な疑問文。

    5．（段落の終わりに出され）その段落の要約。

    6．中心文を示していないことがある。

樺島（1983）によるキーセンテンスのリスト

    1．内容をまとめて述べる文。

    2．問題提起と結論を含む文。

    3．筆者の意見を表明したり、他に対する要望を表したりする文。

    4．定義・命名を行う文。

    5．例示の「例えば」などの表現の直前に何についての例示かを示す重要な文がある。

　さらに、樺島（1983）では、説明文から抜き出したキーセンテンスの例として、「仮説提示、導入、理由、原因説明、疑問提示、意義を説く」等の項目を挙げている。

　これらに共通の着眼点としては、「内容の概括・要約・まとめ」、「問題提起・疑問文」があるが、平井説に指摘される「予告」は「概括」に含まれるケースがあり、樺島説の「定義・命名」は説明を完了した上での「まとめ」ということもできる。また樺島説の「例示」は、説明文における説明の作業が含まれる。以上から、説明文における中核文のあり方をその性質から類型化すると、次のようになる。

〈図表6－6：説明文の中核文の性質と具体例〉

中核文の性質	具 体 例
内容をまとめる	概要要約（冒頭＝予告、結尾＝概括）・意図表示・場面設定・主題提示
問題提起	問題提起・疑問提示
例示・解説	理由説明・説明解説・例示・引用・伝聞
結論・結果	結論（解答）表明・定義・命名
意見表明	意見表明・評価・希望・提案

　a～eの項目は、説明文の叙述内容をふまえて立てた中核文の性質であるが、これらが予告段階で考えた中心的機能である「文段内容提示機能」とどういった相関関係を持つかについてふれておきたい。大まかにいうと、「内容をまとめる」「問題提起」「結論・結果」は［A求心的な統括を行うタイプ］、「例示・解説」「意見表現」は［B周辺的な統括を行うタイプ］が多い。また〈図表6－6〉は、実際の叙述をもとに立てた類型であるため、中核文認定のstrategyとして、定型化した言い回し（文型・キーワードなど）として析出することが可能である。

　教育の実践を見据えて、特定のジャンルに関する語彙の機能を言語学的に論じた先行研究は、あまり行われていない。先行研究の中で、大西（1990）、森田（1988）は説明文のジャンルに限定した研究であるが、国語教育での効果的な指導法という実践的アプローチという性格が強い。

　以下では〈図表6－6〉に示した「中核文の性質」ごとに、その後の文章展開を予想させ、中核文把握に有効な語彙的指標を挙げていきたい。

〈「中核文の性質」を示す説明文に頻出する文型・キーワード〉
内容をまとめる（概要要約・意図表示・場面設定・主題提示）
　▼文段末尾で内容を概括する型（「結論・結果」とも共通）
　　「まとめると（つまり、要するに、結局）」といった表現がキーワードとなる。
　▼文段冒頭で内容を概括する型
　　冒頭文で文章内容の大枠を述べ、以下にその説明をするパタン[注13]。この型では、一つの段落が一文で構成される「一段落一文構成」も多い。説明文では、

6. 説明文における「中核文」の認定

いくつかの事項を提示して比較対照を行いながら展開するケースがあるが、この文型は以下にどういった項目・内容がくるのかを予告する性質を持つ。

(例文)
・うつ病の症状には大きく「精神症状」と「身体症状」に分けられます。精神症状としては、ゆううつ、不安感、焦燥感などの「抑うつ気分」、頭がさえない、ボーっとする、考えがまとまらないなどの「思考の制止（抑制）」、何をするのも"おっくう"になってしまう「意欲の低下」が中心症状です。身体症状はさまざまですが、ほとんどの人にみられるのが、睡眠障害です。

問題提起
　▼問題提起・疑問提示の型
　　あらゆる文章で出現する形式だが、文章構造から見た役割はジャンルごとに特色が見られる。例えば随筆文では、提起した問題に対する解答を、筆者が読者に暗示したり、読者の楽しみとして類推させたりするため、問題提起は修辞的で文章内に変化を持たせるアクセントとしての役割が強く、論理的な役割を担ってはいない。一方、説明文では、論理的な展開の手段としてこの表現を用い、この後に明確な結論を示すことが前提となっている。
(例文)
・では、サンゴとはいったいどのようなものなのでしょうか。

例示・解説（理由説明・説明解説・例示・引用・伝聞）
　▼理由説明の型
　　提題表現として話題を示し、「〜からです」といった理由説明を叙述表現で行うタイプ。
(例文)
・タイプライターが早くから機械として実現したのは、英語でいえば、たった二十六個のアルファベットという文字の組み合わせで、文を組み立てることが可能だったからです。
　▼説明や解説によって、内容展開を図る型
　　説明文では、テーマをさらに細分化（厳密化）して焦点を絞って議論を進め

ていく形式が見られる。たとえば、「(a1) ですが、(a2) には」と提題表現を示し、その解説を「(b) です」と叙述表現で示す。この場合、(a1) の内容をしぼりこんだ (a2) が提示され、それに関する説明 (b) が展開されるといった、(a1) に関する詳細な情報を述べる時に用いられる。

(例文)
・さて、造礁サンゴですが、全てのサンゴの体内には"褐虫藻"と呼ばれる、動物とも植物ともつかない小さな海草の仲間が共生しています。

　▼例を示す型
　　「たとえば」といったキーワードや、「次のように～した」の形で実験例を示す。
　▼引用・伝聞の型
　　しばしば「～と」という格助詞を伴う他、直後に「思う・考える・言う」といった伝達や思考を表す動詞が出現することが多い。

結果・結論（結論（解答）表明・定義・命名）
　▼結論を提示する型
　　主題を提示し、それに対する判断を示す文が一般的だが、「結論」、「分かる」といった表現を含むことがしばしばある。また「～は～だ」という判断文もよく用いられる。

(例文)
・結果として、活性酸素などの有害物質により細胞が傷つき、がんが発生、成長してしまったり、細胞が老化してしまうのです。

意見表明（意見表明・評価・希望・提案）
　文章の結尾に登場することが多く、作者の主張を叙述する文型で、「大切・重要」などのキーワードとモダリティ部分とに特徴がある。
　▼意見表明をする型
　　まず、「～は」「～が」によるテーマの提示に続き、「大切・重要・不可欠」などのキーワード、そして「断定の助動詞（だ・です）＋意思・推量の助動詞（う・よう）」で表わされる。

(例文)
・<u>言葉</u>と、<u>経験</u>と、それを通路のような形で結びつけている<u>意味</u>と、この三つのものをしっかりとつかむ<u>能力</u>とは、人間の生活を充実したものにするためのもっとも<u>大切</u>なものの一つといってよい<u>だろう</u>。

上記の他に、文末表現（動詞・助動詞など）にも典型的なパタンが見られ、一種のキーワード的な役割を果たしているといえる。これについては、叙述表現の部分で詳述する。

6．4．2．中核文の性質と接続表現等

文章分析では文の連鎖を把握することが重要だが、その場合、連接や接続から二文の相互関係が論じられることが多い（市川 1978、永野 1986など）。本研究では、この関係は中核文を媒介として文段の相互関係への応用が可能だと考えるが、これについては、中核文決定後の検討項目とする。

そこで本節では、中核文認定に関わる接続表現について、中核文の性質を中心に論じていく。接続表現は文脈展開の鍵となり、中核文の内容や性質と関係を持つ。ここではそうした接続表現をキーワードとして着目したい。

樺島（1983）では「文脈の切れつづきを示すキーワード」として「まず」、「次に」、「それから」、「つまり」、「要するに」、「まとめていえば」、「結局」、「要約すると」、「すなわち」等の接続表現が列挙されているが、このように文脈の切れ続きの指標としての接続詞に注目することは、文の相互関係の把握に役立つ。これを応用して、中核文認定にも接続詞を反映させれば、文段の切れる部分の決定や文段の相互関係を見ることが可能となる。

また文段認定においては、接続表現と叙述内容とが定型化した対応関係を持つことや、それが文段外への機能を端的に示すことにも着目する必要がある。これは、接続詞を含む文の内容が中核文へと発展し、その及ぶ範囲によって文段の分節点が決定され、さらには文章のマクロ構造の明示につながるためである。

以下では、前節でまとめた中核文の性質ごとに、典型的に見られる接続表現を挙げたい。またここではこれに加えて、文頭などに登場してキーワード的役割を果たす「副詞」や「疑問詞」もとりあげる。

内容をまとめる（内容概説・意図表示・場面設定・主題表示）
　ある内容を提示した上で新しい話題を提供したり、別の内容へと転換していく型で、文の転換を示す接続詞である「それでは」「ところで」等が用いられる。
　▼内容転換によく見られる表現
（例文）
・造礁サンゴの石灰質の骨格が作られたり、成長したりするためには、まず褐虫藻の十分な光合成を助ける日光、つまり太陽光線が必要となります。こうしたことから、日差しの強い熱帯の、透明度の高い海中では、太陽光線の届く、水深670メートルにまで、造礁サンゴが生育します。逆に海水が濁っている所や、日差しの弱い高緯度の海域では、造礁サンゴの生育は水深数メートルまでです。それでは、太陽光線が充分に得られる所であれば、どこの海でも造礁サンゴが生育し、サンゴ礁が発達するかというと、必ずしもそうではありません。

問題提起
　疑問詞「どうして」「なぜ」「どのように」等や、疑問の終助詞「〜か」といった表現がキーワードとなる。
　▼疑問・問題提起の表現
（例文）
・ストレス（正確にはストレッサー）には、人間関係のような精神的ストレスや長時間労働のような身体的ストレス、また騒音のような環境的ストレスなどさまざまなものがあります。しかし、結果として生じるストレスは、すべて似た心身の症状を示します。これはなぜでしょうか。

例示・解説（理由説明・説明解説・例示・引用・伝聞）
　説明文の中核文は大部分が潜在型であるが、「例示」を行う場合は形態的指標として「例えば」で始まる文が多い。さらに「例えば」の直前のセンテンスは、これから例示して説明しようとすることをまとめている点で、要約的な中核文を認定するのに有効である。
　▼例を示す表現
　「例えば」をキーワードとした文が典型的である。

6. 説明文における「中核文」の認定

（例文）
- 言葉を身につけるための営み、すなわち言葉の修得はものごころついたころから早速始まる。例えば、一人の幼児は道でワンワンとなく動物を見かける。
- それはパンの需要量がパンの価格にどのように依存しているかを示しています。たとえば、パンの価格がp1ならば、パンの需要量はx1に決まり、パンの価格がそれよりも低いp2ならば、需要量はx2に増加するというぐあいに。

　▼ものごとを順序立てて説明していく場合に見られる表現
　　複数の説明事項を論理的に並べていく型で、接続詞「まず」、「次に」、「それから」等、副詞「第一に、第二に」等が用いられることが多い。
（例文）
- まず第一の段階は物質を分離して精製することである。…第二の段階は沸点、融点および溶解性のような性質を確かめることである。…第三の段階は、物質に含まれている原子の種類を決定することである。

結果・結論（結論（解答）表明・定義・命名）
　▼今までの叙述から導き出される解答を述べる表現
　　接続詞「つまり」、「すなわち」といった表現がキーワードとなる。
（例文）
- 体には「スイッチオフ」にする装置も備わっています。それが副交感神経です。こちらはリラックスするための神経系で、副交感神経が働くと、体から緊張が解け、ストレス状態から解放されます。（中略）つまり、自律神経の興奮状態を適度に抑え、副交感神経を働かせて心身のスイッチオフ状態を作り上げることが、ストレスの解消につながるのです。

意見表明（意見表明・評価・希望・提案）
　論説文で、前提として一般的な意見を提示した後、逆接を伴い筆者が主張を強く述べるという手法が多いことと同様、説明文でも逆接の直後に筆者が特に伝達したい新情報が含まれることが多い。それがしばしば顕在型中核文として認定されたり、潜在型中核文の認定に重要な役割を果たしたりする。

▼前に譲歩の内容を述べ、その後で自己の主張を明確に述べる表現
　接続詞「しかし」、「けれども」、「だが」等の逆接を伴い、直後に重要な情報を示す。

（例文）
・機械というものは、いくら発達しても、指示したとおりには動いてくれますが、それ以上のことはやってくれません。指示をまちがえると、その通りに動いてしまうのが機械の常です。しかし、最近では、機械を人間の感覚に近づけ、あたかも人間を相手にしているかのごとく使えるように改善する努力もなされています。
・もちろん常識は多くの人たちの知識が歴史的に積み重なって形成されたものであるから、多くの正しい要素を含んでいる。しかし誤った要素も含んでいる。

　以上、本節では5種類の中核文の性質ごとに、典型的なキーワードや接続表現の整理を行った。次節では、中核文認定にしばしば重要な役割を果たす反復表現を取り上げる。

6．4．3．反復表現

　反復表現に関する先行研究は多いが、池上（1975）では、反復語句は「結束性」を作り出す語彙的手段であるとし、その具体例として同一語句の反復と関連語句の反復とを挙げ、後者は意味の類似性と近接性に基づくものと規定している。また林（1987）は、言葉の意味分類の中でこの「近接性」について詳細に分析している他、相原（1985）は、「詳述と要約、現象と比喩などの場合は、意味、内容の上では同じことの反復であっても形の上ではかなり違ったものになるであろう」として、反復表現の機能と効果について修辞的側面から詳述している[注14]。

　一方、英文の研究としてHalliday & Hasan（1976）では、類似性の中に対義語が加えられており、Markels（1984b）では"Unity through Recurrence Chain"として、池上（1984）やHalliday & Hasan（1976）と同様、反復語句の中にCohesionの機能を認めている。またSalkie（1995）は、word repetitionがtextの一貫性の保持や、テクスト成立、要旨作成に役立つとしている[注15]。

　本節ではテクストにおける同一反復語句と関連反復語句の両方を扱うが、後者

6. 説明文における「中核文」の認定

の修辞的側面（意味的指標として見る語句の相互関係や叙述レベルの相違）は後節で検討する。ここでは、文章内の関連語句の様相やその集団の働き、相互関係に注目していきたい。

　反復表現に特化した研究である馬場（1986）は、「反復語句」を意味内容によって裏打ちされた表現（言語形態）だと考え、文章の具体性を比較的より強く保持しえる形で取り出せるとして、「主要反復語句系列」と「部分反復語句系列」に分類し、「反復距離」や「区間密度」、「全体密度」に関する分析を行っている。本研究における反復表現の捉え方は基本的にこの説に倣うが、中核文や文段認定の際には、特に「部分反復語句系列」が大きく影響すると予想される。さらに馬場（1989）では、原文の反復語句は要約文に残る可能性が高く、その場合、前後のある範囲の語句を伴うことが多いとしており、これは中核文認定においても参考となる指摘である。つまり、反復表現に深く関わる内容は、中核文に含まれる可能性が高いわけである。

　以下では、反復表現に着目した潜在型中核文認定の証例を示し、反復表現と中核文認定の実際について考察する（あらゆる指標を検討して総合的に中核文を認定していく方法の具体例は後述する）。証例全文は8つの形式段落から成るが、反復表現を手がかりとして析出した中核文から3つの文段に分割することができる。以下、全文を示すが、各文頭の数字は文番号である。

〈証例〉「ふき漆の器」（『三省堂　現代の国語1』1997年版より）
　①ふとした不注意で手足に傷をしたとする。②すると、血が出る。③血はまもなく止まって固まり、あとにかさぶたができて治るまで傷口を保護してくれる。④人間の体の、それはまことによくできたしかけだと、いつも感心してしまうのだが、ある種の木は人間とおなじようなやり方で幹の傷口を自力で治してしまう。⑤松が松やにを出して傷口を守ることをぼくらは見て知っている。⑥一番上手に傷口の手当をする木は漆で、漆は乳白の樹液を出して傷口を守る。⑦山の空気と、林のむせるような湿気にあうと漆の乳白の樹液は、たちまち乾いて硬いかさぶたになる。⑧漆のかさぶたはものすごく接着力が強く、容易なことでははがれない。
　⑨漆の木が傷口の治療のために出す樹液は、空気にふれると自然に固まる天然の接着剤である。⑩このことを本能的に心得ていたのはなんと山のアシナガバチ

で、ハチはそうと知っていて巣作りに漆の樹液を使うのだ。11軒先に、下向きに下がっているハチの巣の付け根の部分をよく注意して見ると、巣の柄と柄が野地板にくっついている部分が真っ黒で、確かにそれが漆でできていることがわかる。12巣はしっかりと軒に接着されていて、子供らが棒でつついたくらいでは決して落ちない。13秋の台風にあってもびくともしない。14漆で接着してあるからだ。15ハチは山に飛んで行って漆の枝に傷をつけ、樹液を口で運んでは巣を作る。

16山のアシナガバチに教わったのか、あるいはまた自分で発見したのか、縄文の昔から日本人は漆が接着剤と塗料に使えることを知っていたようだ。17その証拠に、漆で紋様を描いた縄文の土器が、遺跡から出土している。18物を大事に使った明治の人間は、割れた茶わんを漆でついで使い続けたし、もっと昔、日本人が普段の生活に瀬戸物を使えず、もっぱら木の茶わんで食事をしていた時代には、木器の表面に漆をすりこんで、水に弱い木の器を水にも強い器に仕立てて用を足すのが習わしだった。

19漆の樹液をすりむくと木の器が丈夫で長持ちするのは、思えばごく自然なことなのである。20人間がアシナガバチと漆の木から教わった知恵なのである。

21今輪島塗などで有名な本格的な漆器は、よく枯らした木器に十数回も漆を塗り重ねて仕上げてある。22朱色のわんは最後にひと塗り、朱を混ぜた漆をはけで塗って仕上げるのだが、一方、昔ながらの素朴なやり方で木器に生の漆を吸わせて作る方法が今も日本各地に残っていて、器を作る人たちはその技法を「ふき漆」と呼んでいる。

23朱色に塗り上げた本格の漆器と違って、ふき漆のわんや盆にはなんともいえない親しみがある。24数回塗り重ねた漆の塗膜の底から美しい木目が浮いて見えて、まさに木の器だ、日本のものだといった感じで、普段使いの器の気安さがあって捨てがたい。25ふき漆のものはひどく丈夫で、塗り重ねた漆器のようにはげる心配がない。26価格も手頃で買いやすい。

27漆の歴史は極めて古い。28おそらく、人類が発見した最初の塗料で最古の接着剤なのだろう。29漆には耐酸性と耐アルカリ性がある。30その上、ガラスも溶かしてしまうあのフッ素にも耐える強靭な性質をも併せ持っている。31全くすばらしい塗料だ。

32それがなんと、あの山の漆の木が自分の傷口を治すために出す樹液なのであ

6. 説明文における「中核文」の認定

る。33全く自然の知恵には頭が下がる。

〈図表6－7：「ふき漆の器」文段第一段の反復表現〉

文番号	反復表現
1	傷
2	血
3	傷口　　血
4	傷口　　　　　木
5	傷口　　　　　松
6	傷口　①　　　木　　漆
7	漆　硬い　　　　　　④
8	漆　強く　　はがれない
9	木　漆　固まる　接着剤
10	アシナガバチ　　巣　漆
11	ハチ　　　　　　巣　漆　　くっついている
12	巣　　　　落ちない
13	②　　　　　　　　　　　びくともしない
14	漆　　接着
15	ハチ　　　　　　巣　漆
16	アシナガバチ　　　　漆　　　　　　　接着剤　日本人
17	漆　　　　　　　　　　　　　　③
18	漆　強い　ついで　　　　　日本人　人間
19	漆　丈夫　長持ち
20	アシナガバチ　　　　漆　　　　　　　　　　　　　　　　人間

「ふき漆の器」の文段第一段は、文1～20の3つの形式段落から成ると考えられ、これは「漆」と「ハチ」に関する叙述が切れる部分までである。同一反復表現で「主要反復語句系列」にあたる「漆」という語が見られるが、これはこの段のテーマと考えられ、中核文の提題表現となる。叙述表現については、もう一つの主要反復語句系列を形成する④「硬い・丈夫だ」といった形容詞の集団が注目される。その他の「部分反復語句系列」は、①「傷・傷口・血」②「アシナガバ

119

チ・ハチ・巣」③「日本人・人間」と三つの集合にまとめられ、各集合は類似性もしくは近接性で繋がりを持ってクラスターを形成している。「①傷」と「②ハチ」はテーマ「漆」を媒介として結びついており、「②ハチ」と「③人間」は、並列した対照的な要素として叙述されている。また①の終了、③の開始のセンテンスは、書き手の側で設定した一字下げ形式段落の分断点と全く一致する。本研究でそれら三つの形式段落を一つの文段にまとめたもう一つの理由は、「漆」というテーマの叙述表現である④「硬い・丈夫だ」という集団内の結束性を重視したためである。一般に叙述表現は新情報を担うことが多いため、説明文の内容としても重要である。提題表現である「漆」はこの後も継続して登場し、文段の分節点を決定する指標とはなり得ないが、叙述表現は文段内の結束性と分断点の双方を示す役割を果たしているわけである。反復表現による段落の分断は、叙述表現によって明確に現れることが多く、これは叙述表現の持つ統括力の強さを表しているといえよう。加えて、「漆」、「ハチ」という提題表現が同一語句で反復されているのに対し、④「硬い、丈夫だ」という叙述表現は、意味的に同じである多様な表現として反復されていることにも注意したい。

＊第一段の中核文（例）
　漆の樹液は非常に強い接着力を持つため、ハチは巣作りに利用するが、日本人も古くからその丈夫さを利用し、漆を木器にすりこんで活用してきた。

次に「ふき漆の器」の文段第二段・第三段に関する分析を行う。

6. 説明文における「中核文」の認定

〈図表6－8：「ふき漆の器」文段第二段・第三段落の反復表現〉

文番号	反復表現
21	漆　漆器　　　木器
22	漆　　　　わん 木器　ふき漆
23	漆器　　　　　　ふき漆　親しみ　　　⑧
24	漆　　　　　　木の器　　⑥　普段使い　気安さ
25	漆器　　　　⑦　　ふき漆　　　　　　　　　丈夫
26	買いやすい 手頃　　⑨
27	漆　　　　　古い　　　　　　　　　　　　　　　耐える
28	最古
29	漆　　　　　⑪　　　　　　　　　　　　　　　耐酸性・耐アルカリ
30	強靭
31	素晴らしい
32	漆　　　　　　　　　　　　　　　　⑩
33	⑤　　　　　　　　　　　　　　頭が下がる

　まず「同一反復語句系列」としては、⑤「漆」、⑥「ふき漆」という表現がある。前者は第一段から継続しているが、後者はここで初めて登場する。説明文は「読み手に未知の情報を伝達する」文章であるが、この「ふき漆」という語は日常語彙には含まれない特殊な語であるため、「ふき漆」の性質や特徴に関して説明する段落が存在すると予想される。またこの語は⑦「漆器・木器」の反復語句系列と同一の箇所に登場しており、⑥と⑦は内容的に強い関連を持っている。その叙述部分が「関連反復語句系列」を成す⑧「親しみ・気安さ」に代表される集団といえる。さらに⑨「丈夫・耐える」という表現は、「ふき漆」という提題表現に対する叙述表現であると共に、「親しみ→ふだん使い→丈夫」という連想（近接関係）が可能であることから、⑧と⑨も近い関係を成すことが分かる。「ふき漆」という「同一反復語句」が切れる第27文からが最終段落となる。ここでは⑨〜⑪の「関連反復語句系列」が見られたが、⑨「丈夫・耐える」と⑩「すばらしい・頭が下がる」は相互に「理由と結論」の関係で強く結びつく叙述表現であると考えられる。

＊第二段・第三段の中核文（例）
・昔ながらのふき漆は、親しみがあり、丈夫でしかも手頃な値段で手に入れることができる。
・漆は古い歴史と強靭な性質を持つ素晴らしい塗料であり、こうした自然の知恵には頭が下がる思いである。

以上から、反復表現と中核文との関係については、次のようなことが結論づけられる。

1　説明文においては、話題として（文章全体に）「同一反復語句系列」が存在する。これは中核文に直接関連することは少ないが、意味論的に中核文認定に影響を及ぼす場合もある。
2　文集団の内容は、叙述表現にあたる「関連語句反復系列」によってまとめられる。またこの反復系列のクラスターが複数見られて、相互に論理的な関係を成すケースも多く、中核文認定の際には注意が必要である。
3　説明文の中心的な役割は新情報の伝達であることから、一般の読み手にとっての未知の表現の反復は、文章の結束性や展開を見る上で有効な手がかりとなる。

本節では、関連表現も反復として論じたが、後節では、意味的指標としての「関連」について詳説する。また本節では意味内容が「関連」によってひとくくりにできる要素をクラスターとして扱ったが、クラスター内の表現の相互関係については、表現の意味レベルの項（「6.4.6.中核文認定の意味レベルについて」）で体系的に論じたい。

6.4.4. 提題表現と叙述表現

　提題表現と叙述表現に関しては、説明文のジャンル規定において、提題表現の省略が少ないことや、ヲ・ガ・ニ格の重要性、それに絡む斜格から直格への相互連鎖や移行を指摘したが、本節では中核文認定という面から考察を行いたい。そこでまず、提題表現と叙述表現の両表現を総合的に捉えて意味の連鎖をたどるこ

との重要性について述べた後、特に叙述表現の形態的特徴が中核文認定と関わる部分について、文段の性質と関連させながら論じていくことにする。

　提題表現は、文段のテーマを探る上で有効な手段であるが、文章構造を精密に捉えるためには、叙述表現も組み合わせて取り扱うべきである。日本語の提題表現の規定について、「ガ」と「ハ」をめぐる問題があるのは前述のとおりであるが、テクストという枠組みから捉えた様々な他の格の役割との関係については、考察の余地が残されている。一方、叙述表現は、新情報を担う部分として説明文では着目すべき要素で、結束性や中核文の認定とも深く関連するものだといえる[注16]。

6．4．4．1．提題表現の意味的な連鎖について

　国語教育では、改行一字下げによる「形式段落」と、それが一つ以上集まって意味のまとまりを示す「意味段落」とが設定されているが、国語教材の文章においては両者が一致することが多いため、読み手と書き手が見解を共有する段落（意味のまとまり）を設定することは比較的容易である。しかし一般的な文章では、必ずしも改行による段落が意味内容のまとまりや区切れを示しているとは言い切れない。そこで本研究では、中核文を持つ文集合を「文段」とし、中核文によって意味内容のまとまりである文段が設定されるものと考える。

　中核文認定において提題表現と叙述表現を考える場合、まず、前者は反復や省略と強い関わりを持っていることに注意する必要がある。なぜなら前節で論じたように、反復の様相からしばしば中核文の提題表現となる内容は取り出しが可能であり、そこから話題の転換を読みとることもできるからである。そして、これは叙述表現と呼応しながら意味的な連鎖を成し、中核文認定を通じて文段の切れ続きを示す指標となる。

　提題表現については、三上（1975）や永野（1986）による研究があるが、三上が「ハ」を中心に「提題表現」を定義している一方、永野が「ガ」も含め極めて広く「提題表現」としての機能を認めるなど、見解に隔たりがある[注17]。特に意味内容の展開を検討するテクスト分析においては、形態的要素のみを根拠とした提題表現の抜き出しには限界がある。また全ての提題表現を取り出して連鎖をたどることにより文段認定を行う場合、提題表現の含まれない文をどう扱うかなど、

厳密な規定を予め行っておく必要がある。こういった方法は、研究作業において
は有効な手法であるが、一般の読み手によって行われる中核文認定に関しては、
反復を手掛かりにする方法のほうが実際的であるといえる。反復を利用した提題
表現の観察は文型からの厳密なアプローチに比べ、緩い枠組みから中核文のテー
マを取り出すことになるが、言語教育への応用や実用を優先する場合、実際的な
手法である。そしてこのように捉えた提題表現の連鎖に、叙述表現の論理展開を
加えることで、文段の意味内容の把握は正確さを増すことができる。そこで次に、
説明文の文脈で特徴的な役割を果たす叙述表現について考えていきたい。

6．4．4．2．叙述表現内の文末表現・モダリティ

　佐久間（1983）は、「読み手の段落区分の目安」としての「内容や論理展開面の
距離と連関を示す各種の言語形態」の中に「文末の表現意図を示す言語形式」を含
めており、野村（1987）では、「パラグラフを直接に操作する機能を担う表現」の
一つとして、「パラグラフを開始または終了させる機能」を挙げ、この機能を直接
担う述語動詞の意味と文末形式を列挙している。ある種の文末形式が文段の分断点
を示すことは大いに予想されるが、そういった言語形態を含む文が文段の内容をま
とめると同時にその言語形態自身が文段の内容を提示することも少なくない。ここ
から、こうした言語形式が中核文に含まれる可能性は大きいといえる。

　野村（1987）の述語動詞は、パラグラフの分節点のシグナルという観点から列
挙されているが、中核文の内容がしばしば文段の冒頭や末尾に現れることから、
これらの表現を含んだセンテンスは注目する必要がある。これらの「パラグラフ
を開始または終了させる」動詞群は、中核文認定においてキーワード的な役割を
果たすと考えられるが、本節では、文章全体における中核文の位置づけに応用し、
文段の種類や機能との関係から、以下、野村説を参考に議論を進めていく。

野村（1987）におけるパラグラフを開始または終了させる動詞
　・パラグラフを開始させるもの
　　思考・観察動詞：考える・取り上げる・あげる・しめす・比較する・整理す
　　　　　　　　　　る・調べる・検討する・さぐる・たどる・おう・ふりかえ
　　　　　　　　　　る・みる・注目する

6.　説明文における「中核文」の認定

　　　言語行為　　　：述べる・説明する・しるす・書く・要約する・紹介する・
　　　　　　　　　　　する・ふれる
　　　抽象的行為　　：はじめる・はいる・うつる・うつす・すすむ・すすめる・
　　　　　　　　　　　もどる・もどす
　・パラグラフを終了させるもの
　　　　　おえる・おわる

　上の動詞群において、「パラグラフを開始させるもの」の中の「思考・観察動詞」と「言語行為」は文段の内容、すなわち書き手がパラグラフの中でどういった叙述を行うかについて明言しているのに対し、「抽象的行為」、及び「パラグラフを終了させるもの」は文段を始めたり終えたりする機能と共に、文段自体の機能を示している。野村（1987）はこの他に、「パラグラフの構造を指定する機能」を示す動詞として、述語動詞「たどる、比較する、列記する」等を挙げるが、このグループは抽象的行為群と同様の機能を果たすと考えられ、本研究における文段の機能と結びつけられる。
　そこでまず、「思考・観察動詞」と「言語行為」の動詞が文段の内容説明を行うという働きに着目し、説明文の「文段の種類」との関係について考えてみたい。これらの動詞は中核文認定のキーワードとして、各々は非常に小さい単位でありながらも、端的に文段の種類を示す。その点で、各動詞は中核文の一部を構成しながらも、「文段の種類」というマクロ的視点からの分類が可能である。「文段の種類」については予測段階で検討したが〈図表6－3参照〉、ここではそれをもとに、叙述表現内に含まれる動詞の特性が明確化するように「行動」という視点で細分化し、認定段階における具体性の高い項目立てを行う。具体的には、予測段階での「文段の種類」である「事柄」・「説明・解説」・「意見」を基に、中核文文末の叙述表現に含まれる動詞の性質（言語行動）として、「叙述・提示」、「分析・疑問」、「解説・仮説」、「判断・評価・主張」の4種類を立てる。これは、予測段階の「文段の種類」を実際に用いられる動詞ごとに整理したもので、書き手がその文段で行う行為を示している。

〈図表6-9:説明文における文段の種類と言語行動、具体的動詞の例〉

文段の種類	言語行動	具体的動詞の例
事柄	叙述・提示	取り上げる、挙げる、示す、する 書く、紹介する、ふれる、いう、聞く等
説明・解説	分析・疑問	考える、みる、注目する、述べる、記す、する、書く等
説明・解説	解説・仮説	考える、比較する、整理する、調べる、さぐる、述べる、たどる、おう、ふれる、記す、書く、説明する、ふりかえる、みる、注目する、検討する、する等
意見	判断・評価・主張	考える、する、要約する、思う、分かる、考える、なる等

次に抽象的行為を示す動詞について考えてみたい。これは文段の機能を示す指標になる。

〈図表6-10:文段の機能とそれを示す動詞例〉

文段の機能	動詞例
開始機能	始める・始まる　など
終結機能	終える・終わる　など
展開機能	進める・進む　など
転換機能	移る・移す・戻る　など

以上のように叙述表現内の動詞は、文段の種類や機能を明らかにするものである。以下では、これらの用言に付く付属語を中心とした文末表現(モダリティ)について考えを進めていきたい。叙述表現内の表現形式は、書き手の態度を示したり、文脈を形成したりする重要な鍵であるが、ここでは説明文の「文段の種類」をもとに、中核文となる内容と共起することが多いモダリティに着目する[注18]。モダリティの定義については意味論の分野でいくつかの見解が見られるが、ここでは、一般的に認められている「文における命題以外の部分」とする。

　益岡(1991)では、命題から遠い順に、モダリティを以下の三つに分類する。

益岡(1991)におけるモダリティの分類
　1．表現系のモダリティ:伝達態度(終助詞)・ていねいさ・表現類型

6．説明文における「中核文」の認定

2．判断系一次的モダリティ：真偽判断（はずだ、ようだ、らしい、だろう）
　　　　　　　　　　　　　　価値判断（ことだ、ものだ）
　　　　　　　　　　　　　　説明（のだ、わけだ）
3．判断系二次的モダリティ：テンス（た）・認め方（ない）など

この中で、中核文の認定と関わるモダリティは1と2である。まず「1．表現系のモダリティ」は文の表現・伝達機能を類型化するもので、一般には「平叙文・疑問文・命令文・感嘆文」などに分けられるが[注19]、説明文のジャンルにおける中核文認定では、疑問型が重要である。また、説明文の中核文に最も大きく関わるのは「2．判断系の一次的モダリティ」で、これは南（1993）における日本語の基本語順では、「提示」に関わる文末表現の最後部にあたる要素である。

南（1993）の基本語順

動詞	（サ）セル （ラ）レル 叙述	ナイ タ（ダ） 判断	ウ・ヨウ ダロウ・マイ 提示	ワなど

さて、これらのモダリティは、〈図表6-9〉で見た思考・観察行為の動詞群と同様に様々な形を見ることができ、中核文認定の指標となる。

〈図表6-11：文段の種類と言語行動、モダリティの関係〉

文段の種類	言語行動	モダリティの例
事柄	叙述・提示	言い切り
説明・意見	分析・疑問・解説・仮説	婉曲・疑問　　〜ではないか。 説明　　　　　のだ。
意見	判断・評価・主張	禁止　　　　　　　〜な。〜いけない。 意見・感想（提案・勧誘） 　　　　　　　　　〜う。よう。ようだ。らしい。まい。 推測・予測・推量　　　〜にちがいない。 当然・必要・義務の表現　〜はず・べき 願望・要望の表現　　　〜たい。

以上、中核文認定における叙述表現の文末部について考察してきた[注20]が、これと絡んで、その目的語となる部分が内容の中心となる場合が多いことを付け加えておきたい。これはつまり、文段の中心的内容を目的格が示す場合があるということである。中核文の文末表現の形態的・意味的特質に表される書き手の行動を通して、該当する文段の種類をつかむことが可能だが、その動詞の補語となるヲ格やニ格で示される内容は、文段の具体的な内容を担うケースが多いと考えられる。

6．4．4．3．叙述表現における「のだ」表現

　益岡（1991）の「判断系一次的モダリティ」では、「真偽判断のモダリティ」がその中心とされているが、本研究で特に注目したいのは、説明文の特徴を含め「5．説明的文章における「のだ」文の機能」で議論した説明のモダリティ「のだ」である。「のだ」とトピックセンテンスとの関係については、野村（1987）に「のだ」文が「パラグラフの最初か最後に表れて、話題を提示しながら統括の働きをする」といった指摘が見られる以外、先行研究ではほとんど論じられていない。

　既に、テクストに見られる「のだ」表現の用法・機能の分類を試みたが、文学的文章の「のだ」表現の役割が単一であったのに比べ、説明的文章では「のだ」に多様な機能が存在していることが明らかになった。特に説明的文章では、「のだ」は筆者のフィルターを通した叙述として、説明という主体的行為がよく表わされ、文段の分節点に登場しやすいという特徴が挙げられる。こうした分析から、説明的文章に多く見られた「のだ」の用法は、次の3種類である。

説明的文章における「のだ」の中心的用法
　1）前述のまとまった内容の要約・まとめを行う帰納的な用法で、文章内容に抽象性や普遍性をもたせる用法。
　2）しばしば「すなわち」、「つまり」などの換言の語を伴って、前述の内容をわかりやすく言い換える解説の用法。
　3）前述の事実から明らかになった結論を提示する用法。

6. 説明文における「中核文」の認定

　これらは、しばしば文段の最初や最後に登場して文段の内容をまとめ、その内容を端的に示すキーワードを含むことも多い。こういった説明文に特有な機能を持つ「のだ」を、6.4.1.で設定した「中核文の性質」をもとに、具体的にまとめていきたい。

① 内容をまとめる「のだ」
　文段の最後の文で登場することが多いこの種の「のだ」は、文段の内容をまとめる役割を持ち、説明文で最も多く用いられる。
(例文)
　・造礁サンゴと褐虫藻は、互いに欠くことのできないパートナーなのです。そのため、造礁サンゴは非造礁サンゴに比べて非常に成長が早いのです。
　・これに対して、サンゴ礁は、先に述べたように、共生する褐虫藻の光合成により、一平方メートル当たり年間四・三キログラムもの二酸化炭素を減らしているのです。

　文段の切れ目に登場して前述の内容をまとめる要約の「のだ」には、次のような「一般論としての抽象性・普遍性」を示してまとめを行うものもある。
(例文)
　・心がそれだけ貧しくなっているということになるのである。
　・実は、ワープロは表面的には日本語をとてもよく知っているようで、ある意味では日本語を全く知らない機械だともいえるのです。

②例示・解説を行う「のだ」(1)(説明・解説)
　従属節の中に登場する「のだ」は、しばしば「言い換え」の機能を持ち、前述の内容を分かりやすく説明・解説する。この派生的な用法として、前述の内容全体を改めて捉え直す、見方を変えて言い直す、さらにそれを「強調する」といった用法（例：「AではなくてBなのだ。」「Aである。しかし（実は）Bなのだ。」）がある。これは、中核文認定に関わる用法と言える。
(例文)
　・しかし、それは人間ではなく、あくまでも０・１信号の飛び交う電子回路の固まりなのです。

129

- じつは青年期に本当の自己を形成できないままで、おとなになっている人も少なくない。その意味で本当の自己の形成は人間の一生を通じての課題であるともいえる。しかし固定観念にとらわれずに、自由に考えることのできる青年期こそ、本当の自己を形成するようにつとめるのに、最も適した時期<u>なのである</u>。

この用法も内容をまとめ、文段の結尾に表れることが多いが、野村（1987）では、段落の冒頭にも登場することがあると指摘されている。これは文段の冒頭にまとめを行う①の用法の変形、すなわち演繹的用法だと考えられる。

③　例示・解説を行う「のだ」(2)（理由説明）
　前に述べたことを問題としてそれに対して答える用法である。
（例文）
- それなのにサンゴ礁が熱帯雨林にたとえられるのは、サンゴ礁の二酸化炭素を吸収する能力が熱帯雨林のそれをしのぐから<u>なのです</u>。
- カキのゴマはこのタンニンが変化したもので、水に溶けないから舌に渋味を感じなくなり、糖分も増える<u>ので</u>、甘くなるわけである。
- ゴカイをガラス管の一端からはい込ませると、たいていわき目もふらずに他端へ向かって進む。他端に達したら電気で刺激を与えて罰する。これを繰り返すとゴカイはガラス管に入ろうとしなくなる。学習した<u>のである</u>。

④　結論・結果を表す「のだ」
　前述の事実から明らかになることを、論理的な説明をたどった結果として、到達する結論を提示する。「Ａ、その結果Ｂ。」という形で理由説明や要約的な役割も内包し、文段の切れ目に登場することが多い。
（例文）
- ツルは松上に巣を作ることはせずに、広い湿原の奥深くに肉食獣の来ない安全の地を求めるという方法をとった。だから、松上には見られないのだし、樹木の多い日本では北海道の湿原でしか繁殖しない<u>のである</u>。
- 都市の通風状態は風速によって大きく異なり、静穏な時ほど人々は汚染大気の中で長時間暮らさなければならないことになる。近年は強風注意報のほか

6. 説明文における「中核文」の認定

に「無風注意報」といったようなものが必要になってきたのである。

以上、「のだ」では①と②の用法がよく見られるが、③と④も論理的な文脈の形成に不可欠で、意味内容を通じて文段の決定に影響を及ぼす指標である。これらの他に、「のだ」の①と③の用法が一つのセンテンスの中で組み合わせて用いられる文型が説明文ではよく見られる。これは論理展開を示す指標として、中核文認定に関わるケースであるため、最後に加えておきたい。

⑤　一文内に「のだ」表現を複数含む文型
（要約）のだが・のなら＋（理由づけ）の（わけ）だ。
　　　　　①　　　　　　　　　　　　③
（例文）
・商品にわりあてられたコード番号を、しま模様の白い部分と黒い部分の配列に置き換えているのですが、このほうが、機械が読みとるには好都合というわけです。

（理由づけ）ので＋（要約）のだ。
　　　　　　③　　　　　　①
（例文）
・待たせるほうもだいたい「2・3分」といっただけで、「3分を越えても許してくれるだろう」と思っているし、待つほうも「5分位ならいいや。」という自由度をもっているので問題がおこらないのです。

前者は文の後半部分が、後者は前半部分が強調されており、両方とも「理由づけ」に重点が置かれている。これは作者の見解を示す「新情報」の提示であり、文脈展開において重要である。

以上、本節では説明文に見られる「のだ」表現の中でも、中核文認定に重要な項目を列挙してきた。「のだ」は文法論の領域において説明のモダリティとされてきたが、そのふるまいを文脈に沿った形で把握し直すことによって、中核文認定に必要な情報を提供する形態的指標とすることが可能となった。

6.4.5. 指示表現
6.4.5.1 指示語に関する先行研究と中核文との関係

指示語に関する研究は、談話分析や認知的研究など、極めて多岐に渡る。ここでは初めに、現場指示（ダイクシス）と文脈指示（照応）といった問題から入り、特に中核文認定に関係する事項へとしぼりこんでいきたい。

林（1983）は「指示語の指示形式」について以下のように分類している。

```
                    ┌─現場指示              ┌─先脈指示
         ┌─内容指示─┤         ┌─自己文脈指示─┤
指示─────┤          └─文脈指示─┤              └─後脈指示
         └─メタ指示           └─相手文脈指示
```

また吉本（1992）では、現場指示をdeixis、文脈指示をanaphoraとして分類し、同様の見解は田中（1981）による、ダイクシス用法のコソアは現場指示、照応用法のコソアは文脈に対応するといった指摘にも見られる。

一方、Halliday & Hasan（1976）は、談話の結束性を示す指標として「照応・代行・省略・接続・語彙的結合」を挙げ、「照応」（reference）に関して次のように定義し、テクスト内的指示（endophora）を前方照応（anaphora）と後方照応（cataphora）に分割している。

Halliday & Hasan（1976）におけるReferenceの分類

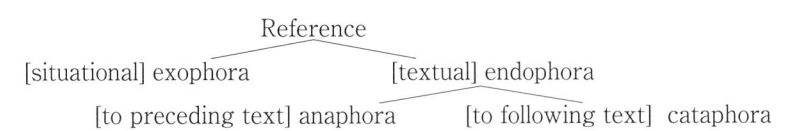

```
                        Reference
            ┌───────────────┴───────────────┐
    [situational] exophora          [textual] endophora
                            ┌───────────────┴───────────────┐
                [to preceding text] anaphora    [to following text] cataphora
```

時枝（1941）も、言語過程説の中でこのテクスト内指示とテクスト外指示の概念について言及しており、仁科（1987）ではこれらが発話行為と絡めて論じられている[注21]。

以上の諸説では術語の表す範囲にやや異同があるが、市川（1978）は［指示語の用法］を特に術語を設定することなく、以下のように分類している。

市川（1978）による指示語の用法
　①現場の事実を指し示す
　②文脈の中の事柄を指し示す（指示語が前もしくは後にくる）
　　(ア)　特定の語句
　　(イ)　特定の文の内容
　　(ウ)　特定の文集合や段落の内容
　　(エ)　文脈からとれる文意：文中のある部分をもとにしてその言い方や語順を変えたり、ことばを補ったりすればよい場合と、もとになるべき表現が文面に見られず、前後の文脈をよく理解した上で文意を見つけださねばならない場合とがある。
　③文脈の外にある事柄を指し示す

　この分類では、テクスト外指示（①・③）とテクスト内指示（②）の両者を網羅的に扱っているが、②の用法はいずれも中核文認定に関わる要素である。特に(エ)は文意を理解するための手法を詳説しており、潜在型中核文をまとめる作業とも深く関わる。

　さて、中核文と指示語の関係について論ずるためには、まず説明文における指示語の重要な用法を明確にした上で、具体的な問題にあたるべきであろう。中核文認定に有効に働くのは、文脈指示（テクスト内指示）であるが、ここでは特にコ・ソ系を中心に考えていく。それはア系は一般に書き手の主観が強く出る部分で、書き手と読み手の共通概念といった現場指示的な要素が強く（コンテクストが重視される）、説明文では用例が少ないためである[注22]。

　文脈指示用法を分析した馬場（1992）では、長田（1984）の指示語の「持ち込み機能」を重視し、持ち込み内容は、言語的文脈によって提示された「情報の蓄積」と「その情報内部の関連性」によって成立していることに着目するが、この指示語の「持ち込み内容」は広範囲の意味内容を含むため、中核文の認定では注意が必要である。

　また馬場説は「持ち込み内容」を参照する先として、「言語的文脈」、「観念的文脈」、「現場的文脈」の3種類を挙げる[注23]が、これらの中で特に中核文の決定に関わるのは「観念的文脈」、そして「言語的文脈」と「観念的文脈」の結合した「意

味的文脈」である。「言語的文脈」は表現者と理解者との目にふれる言語事実そのものだが、その他の「持ち込み内容」を参照する先として挙げられた文脈は、いずれも「コンテクスト」や読み手に内在する「スキーマ」を用いた読解を必要とする。

この両者に関して、まず「コンテクスト」については、一般的な説明文の読解における読み手の間での大きな差はないと考えられる。なぜなら、説明文は未知の情報を伝達する目的で書かれており、特定の読み手のみが知る特殊な情報が存在する確率は極めて低いと予想されるためである。また、分かりやすさが重視されるジャンルであることから、コンテクストによって生ずる差への配慮も行われているはずである。次に、読みのstrategyとして読者が「スキーマ」をどれだけ利用できるかについては、読みの深さやマクロレベルの読みが大きく関わる。マクロ構造把握のトップダウンの型においてスキーマが利用されるのは、「観念的文脈」と「意味的文脈」に関する読解であるが、これらは、読み手が実際の言語表現自身である「言語的文脈」の意味を内容に応じて適切に判断する作業としてあらわれる。すなわち、指示表現は書き手と読み手の共通理解を前提として使用され、理解されるべきものだが、これが極めて明快である場合が「言語的文脈」を用いた読解になり、内容（＝指示されている言語表現）が抽象的で読み手が書き手の想定を推理しながら読み進める場合が、「意味的文脈」や「観念的文脈」に相当することになる。

ところで、指示語は結束性を示す手段の一つとしても、文段の範囲の決定に大きく影響する。従来の研究では、結束性の分析をめぐって指示表現とそれが指す内容のみが注目されていたが、指示する内容を「承ける部分」（指示表現を含む文の指示表現以外の意味内容）にも重要な情報が含まれることにも注意すべきであろう。これは、提題表現・叙述表現の部分で述べた「目的格」の示す内容の重要性とも関係するものである。このように、指示表現については、指示された内容と指示表現を含む文の内容とを包括的に捉える必要がある。

6．4．5．2．コ・ソの文脈指示用法

本節では、文脈指示用法を持つコ・ソ系の先行研究を概観し、中核文認定の際に有効な役割を考えていきたい。

倉持（1987）は、「コ」と「ソ」の使い分けを支える基準として、「話し手と聞

6. 説明文における「中核文」の認定

き手の間に構成される場を対立したものとみるか、一体化したものとみるか」といった点の他に、「表現内容に対する主体的な態度」を考える。そして「ソ」は素材間の論理的関係や事柄自身の客観的な在り方を叙述する場合の用法であり、「コ」は叙述した事柄から導き出される話し手自身の判断を述べる、または叙述した事柄をもとに話題を新たな方向に進める用法だとしている。これは「コ」と「ソ」の区別に関する代表的な解釈の一つである。このように主体（書き手）の態度による使い分けから、「ソ」は事実描写性が高く内容説明を行う部分に頻出する一方、「コ」の使用には書き手としての文脈構成意識や、文段構築の意識をくみ取ることができる。以下、「コ」と「ソ」について、さらに詳しくその働きを考えていくことにする。

まず「コ」については、馬場（1992）が「要約を行う、解説・説明を行う」といった文末表現「のだ」と同様の特徴を持っていると示唆する他、吉本（1992）では、「コ」の指示対象は「実質的」で「文脈の中で顕著なもの」であり、談話記憶中の実質的な対象を指示し、それを文脈中で際だたせる働きをするとしている。さらに金水・田窪（1990）では、「解説」のコという概念と[注24]、その有標性が指摘されている。

以上から、「コ」は文脈の中で重要な「核」となる内容を指し、書き手の意識が表れる部分であるため、それを含むセンテンス自身及び「コ」の指す内容が中核文に入れ込まれる可能性は大きい。「コ」は書き手の中での指示内容の優位性を示し、それを焦点化させる働きを持つ。また「コ」系はその文脈でテーマとなる事柄を受けるが、それはある程度のまとまりを持った内容であることが多く、その内容は反復して文脈内に登場するという特徴を持つ。

具体的な「コ」系の働きとしては、キーワード的な用法としても取り上げたように、前部の叙述をとりまとめて要約を行う「このように～」、「こういうわけで～」、「このとおり～」などの言い回しがある。

（例文）
- このように一年の間に地味な羽色と派手な羽色とを交互に示す鳥の場合には、秋冬は地味な色で春夏が派手な色というのが普通であり、それぞれ冬羽、夏羽と呼ばれている。

・こういう点からフジはクズなどとともに林業的には有害な植物と考えられ、つるきりの作業の対象になる。

その他に、抽象的な言い方として冒頭文に表れ、「以下に説明を行う」というシグナルとなる働きが見られる。これは後方照応によって、予告の機能を持ちながら内容の概括をする手法である。

(例文)
・それはこういうことです。

次に、ソ系についてであるが、馬場（1992）では、「前方照応のソ系」は「代用」として用いられ、コ系に比べ指示内容の範囲が狭いとしている他、田中（1981）ではソによる照応では「その指示対象の唯一性、特定性が言語的コンテクストによってのみ保証される」とある。吉本（1992）では、ソは「単に談話記憶中の対象を中立的に指示し、ア・コの指示できないものを指示できる」といった指摘が見られる。

これらの指摘から、説明文においてソ系は「説明」の技法として効果的に用いられると考えられ、文脈内で客観的姿勢を保ちながら論理的に事実を説明する中立的な表現だといえる。具体的な「ソ」の働きとしては、「それ」という指示語の単独の形以外に、論理関係を形成する語句を伴って文脈に現れ、文脈構成に関わることも多い。これは前述した指示表現が承ける部分の内容に相当し、以下の例文でも「基本的な原因」、「結果」という表現がソ系の直後に置かれているが、いずれも論理関係を構成する表現となっている。

(例文)
・ネコとイヌの対照的な性格はよく議論にのぼるが、その基本的な原因はイヌがリーダーをもつ集団的ハンターであるのに対し、ネコはまったく孤独で、じっと獲物を待ち伏せて狩るタイプのハンターだというところにあるようだ。
・かの犬養木堂も書を送って「種なしが出来れば尤もよろし」と激励したほどで、園芸試験場では多くの品種を交配し、この種子を蒔いてなった果実を調

6. 説明文における「中核文」の認定

べる地味な努力が営々と続けられた。その結果、今までにない見事な大果のビワなどができたのだが、種子は小さくなるどころか、ますます大きくなってしまったという。

　本節の最後に、コ・ソ系の指示表現と中核文との関係についてまとめておきたい。コ系は、中核文を認定する上でその指示内容の広さから文段範囲の決定に影響を及ぼし、また指示表現を含む文の意味内容が中核文に関係する。さらにコ系は、反復して文脈に登場するテーマに用いられることが多く、主観的な性格を帯びた指示である。一方ソ系は、説明を行う叙述に不可欠な客観的立場を示す中立的用法として、説明文にしばしば見られる。事実の相互関係を提示し、内容の関連をたどる上で有効な指標となる。以下に、指示表現の機能から割り出される中核文及び文段の認定の証例を挙げておきたい。

〈証例1　「0と1の世界」『教育出版　中学国語3』より〉
　1ワープロが日本で一般的に使われ始めたのは、1980年代に入ってからのことです。2ところが、欧米では、ワープロが出現する百年以上も前から、タイプライターというものが普及していて、フォーマルな文章はタイプするのがふつうでした。3タイプライターが早くから機械として実現したのは、英語でいえば、たった26個のアルファベットという文字の組み合わせで、文章を組み立てることが可能だったからです。
　4それに比べて、日本語の場合は、小中学校で学習する「常用漢字」だけでも二千字近くもあります。5ですから、タイプライターと同じような構造にすると必要なキーの数が膨大になってしまうのです。6ワープロは、エレクトロニクスの発展に伴い、とりあえず平仮名を入力して、あらかじめ電気的に記憶しておいた漢字をあとから呼び出す方法が可能になったため、初めてタイプライターと同じようなイメージで操作できる機械として実現したのです。

　この文章は二つの形式段落によって成立しているが、全体を一つの文段としてまとめることができる。中核文としては、「文字数が少ないためタイプライターが早くから普及した欧米に比べて、漢字数の膨大な日本語では、エレクトロニク

137

スの発展によってワープロが普及したのは1980年代以降のことである。」といった内容となる。これは潜在型中核文であるが、その認定に用いられる形態的指標として、指示表現が関与している。ここに引用したのは客観的な事実関係を説明する部分だが、第4文の冒頭の「それ」は、後段が前段の内容を受けて展開するという対比的構造を伴う両者の強い繋がりを示している。またそれに伴う「〜に比べて」という言い回しもこの構造を示す指標として役立っている。これは、ソ系が事実関係を示す部分の内容展開を明らかにしている例である。

〈証例2 「身近なところにある集合」『数学30講シリーズ』より〉
　1私達のまわりにあるものを見回してみると、本箱の中にある本も食器棚のなかに並んでいる皿も、果物屋の店先に積んであるリンゴも、その総数はすべて有限である。2たとえば本は全部で220冊あり、皿は全部で85枚あり、リンゴは全部で60個あるというように、これらはすべて数え上げることができる。3もう少し視野を広げてみても、A中学の生徒の総数は1370人であるというように、やはり有限である。
　4このように、有限で、個数の少ないものは、その全体の集まりも、必要ならば、いつでも1つにまとめてみることができる。5たとえば1370人の中学生の集まりを見たければ生徒全員を校庭に集めてみるとよい。

　これも2つの形式段落で成立している文章だが、やはり内容的には一つの文段と捉えることができる。その根拠としては、第4文に見られる「このように」、「その」という指示表現が挙げられる。第4文冒頭の「このように」は前段第1文から第3文の全内容を指し、その結果として明らかになることを示している。また「その全体の集まり」が示しているものは「有限で個数の少ないもの」、すなわち第1文から第3文に例示された具体的事項であることから、このセンテンスが前段全体と深く結びついていることも明らかである。以上のように、これは、第4文が顕在型中核文となり、一つの文段を構成していると見ることができる。

〈証例3 「むぎ」『四季の博物誌』より〉
　1アメリカがムギを売ってくれなくなったら、またムギを畑に作ればよい、と

6. 説明文における「中核文」の認定

の考えもあろう。②ところがムギを今から急に日本で増産しようとしても、すでにそれは困難なことになってしまっている。③第一に種子がない。④日本のムギは梅雨期に実らなければならぬために、雨にあっても、穂から発芽しない特性が必要だ。⑤外国のムギは雨に遭うと穂発芽するから、日本で栽培しても収穫はおぼつかない。⑥我が国のムギは千数百年の長い栽培の歴史を経た結果、穂発芽しない特性を備えたものだったのである。⑦穂発芽抵抗性はムギが日本で育つための必須な条件の一例に過ぎない。⑧裏作としての早熟性や耐病性なども日本の風土に必要な特性である。

⑨これらの特性を備えた「日本のムギ」は何年も麦作をやめた現在、種子がなくなってしまった。⑩この大事な文化遺産を平気で捨ててしまったことが、とんでもなく恐ろしい過ちだったと、悔やむ日がどうかこないようにと祈るほかはない。

この文章には3つの指示語が出現している。第2文の「それ」は同じ文の直前の内容を指しており、文章のマクロ構造に影響するものではない。それに対して第9文の「これら」は、第6文から第8文の広い内容を指しており、この例文の2つの形式段落が一つの文段として構成されることを示している。しかもこのセンテンスの「種子がない」という内容は第3文と同じで、再度繰り返されているものであり、第9文は中核文としての内容を含んでいることが分かる。よって中核文は「穂発芽抵抗性、早熟性、耐病性などの特性を持つ日本のムギの種子は今はなくなってしまった。」といった内容になるだろう。第10文冒頭の「この」は、それを受ける「大事な文化遺産」を含めて第9文の「日本のムギの種子」を指すが、これは結局、前段で説明している内容全体と関わっており、コ系が広い指示範囲をカバーする例だといえよう。このようにコ系は叙述のまとめとまる部分に出現することによって、しばしば広い範囲の内容を統括する役目を果たす。これはコ系が、書き手の意見や判断といった主観を含む叙述表現と共起することとも関連している。

６．４．６．中核文認定の意味レベルについて
６．４．６．１．表現の意味レベルに関する先行研究

　林（1987）は、「Discourse analysisのひとつの著しい傾向は、それが文章中の各文のsyntactic analysisの範囲にとどまらず、文中の各語の意味上の働きをcontextの中で発展するものとしてとらえようとするに至っていることである」として、談話分析では意味レベルの検討が不可欠であることを指摘している。前節までは中核文認定のための「形態的指標」について述べてきたが、本節では、叙述内容から読みとれる「意味的指標」について論じたい。まず、この「意味的指標」については、表現にGeneral/non-general（=specific）というレベルの差を認めることが可能であることから、議論を開始する。具体例として次の例文の傍線部の意味レベルを検討する。

　　　漆には耐酸性と耐アルカリ性がある。その上、ガラスも溶かしてしまうあのフッ素にも耐える強靱な性質も併せ持っている。全くすばらしい塗料だ。それがなんとあの山の漆の木が自分の傷口を治すために出す樹液なのである。全く自然の知恵には頭が下がる。

　＿＿＿線と＿＿＿線では同一の事項が捉えられているが、＿＿＿線のnon-generalで具体的な表現は、＿＿＿線では「自然の知恵」というGeneralな表現にとって代わっている。中核文は文段をまとめる内容を持つことからGeneralな表現を含むが、このような語句の意味関係は、文章展開の様相をつかむためにも有効な指標だといえよう。

　叙述の相互関係を示す指標として高崎（1985）は、グルーピングの中でとりまとめる語（その系列の要になるような事物、またはその系列の語句全てが共通部分として持っているような事柄を示す）の存在や、「枠組みを示す語句」として指示語を伴った語句の存在を挙げている。本研究ではこうした語句の一部を形態的指標において「キーワード」や「指示表現」として扱ったが、本節では意味レベルという観点から考えていくことにする。

　ところで、反復語句の分析では関連表現の集合相互の関係を分析したが、本節では、関連表現の中で意味的に高次のレベルとなる表現が、中核文認定にどのよ

6. 説明文における「中核文」の認定

うに影響するかについて考察する。この事実については、「語句」が「文章」構造へと影響を及ぼす現象（高崎 1986）との指摘があるが、本研究では、「語句」（ミクロレベル）が持つ意味が、「中核文」や「文段」の認定に結びつくことによって「文章」（マクロレベル）へと発展していくという階層を用いた関係を扱う。これは、意味の連関から決定される「文段」という中間レベルを媒介とする連続的な構造認定の方策を考え、取り出される意味もそれに沿って高次へと発展していくとすることである。

そこで、意味レベルを分析する具体的な手順として、修辞的技巧や意味論研究なども含めて、文章中の表現の意味を比較対照し、文章の構造や中核文の認定に必要な要素を検討していきたい。すなわちここでは、語や文という形態を伴った言語単位の相互関係を考える文法論の範囲を越え、表現が担う意味的側面から文章構造の分析を進めていくことになる。

これに関連する指摘として、永野（1972）は、その「文法論的文章論」独自の概念である「主要語句」について、次のように定義している。

> いわゆる国語教育における中心語句や重要語句とは異なり、反復を必要とするもので、意味内容の拡張・振幅・類語との置き換え、反対語との対比対照、関連語との連携などの観点が必要となる。

この定義も先の高崎（1986）と同様、語の「連鎖」を「文章の骨格」へと発展させるという観点に立つものだが、表現のヴァリエーションの在り方は、本研究で扱う「意味レベル」を検討する視点と重なる。

また説明文に用いられる表現の意味レベルの差は、事象や状況を分かりやすく伝達しようとする作業において避けて通れない事項である。なぜならば、説明では読み手にできる限り正確な情報を与えるために、対象となる事柄について多くの異なった側面や次元から叙述を行う必要があるからである。こうして相互に意味的な関連を持った表現が文章内で反復や連鎖をしながら構造化されていくわけだが、そこでは、意味レベルの差と反復語句とが深い関係を持つことになる。

中核文認定における反復表現では、関連語句としてグルーピングされた表現のクラスターを一つの単位として捉え、その集合相互の関係を中心に考察を進めた

ため、反復表現のクラスターを成す集団内の個々の表現の意味関係については、同意語・類義語・反意語といった一般的な関係を認めるにとどまった。本節では各表現の意味的側面を重視し、集合体内部の表現からより上位の統括力の大きい表現の析出を行いたい。

ところで、反復表現はテクスト分析において盛んに研究されているが、これは「常に随意的である」(ハリディ&ハッサン 1991) といった指摘にも見られる通り、同一語句であれ関連語句であれ、書き手の表現意図によって発生するものである。読解作業において、読み手はこの反復表現をひとつの手がかりとして、語句の意味的構造を理解していくが、反復を生み出すもととなった書き手の「連想」は、読み手がテクストをもとに行う「連想」となって再現される。書き手の表現態度を意識的に読みとることで、構造的な内容の理解がなされるわけである。そして、それぞれの反復表現にこめられた書き手の意図は、各々の語句の意味が形成する相互関係に反映される[注25]。

こういった点から、反復とは書き手が行う表現の工夫、すなわちレトリックの一部だといえ、意味レベルの比較にあたってはレトリックからのアプローチが不可欠なのである。意味的な叙述レベルの差を文章構造の解明に発展させるにあたっては、欧米のテクスト分析での成果が大いに参考となるため、以下、その先行研究をまとめておくことにする。

テクストにおける関連語句の反復の重要性は、英語の研究でも広く認められており、Halliday & Hasan (1976) では、反復に概括化という概念を加えて結束性を捉え、反復が意味的な相互関係を媒介として文章構造に影響を及ぼすと共に、その関係にはいくつかのパタンがあることを指摘している。これは本研究における"General"な表現が中核文に結びつくとする見方とも、深く関連する見解である。

> This use of general words as cohesive elements, however, when seen from the lexical points of view, is merely a special case of a much more general phenomenon which we may term REITERATION. Reiteration is a form of lexical cohesion which involves the repetition of lexical item, at one end of the scale; the use of a general word to refer back to a lexical item,

at the other end of the scale; and a number of things in between ──the use of a synonym, near-synonym, or superordinate.

(Halliday & Hasan 1976)

またMcCarthy (1991) でも、'Reiteration'にはいくつかのヴァリエーションがあり、文脈構成に極めて重要な役割を示すとの指摘が見られる。

Reiteration of this kind is extremely common in English discourse; we do not always find direct repetition of words, and very often find considerable variation from sentence to sentence in writing and from turn to turn in speech. Such variation can add new dimensions and nuances to meaning, and serves to build up an increasingly complex context, since every new word, even if it is essentially repeating or paraphrasing the semantics and history of occurrence. In the case of reiteration by a superordinate, we can often see a summarizing or encapsulating function in the choice of words, bringing various elements of the text together under one, more general term. (McCarthy 1991)[注26]

これらをふまえ、以下では、まず意味論と修辞学における語の意味関係、またテクスト分析における反復語句の一形態としての関連語句を扱った研究を概観し、中核文認定に関わる表現の「意味レベル」についてGeneral/non-general (=specific) という観点から考察していきたい。

国広 (1982) では、「語と語の関係」として類義語・関連語を多く掲げているが、そのうちで文章構造に関わるものは次の3項目と考えられる。

・同義関係（一般的同義・文脈的同義）：語義のずれ、文体差、喚情性
・上下関係：一般 vs. 特殊、包摂関係
・部分全体関係

こういった意味論的な認識による「語と語の関係」は、広く人間の経験に基づくものであるため、文章展開の把握に応用する場合、表出された言語自体の分析からさらに踏み込み、人間の思考という領域から叙述を捉えることを可能にする。

意味論的な観点からの分析は、書き手の思考過程や読み手の理解過程に即した立場に立つものであるからである。

　同じように池上（1975）は、テクストでは「情報」が前後の文脈間で関係を持つ必要があり、そのためには「意味」Meaningと「指示」Referenceの「同一性」が不可欠だが、具体的な言語表現の在り方として、同意表現と包摂表現があると規定している。また同一性については、全く同一の表現以外に、言語外的な知識に属する事項を含んだ関係である「近接」contiguityと「類似」similarityを認めているが、これらの連鎖では、その中間項が脱落したり意味レベルが極めて離れたりといった場合でも、充分情報の連続性を保証する要因になり得ると考えられている。またここでは、「近接性」と「類似性」とは言語使用上の特徴であり、言語外の世界で関連があると把握されることによって言語学的に共通の意味特徴が与えられるとするが、これは、テクストにおける「意味」レベルの検討が文法論の範疇を越えた問題であることを示す指摘だといえよう。言語の意味とは、私たちをとりまく事実や経験、知識を基盤にしたものであるため、それらの意味が複雑に絡み合って構成されるテクストにおいては、言語のあらゆるレベルの相互関係を認識する必要がある。

　ところで「連鎖」による同一性について、市川（1978）では「繰り返し語句の分布」の状態を形式的に「反復拡充型、変換型、混合型」に３分類している。またこの用いられ方には質的な相違があるとして、次の３タイプを挙げている。

⑴　受け継ぎ：いわゆる「しりとり」形
⑵　重出：単なる反復
⑶　照応：相当離れたところでひきあいに出す

　これらの中で文脈を明らかにする上で重要なのは、「受け継ぎ」と「照応」だが、中核文認定ではそれらの叙述レベルの変化に着目する必要がある。特に「受け継ぎ」では、いわゆる「しりとり」形の連鎖の最初や最後などに上位レベルの叙述が出現する可能性が高いと予想される。

　次にレトリックにおける意味分析において、語と語の類似性や近接性がどのように考えられているかについて概観しておきたい。まず、文章の彩りとは、次の

ような種類によって構成されている。

```
              Ornament（彩り）
    ────────────────────────────────
    Tropes（意味に関わる）    Figures（形のみに関わる）
```

　上図において、文章構造と関わる隠喩（metaphor）と換喩（metonymy）、提喩（synecdoche）は、全てTropesに含まれる[注27]。Tropesを「転義」、Figure of Speechを「言葉のあや」と解釈し、両者を混同している研究も見受けられるが、本研究では、意味／形の二分法のもとで彩りを考える。また隠喩・換喩・提喩について、Jakobsonは言語における「選択の軸」と「結合の軸」という構造に合わせて、選択は「類似性＝隠喩」に、結合は「近接性＝換喩・提喩」に関わるとした。この「選択」と「結合」は、Jakobsonの考える言語分析の本質的な二分法であるが、加えてヤコブソン（1973）では、コミュニケーションの鍵となっているのは「近接性」、すなわちメッセージ（詩的機能）に関わる要素であるとも指摘している[注28]。また池上（1975）でも意味の「有契性」を示す指標として「近接性と類似性」を挙げているが、これらは「有契性というものが本質的に心理的なものであり、人間の心の働きに普遍的な特徴が認められる限りにおいて記述上の枠組みとして」妥当な性質だと考えられている。文章内での意味構造には、人間の経験や知識をもとにした推論や連想が深く関わっているが、レトリックは書き手の経験や知識をもとにした発想に基づく相互関係を有する表現技法である点で、これと大きく関与する。そのため、構造内のGeneral/non-general（＝specific）といった関係は、レトリックにおける意味関係を手がかりとして明らかにすることができると考えられる。

6．4．6．2．近接性（換喩的・提喩的表現）と類似性（隠喩的・直喩的表現）について

　まず「近接性」に関する概念として、意味論、比喩表現、レトリックという視点からそれぞれ論じられた、国広（1982）、中村（1977a）、佐藤（1978）を整理していきたい。換喩も提喩もTropesの一種であるが、各々の角度からその特徴が記述されている。

国広（1982）は「意味論」からのアプローチだが、「多義の意味関係」の種類として以下を挙げている。

　　提喩的転用：物の一部を指す語で、その物全体を指したり、その逆にもの全体を指す語を用いてその一部を指す場合をいう。
　　　　　　　（例：クルマで自動車を指す。）
　　　　　　　指示物の形の上の関係に基づいた「部分全体関係」である。「手」で「働く人」を、「帆」で「帆船」のことを表すといった例などは提喩的転用だといえる。
　　換喩的転用：空間的・時間的に隣接している事物の方に指示がずれる場合である。意味実質の点からいうと基本義と換喩の間には何の関連もないのが普通であるが、心理的に見た場合には関連性が認められる（後略）。
　　　　　　　（例：夜の終わりのアシタ（朝）が翌日の一日全体を指す。）

　ここで指摘される換喩的転用は、例えば「滯へは足がない」という表現で、人体の「足」を「移動に関わる部分」と見て、機能性に関する近接として換喩の一種とみなすことができるといった解釈を指すものと考えられる。しかし、「足」が「交通手段」という意味で用いられていることは、そうした文脈を離れた隠喩的要素が含まれてもいるといえよう（但し、厳密に線引きを行うことは難しい）。
　一方、中村（1977a）では、

　　提喩：喩義と本義の間に全体と部分、種と属という量の関係があるもの。
　　換喩：喩義と本義の間に原因と結果、原料と製品、容器と内容物、持ち主と品物、記号と標識、主体と属性という種類の関係があるもの。

と定義し、中村（1977b）ではこれを以下のように整理している。

　　提喩：量的な関係があることが特徴。
　　　　（例）「花」で「サクラ」を示す。「パン」で「食物」を示す。

換喩：主体と属性との関係として一括されるものの、なかみはかなりいろい
　　　　ろで連想されるものなら何でもいい。種類の転換という特色がある。
　　　　（例）物が持ち主を示す（角帽＝大学生）。

　そして、これらは比喩内容の関係の捉え方によって様々な解釈が可能であるため、両者の区別は難しいと結論づけている。この見解では、提喩に「種と属」という上位と下位の概念関係が示されており、具体例からもこれが本来的な提喩の定義と考えられるが、「全体と部分」といった関係も併せて提示されており、それが実際の在り方と概念的なものとのいずれをも認めるとすると、換喩とも重なるケースが発生するものと考えられる。

　さて佐藤（1978）では、「換喩」は極めて広い意味での隣接性（縁故・ゆかり）に基づく関係であるとして、従来指摘されてきた換喩の定義である「両者は一体化しない外部的隣接性（質的関係）」と提喩の定義である「両者が一体化する含有＝被含有（全体と部分）という内部的隣接性（量的関係）」を共に「換喩」の隣接性を説明するものだと述べている。佐藤説の換喩とは、基本的に「種と類」に関わる提喩とは別個の概念であり、先行研究で見られる「提喩は換喩の一部を成すもので、両者をきちんと区別することは難しい」とする見解とは異なる。

　また佐藤（1978）は自説を展開するにあたり、グループμ（1981）の説を提示している。グループμ（1981）では、提喩とは他の比喩表現の中心となるもので、基本的には全体と部分の関係を示すとされ、次の二つの様式が立てられている。

　Π様式：（例）木＝枝および葉および幹…
　　　　　　各部分は論理的な「積」を形づくる。
　　　　　　全体と部分の隣接関係で現実的関係である。
　Σ様式：（例）木＝ポプラまたは柏または柳…
　　　　　　各部分の論理的な「和」を形づくる。
　　　　　　類と種との関係で、種同士は選言的、互いに背反的である。

佐藤説では上記のΠ様式を換喩、Σ様式を提喩の定義だと考え、以下のように

定義を行っている。

  換喩：現実的な事物の隣接性を持つ関係。 概念上対等・物理的寸法大小
  提喩：集合体としての含有関係。   概念上大小・物理的寸法対等

また特に提喩については「意味的な構成素分解であり、概念＝意味に関わるもの」だと注釈を付け、以下のような例を挙げている。
 （例）人間＝霊長類の動物であり、かつ脳がもっとも発達しており、かつ直立
    歩行し…

以上の各説をまとめると、次のようになる[注29]。

〈図表6−12：先行研究における近接性についての分類〉

提唱者	換喩 (metonymy)	（例）	提喩 (synecdoche)	（例）
国広（1982）	心理的関連性	二階へ上がる （＝寝る）	全体と部分	手 （＝働くひと）
中村（1977）	主体と属性 種類の転換	角帽（＝学生）	種と属という 量的関係	花 （＝桜）
佐藤（1978）	隣接性 （質的・量的）	赤ずきん （＝それを着けた娘）	種と類 （意味・概念）	桜 （＝ヤエザクラ）

〈図表6−12〉のように、提喩については国広説が「全体と部分」という関係を強く示し、中村説は「量的関係（全体と部分）」と「種と属（上位と下位）」を並置させており、佐藤説は「種と類（上位と下位）」を中心に考えている点で、それぞれは以下のように異なる立場に立つものと考えられる。

提喩（synecdoche）	国広	中村	佐藤
上位−下位関係		○	○
部分−全体関係	○	○	

提喩の二つの関係のうち、「部分−全体関係」は「物的提喩」と呼ばれるヤコブソンの多用する"pars pro toto"である。これは物と物との包摂関係という視点から捉えた場合、「部分による換喩」、「部分と全体の関係に基づく換喩」（山中 1989, 1995）として、換喩の一種と見なして然るべきものだと考えられ、そうす

6. 説明文における「中核文」の認定

ると、提喩とは専らカテゴリーに関する「上位－下位関係」に基づくものだということができる。

換喩については、各説ともに近接性（隣接性）に関わるという性質が掲げられているが、これは提喩にあてはまる性質でもあり、双方は、事物、観念という違いはあるものの、包摂的な関係を持っているといった共通性を見ることができる。

ここで提喩と換喩の意味関係を、文章における意味レベルの差という観点から捉えなおしてみたい。第一に提喩と換喩は大きく同じ「近接性」に基づくタイプの意味関係であり、また共に全体的な要素と部分的な要素との関係を構成するものと規定できる。二種の比喩は融合して用いられることや、内容によってはどちらとも解釈できる中間的な用法もあるが、基本的に提喩は「種や属といった上位－下位といった概念的体系に組み入れられる関係」であり、換喩は「実際の世界における近接性に基づく関係」だと考えられる。さらに文脈の中でのこれらの働きを考えると、提喩は一般概念、意味構造における上下という関係に立つ、言語的・概念的な思考の中の「意味的」特殊概念を構成するもので、換喩は言語外の事実での関係性を発見することによって関係が作り出される物的・「事実的」関係といった、経験的事実に基づいた実際の事柄に関する関係から生まれるものだといえる。

このように本研究では、両者に関して事実／意味（モノ／言語）という括り方を考え、テクスト分析では特に「意味」的構造をたどることに力点を置く。

〈図表6－13　本研究における近接性に関する意味関係〉

換喩＝事実・現実的世界の隣接関係に基づく（含 pars pro toto）。　（ともに近接性・
提喩＝概念・相対的世界の上位－下位関係に基づく。　　　　　　　包摂性を有する。）

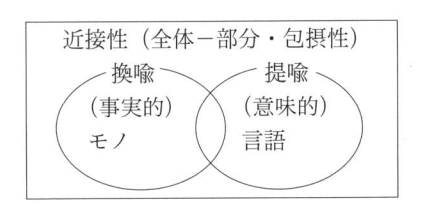

近接性（全体－部分・包摂性）
　換喩　　　提喩
（事実的）　（意味的）
　モノ　　　言語

従来の分類では、換喩は各々が一体化しない「近接・隣接性」に基づくものとされ、提喩にはpars pro totoが含まれていたが、本研究の見解では、上記のよう

になる。

　次にこれらがテクスト内で構成するGeneral/non-general（=specific）という関係に着目したい。換喩と提喩は共に広く近接性に基づくものだが、各々の表現の指す内容の間には中心的意味と周辺的意味といった関係を認めることが可能である。つまりそれは、叙述の中で焦点をあてられる「主要事項」である情報・伝達の中心を成す部分と、「付属的事項」である読み手の理解を助けるための補助的な叙述内容、すなわち主要な事柄を正確かつ鮮明にする部分という関係を構成しているのである。レトリックとしての換喩は、基本的には物から物への推移として（関連事項への）話題の転換を成す傾向が強く、描写における視点移動に関わるが、より提喩的用法（喚喩の中のいわゆるpars pro totoなど）では、「属性」やその事柄に付帯する「状況」によって「主体」を示すという手法として捉えられる。たとえば小説言語においては、視点移動（例：羅生門→丸柱→きりぎりす）といった用法がしばしば見られるが、説明文のテクストでも提喩（意味）的要素を含んだ換喩は重要であり、本研究で考えるGeneral/non-general（=specific）の関係をとる。文章構造の中ではこれらの表現が階層構造を成す結果、「主－従（General/non-general（=specific））」の関係が発生する。本研究で換喩の用法として取り上げるものは、この「全体－部分」の要素を含んだ関係である。提喩における「上位－下位」という包摂関係には当然「General/non-general（=specific）」の意味関係が内在し、それゆえ上昇的提喩（例：犬→動物）には統括機能が伴うことになる。

　このように中核文にはGeneralな表現が含まれるが、文脈によって様々なパタンが予想されるため、実際の分析では、これらの関係を「近接性」としてまとめた上で、テクスト分析に応じた区分を立てていく必要があるだろう。換喩と提喩の比喩構造については「全体あるいは主体と、その部分、側面・属性・関係物との間の相互転換として、両者を一括することによってかなりすっきりする（中村1977b）」という指摘も見られるが、本研究では提喩と換喩について、各々独自の性質を持ってはいるが、近接性という大きな枠組みの中に並置され、その境界には曖昧な部分があるものとする（図表6－13参照）。つまり両者は近接性に基づく包摂関係を持ち、文脈内で上下関係を構築するという面では共通の性格を持つ意味構造だと考え、場合によってはどちらとも解釈できる例も存在することを

6. 説明文における「中核文」の認定

認めるわけである。これは、両者を単に一括するのではなく、近接性・包摂性という枠組みの中に独自の性質をもって並置され、緩やかな体系をなすとする立場である。

〈図表6−14　文章における近接性と意味レベルについて〉

全般的性質	比喩	文章中の表現	意味レベルの差
近接性・包摂性	提喩・換喩	主要（主） ｜ 付属（従）	General ｜ non-general（＝specific）

　ところで、意味の同一性を支える表現としては、この他にTropesの一種としての類似性（similarity）があるが、これは修辞学では隠喩（metaphor）や直喩（simile）の原理を成すものである。これらは表現の意味や内容が持つ共通性（同一性）が類似に基づいているため、読み手に比較的に理解されやすく、それだけ表現相互の関係も密接で、隠喩とは関係性が明確でないと機能しなくなってしまう技法だともいえる。このことは、文章中での類似性と近接性との意味関係の差異として注目したい点である。近接性では叙述の相互関係は読み手の「推論」によって成立し、しかもその在り方は文脈に応じて様々なパタンが可能である。一方、同一表現や類似性は、事実上の表面的・常識的な知識によってその関係が容易に理解され得るものである。そのため、「彩」や説明機能の効果から、読み手の関心を引いたり理解を促したりする目的で、類似性（説明のためのメタファー）が用いられる場合もある。つまり、類似性が伝達機能の効率を高めるために、「わかりやすさ」や「正確さ」を意図して用いられるということである。

　ここから、「近接性」が知識や経験を利用した「推論」という心理的な読みの技術を必要とする立体的な意味構造であるのに比べて、「類似性」は相互のつながりや結びつきが直接用いられた平面的な意味構造と見ることができる。よって、このような表現相互の関係が強い類似性は、文段の分断や結束性を見るための語句集合として捉えられることができるのである。

　Hoey（1991）ではCohesionはCoherenceを作り出す要素で、語彙的関係によって発生すると定義し、その一つとして反復表現を挙げている。そして文レベルでもテクストのCohesion、Coherenceを生み出す要素は存在しており、それは

「metaphorを用いた言い換え」だと指摘している。すなわち文の言い換えは語の反復になぞらえる事象であり、そういった文レベルの現象は語レベルに見られる現象と同一だというわけである。しかしここで注目したいのは、類似性とは形式・機能的な側面から類義・対義といった言葉の性質を捉えた時に生ずる関係であり、文章の結束性に働きかける反面、文脈における統括を形成することは少ないということである。要するに類似性は、「見方を変えて表現を行う」というパラフレイズの点で関連語句に含まれるが、パラフレイズされた叙述のレベルに意味的な差は生じていないのである。中核文の認定では叙述レベルの差による「概括化」や「抽象化」を伴ったパラフレイズが重要であるが、これは意味の「近接性」によって生じる現象だといえる。

このように類似性と近接性は叙述レベルの有無の点で違いがあるわけだが、反復語句の先行研究ではこうした観点からの区別は見られない。しかし、関連語句の反復はこの二つの性質をもとに分類することが可能であり、たとえば、相原（1985）の「反復表現の機能と効果」における反復語句の相互関係の項目は、意味レベルの差を持つか否かによって次のように大別することができる。

〈図表6－15　反復表現の意味のレベルに関する分類例〉

意味のレベル	相原（1985）の項目
同レベル（類似）	表と裏、対偶、連接
異レベル（近接）	拡充、漸層、要約

本研究では、関連反復表現をこの同レベル（類似）と異レベル（近接）の二種に分けるが、中核文認定には異レベルの相関関係が重要であり、これは意味の「近接性」によって発生する「換喩」や「提喩」に見られる関係である。以下では文章内での語句の関係の在り方をさらに精密化していくが、その前にテクスト分析での意味関係に関する先行研究を見ておきたい。

林（1987）は〈semantic relationの種類〉として次の関係を挙げている。

Ⅰ ことばの上での関係（国語辞書的関係）
　A：語の形式におけるつながり
　B：語の意味におけるつながり

6. 説明文における「中核文」の認定

　　①類義語　　②上位下位概念　　③対義語
　　④レベル変換によって同じものごとを指す
Ⅱ ことばが表すものや事の世界での関係（百科事典的関係）
　A：ものに即した関係
　　①全体と部分　　②ものと存在場所　　③行動の主体と行動場面
　B：抽象的事柄における関係
　　①移行しやすい次の状態　　②引き起こす当然の結果
　C：論理的認識を介して結ばれる
　　①主体と属性　　②ものとその活動に必要な要素
　　③組織上の上下関係　　④対象と手段

　ここでは、意味関係を「国語辞書的」と「百科事典的」とに分けて項目が立てているが、ⅠBの下位項目については、前述の通りそれぞれの関係の性質に差が見られる。
　また、高崎（1985）では、〈関連のしかたのパターン〉として

Ⅰ 付属・付随をなす　　a 空間的な付属・隣接　　b 抽象と具体
　　　　　　　　　　　c 機能　　　　　　　　　 d 原因と結果
Ⅱ 段階を形成
Ⅲ 同種のものの列挙・対比・言い換え

の3種を挙げ、特に多く見られるⅠのタイプは連想語彙との類似点を持つとし、各関係の具体例が列挙されている。
　以上のように、先行研究での関連語句の関係を踏まえ、さらに意味相互の上下関係や統括関係を総合的に捉えるため、本研究では、文章中の関連表現の意味レベルのあり方をまとめておきたい。〈図表6-14〉では、近接性が意味レベルを担うことを示したが、ここではその具体例を含め、General/non-general（=specific）の関係を加味した意味レベルの分類を示す。

153

〈図表6−16：表現の意味レベルの相互関係〉

関係	近接性・包摂性（contiguity）			
レベル	事実・物（換喩）的　←	………	→　意味・言語（提喩）的	
General	主体	結果	抽象（一般・概括・要約）	上位語
non-general	属性	原因	具体（特殊）	下位語

　近接性・包摂性を持つ表現は、〈事実・物（換喩）的〉−〈意味・言語（提喩）的〉という極を設定してその傾向によって位置づけることができるが、文章構造の形成においては、意味（提喩）的な傾向に基づくGeneral/non-general（＝specific）が中心となる。事実上の結びつきによって生じる意味関係は比喩やレトリックとしての性格が強く、心情的・経験的に解釈することが可能だが、意味内容の構造によって成立する関係は論理的な推論を必要とするため、文章構造にも影響を及ぼしやすくなる。

　〈図表6−15〉に示した通り、「主体−属性」や「原因−結果」は事実の存在・現象をふまえている点で換喩的傾向が強く、「抽象−具体」や「上位語−下位語」は意味体系が介在する点で提喩的傾向が強い。またこれらは各々が独立しているのではなく、相互に緩やかな幅を持って連続的な体系をなし、かつ融合した形も考えられるため、厳密な線引きは難しい。つまり、事実的＝換喩的、意味的＝提喩的という関係がぴったりと重なるものではなく、各々の交差するような格好で、互いにその傾向としての性格を示すものだといえるわけだが、これはおおむね次のような特徴を持つと解釈される。

　まず最も提喩的な「上位語−下位語」は、文脈をはずれても一般的に容認され得る明確な構造を持つ関係だが、「抽象−具体」は文脈から作りだされる意味関係であり、具体的項目は個々に抽象的叙述と結びつく。例えば「animal-cat」という関係は一般的に「上位語−下位語」として認められるが、「monster-cat」（Poe『黒猫』）となると、テクストの叙述によって発生する「抽象−具体」の関係となる[注30]。

　また「主体−属性」では「属性」は「主体」の「性質」であり、「主体」の様々な側面を総合的に明確にする。「主体」は実態としての有形性を持つモノ的性質が強く、先の「抽象」の場合は、それよりももっと「意味の総体」といった傾向が強い。

6. 説明文における「中核文」の認定

　さらに「結果－原因」は、作品で作者を示す、原料で製品を示すなど、内容に応じて様々なケースが想定され、事実から新たに作り出される関係を成すという点で換喩的だといえる。またここには、「結論（提示）－根拠」、「対象（目的）－手段」のようなパタンも含まれるが、意味的にいずれの要素がGeneralとなるかは、文章内容に応じて決定されていく。

　つまり提喩は、言葉の意味相互に内在する関係が明確であり、中核文認定に大きく関与するが、換喩は相互の事実が新たに作り出した関係（論理的構造）という性格によって、中核文自身の文構成（論理展開）を見る上で重要となるのである。

　このように、関連表現には類似性（similarity）と近接性（contiguity）という関係がみられるが、この二つの性質は意味レベルという観点からは、同レベル（＝類似性）と異レベル（＝近接性）に分割でき、前述の取り、中核文を考える場合には異レベル（＝近接性）を成す集合体の要素に注目することが必要である。すなわち、中核文認定にあたって析出すべきGeneralな表現は、関連語句の近接関係（contiguity）を成すクラスターから発生しているわけであり、さらにその集合体は、包摂関係に基づく提喩（synecdoche）的な意味・言語的構造と換喩（metonymy）的な事実・物的構造のいずれかの傾向を持つということになる。その一方、類似関係（similarity）はレトリックにおける隠喩（metaphor）と呼ばれる関係であるが、文段の結束性や文段の分断の決定など、書き手の位置や視点を明確化する役割を持っている。

　以上、本章では意味的指標について論じてきたが、最後に文章構成や文脈内での機能という点からまとめておきたい。説明文の目的である情報伝達において、こういった関連表現は伝達事項の持つ性質を多角的に提示する手段となり、事柄の全体を正確に叙述することに役立っている。特に近接性は意味レベルの変換（具体化・簡略化・統合化など）によって読み手の理解を促し、それによって各々の表現がGeneral/non-general（＝specific）といった階層を成して、立体的な文章の構造化に関与している。その一方、類似性は文章の結束性に働きかけ、まとまった意味内容を持つ統合体としての文章の構成を作り出すものである。

　以下、本節で述べた関連表現の意味レベルの差異が、中核文認定にどのように関わるのか、具体例を示しておきたい[注31]。

6．4．6．3．中核文認定における意味的指標の具体例
主体－属性
(例文1)　クロモジの芽を食べたムササビは、肉に香りが移り猟師たちの高級鍋料理となったそうだ。(中略)
　近年天然材の伐採がすすみ、すみかの樹洞が奪われて減少しつつある。杉山のスギの皮を剥ぐとか、若木を食べ荒らすとかいうことを理由にしてこの小心者を狩りたてたり、賞味の対象とするのは残酷すぎはしないだろうか。

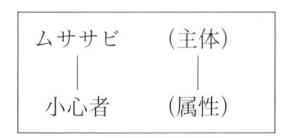

```
ムササビ　　　（主体）
　｜
小心者　　　　（属性）
```

　ムササビという動物の性質である「小心者」という表現で、その動物を言い換えている。同じ「ムササビ」という語を繰り返すよりも叙述の内容が印象的になり、主張を強く訴える文脈となっている。中核文としては、上位の「ムササビ」という表現が用いられることになる。

原因（根拠）－結果
(例文2)　近年、梅干しや梅酒のブームで、ウメの実の需要が増えているが、ウメの実の生産は年による豊凶の差が著しく、作柄が不安定である。これはウメが早く咲くために、凍害を受けやすいことが主因だとされている。
　ウメの花は開花期に零度以下の低温に遭うと受精がうまくゆかない。また昼間一〇〜一五度の温度が必要である。というのは、ウメは一般に同じ花、同じ木、同じ品種の間では花粉がついても受精しない。自家不結実性という特性をもっているために、結実するにはハチなどによって、他の品種の花粉が交配されねばならない。このために昆虫が活動できる温度が必要なのである。

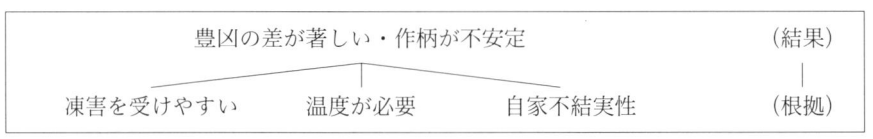

```
　　　　　豊凶の差が著しい・作柄が不安定　　　　　　　　　　（結果）
　　　　　　　　　　　　｜
凍害を受けやすい　　温度が必要　　　自家不結実性　　　　　　（根拠）
```

　根拠とそこから生じる結果の関係になっており、意味の上下のレベル各々の語句が中核文に含まれるが、これらの語句の相互関係は中核文の文構造に結びついている。

6. 説明文における「中核文」の認定

(例文3)　花びらを浮かべて、春の川は音高く流れる。春に流量が多いのは、太平洋側の地方では、相対的な乾季の冬から春に向かって雨量が多くなるのも一因だが、なんといっても山奥の雪解けの水が流れてくるためであろう。

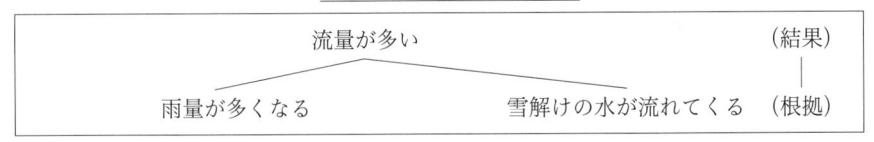

```
                  流量が多い                              （結果）
          ┌──────────┴──────────┐                        │
      雨量が多くなる         雪解けの水が流れてくる      （根拠）
```

　これらの語句は「原因と結果」の関係を成していて、中核文の内容としては「流量が多い」という表現が取り出されることになる。これは他の表現の「結果」であり、Generalな表現だといえる。

抽象－具体
(例文4)　タデは家庭生活ではあまり縁がないが、料理屋では、なかなかの顔である。この料亭用のタデは、主にヤナギタデで、本タデ、真タデともいう。多くが栽培されるのは、ヤナギタデの中の紅タデという品種で、葉が紅紫色のため、畑一面が紫に見えるほどである。種子を採るために畑に作り、この種子を年中随時、容器にまいて子葉が開ききったころ（貝割れ）を採って「つま」に使う。紅タデの葉を糸のように細くした細葉タデは、若葉をそのままつまにする。ともに鯛などの白身の刺身むき。ヤナギタデの緑色系統の変種に青タデがあり、この若苗を使ったタデ酢は鮎料理に欠かせない。江戸の通人に好まれていた麻布タデも緑色の変種で、葉が柔らかく香りが良い。染料用のタデアイの貝割れもつまにするが、これは辛味がない。

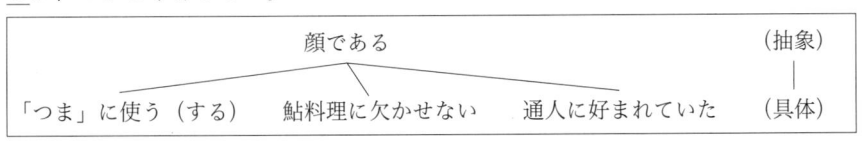

```
                    顔である                                （抽象）
        ┌──────────────┼──────────────┐                    │
   「つま」に使う（する）  鮎料理に欠かせない   通人に好まれていた    （具体）
```

　ここでは、中核文に含まれるGeneralな表現として「顔である」を取り出すことができるが、それは、具体的には実際に様々な形で用いられているという事実を、抽象的に表現したものだということができる。

上位語－下位語
(例文5)　昭和10年に東京日々新聞社が新秋の七草として、ハゲイトウ、コスモ

ス、イヌタデ、シュウカイドウ、ヒガンバナ（マンジュシャゲ）、キク、オシロイバナを選定したことがある。イヌタデ、ヒガンバナの他はいずれも庭園、花壇に栽培されるものばかりである。

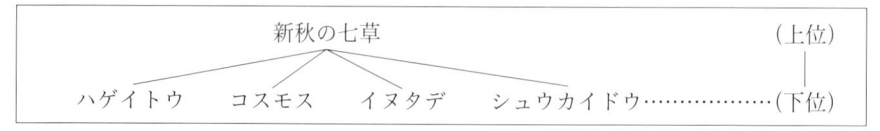

```
              新秋の七草                           （上位）
       ┌───────┬──────┼───────┬────────┐          │
     ハゲイトウ  コスモス  イヌタデ  シュウカイドウ ………（下位）
```

上位語が中核文の内容となる例である。表現の意味レベルの比較は、文段内部の構造を考える上でも極めて有効だといえよう。

以上のように、本章ではマクロ構造決定の手段としての「中核文」について論じてきたが、次章ではこれを利用して文段を決定し、説明文の文章構造やその特徴を捉える方法論について考えていきたい。

注

（注１） 佐久間（1994b）では、「中心文」について以下のように説明している。

「中心文」には名称や分類が諸説あるが、英文のコンポジションにおけるトピックセンテンスやキーセンテンスに由来するものである。「話題文」「小主題文」等が一般的な訳語とされるが、元来英作文における実践語彙であって、言語学的な意味での厳密な検討を経た概念ではない。

（注２） Stevenson（1993）はテクストにおけるTopicの連鎖が積み重ねられていくことで文章のマクロ構造が成立すると考え、Kintschのmemory bufferによる理解構造の理論を利用している。

Kintsch's model, ……concentrates on processes involved in constructing the propositional representation.

As the text is read and propositions are constructed, they are stored in a memory buffer of limited capacity. New propositions entering the buffer become connected, via bridging inferences, to those still residing in the buffer after the previous sample was taken. Comprehension takes place in cycles, and each cycle propositions are constructed and enter the buffer. A number of propositions, such as those that represent the topic of the text, are held in the buffer until the next cycle. The result of this process is that the propositions of the discourse become linked in a coherent connected structure. A macrostructure is constructed from these propositions to represent the inferred topic.

(Stevenson 1993)

6. 説明文における「中核文」の認定

その他、Hill (1993) では、「読みに対する心理言語学的なアプローチはボトムアップとトップダウンの2種類の情報処理法として知られている」として、bottom-upをdata driven, top-downをconceptually drivenと定義している。

(注3) さらにNarrative textにおいては、Episodeという概念を用いたParagraph のマクロ的な結束性に関する議論が展開されている。

In the same way the structural analysis of narrative has postulated categories or functions such as COMPLICATION and RESOLUTION defining the EPISODE of the story, which may be followed by EVALUATION and MORAL.

Similarly, in fairy tales or other simple narratives, we may have more specific 'semantic' functions like arrival of the hero, departure of the hero, trial of the hero, reward etc. These are proper macro-categories because they dominate sequences of propositions of narrative discourse, or rather the macro proposition related to such a sequence. (Dijk 1977)

(注4) 但し日本の英語教育では、トピックセンテンスを利用した指導が進められている。例えば垣田・松村 (1984) では、各パラグラフには中心主題 (topic, central idea) を表現しているトピックセンテンス (topic sentence)（別名 general statement）があり、トピックセンテンス以外の文はそれを支え、展開し、説明し、明確にするデイテール (details) と呼ばれている。そしてパラグラフ単位の読解では、トピックセンテンスと他の文とを峻別し、パラグラフの中心主題を把握せねばならないといった説明が行われている。

(注5) これらの他に市川 (1968) では、「一つの中心的内容を肯定するためにそれに対立することがらを一つ一つ否定し、その否定との関係において中心文を位置づける場合」が挙げられており、これを「対比的中心文」と呼んでいる。

(注6) その他、土部 (1993) は、「論理的文章の主題文の範型」として「存在文・解釈文・評価文・当為文」を挙げている。また佐久間 (1994b) では、統括機能の種類によって、中心文を「話題文・結論文・概要文・その他」に分類している。

(注7) 中心文の統括機能と段落相互の関係、段落内での中心文の出現位置について、佐久間 (1994b) では以下のような説明がある。

段落内での文が階層構造をなして統括力の最も強い中心文がそれ以下の文をまとめるとし、さらにこれは段相互の関係にも適応されるという立場をとっている。これは、文段内部での特定の一文が極めて強い統括力を持ち、それらが他の文と相互に階層構造をなすと捉えるものである。

(注8) 中核文の認定は「要約文」作成に近い性質を併せ持つが、要約よりも扱う対象やまとめた文の長さが短く、内容が簡潔である。また、本研究では出来上がった中核文の提示方法（文型等）についての研究を目的とはしないため、その把握の方法論について論じ、具体的な文産出の表現方法には言及しない。

(注9) 野村 (1988) では推論モデルについて、「テキストにおける関係性を表現と受容の過程

のなかでとらえると、テキストの要素の機能的可能態という範疇がそこに介在し、これに対して推論がおこなわれるという伝達のモデルが想定された。このような推論モデルは、コードモデルを前提とする。関係性は語彙の水準で明示的な場合もあるが、また文の配列・順序・近傍の度合い、テキスト外の情報に依存する場合もある」と指摘している。また、Grice（1975）の「協力の原理」の「関係性」にも着目し、テキストにおける「関係性の既定や推論は、所与のテキストに自己準拠的に、あるいは、再帰的におこなわれるだけではなく、（中略）テキスト外情報にも準拠する」と考え、テキスト理解の方略として「知識利用」と「知識生成」の二種を規定している。

　　これは説明文のテクスト理解においても当然適応され、本研究での説明文読解の方策とも通じる見解だと考える。
(注10)　市川（1978）は、「文段」は意味内容上のまとまりが他と相対的に区分されたものだとして、文法論の対象とはしていない。よって、文段相互の関係や文章構成は文法論の対象外であるが、文段相互の関係にも連接や配列の観点が準用でき、文段の中心的内容をかなり客観的に要約することが可能だと考えている。
(注11)　段落の機能と文の機能には相関性があると考えられるが、一般的な「文の機能」については木戸（1992）の分類がある。この分類は、本研究の中核文の予測段階における文段の種類とも関連した内容を持っている。
　　　X事実を述べる機能
　　　　a報告：事実をなるべく主観を交えずに提示する機能
　　　　b解説：事実を主観を交えて提示する機能（事実を詳述・一般化）
　　　　c根拠：判断のよりどころとなった事実を提示する機能
　　　Y意見を述べる機能
　　　　d理由：判断のよりどころとなった意見を提示する機能
　　　　e評価：ある事実についてある判断を下す機能（見解や感想）
　　　　f主張：読み手に対して意見を提示する機能
(注12)　市川（1978）における「文章の統括の仕方」は次のようである。
　　　　　　　　［集約的統括］：主題・要旨・結論・提案
　　　　　　　　　　　　　　　主要な題材・話題
　　　　　　　　　　　　　　　あら筋・筋書き
　　　　　　　　［付属的統括］：筆者の立場・意向・執筆態度
　　　　　　　　　　　　　　　本題の内容規定
　　　　　　　　　　　　　　　とき・所・登場人物
　　　　　　　　　　　　　　　本題と対比的内容
　　　　　　　　　　　　　　　関連事項
　　また安達（1987）での統括機能についての説明は、次のように意味的な観点から成されており、本研究でも参考となる。

6. 説明文における「中核文」の認定

文章の統括が、時間性によって等質的と認定される文が意味的に相関関係を取り結ぶことによって、段落あるいは段落を越えるまとまりへと連続する階層的関係において、文章という全体に至ると考えられる。この相関関係を形成するのが統括機能である。

(注13)　文章全体の起筆の種類と中核文の性質とは関連性があると考えられる。「書き出しの型」については、次のような説が示されている。
* 西田（1992）文章の主題や主内容と書き出し
  (1)即題法（解題法）：問題提示型・要点提示型
  (2)題言法（前置き法）
  (3)破題法（本筋の一部）
* 木坂（1990）書き出しの分類
  ①文章表現の機構を論じる
  　全体の輪郭・要旨・主題の漂白・作者の口上・事柄の提示
  ②文法論的文章論及びその発展としての文章構造
  　叙述内容の集約　　本題に対する前置き　　本題を構成する一部

(注14)　さらに久野（1978）では、「反復主題省略」という省略と反復との接点を指摘している。これは「xハ」という提題表現が持つピリオド越えという三上の説に拠るものである。

(注15)　反復語句とCohesionとの関係について、Markel（1984b）では、次のような叙述が見られる。

　The first level of cohesion, then, is the recurrence of the same lexical item……Frequently, however, strict identity is not required, even when the terms are ultimately morphologically the same… the third kind of recurrence is synonymy…

　Additionally a text signals repetitions with items that are equivalent-similar —— rather than identical… Some potential kinds of equivalence are the following suggested by Enkvist: contracting hyponymy, expanding hyponymy, sustained metaphor, comembership of the same field.

　またSalkie（1995）によるword repetitionについての見解は次の通りである。

　These are important in this text. We can show this in two ways.

　First, if we had to give a summary of what this text is about,…using three repeated words we just picked out…

　Second, we can show that if these words were not repeated, the text would make very little overall sense.

(注16)　叙述表現の重要性については、英語のテクスト研究であるDaneš（1974）やFries（1995）にも示唆が見られる。以下、Fries（1995）を引用したい。

　As we examine the text, we should keep in mind that the N-Rheme (for New/Rheme) is the newsworthy part of the clause, that is, the part of the clause that the writer wants the reader to correlate with the goals of the text as a whole, the goals of the text segment within those larger goals, and the goals of the sentence and the clause as well. On the other hand, the theme is oriented to the message conveyed by the clause.

As a result, we should expect the choice of thematic content usually to reflect local concerns. (Fries 1995)

(注17) また佐久間（1987a）では、「提題表現の統括力」に関し、現象文、存在文と係助詞「ハ」をめぐる統括力の比較を論じ、「統括力は現象文→存在文→転移文→判断文の順で後の方ほど強くなる」としている。

(注18) ムード、モダリティについては、様々な見解があるが、Bybee（1985）は、"Mood refers to the way the speaker presents the truth of the proposition, whether as probable, possible, or certain."と定義している。

本研究では、叙述表現の一部としてモダリティを取り上げるが、その意味論・語用論的なあり方については稿を改めたい。また文末の形によって主題文の範型を整理したものに土部（1993）があり、これらの文の「文の機能」、「段落の機能」、「文章の結構」との関係から、「課題・解明」型の「要旨文」の範型が導き出されている。

〈土部（1993）による論理的文章の主題文の範型〉
 1　存在文―存在判断による「ガアル」文
 2　解釈文―真偽判断による「ナニダ」文
 3　評価文―価値判断による「ドウダ」文
 4　当為文―当為判断による「ベキダ」文

土部（1003）では、

(注19) 益岡（1991）は、「演述型・情意表出型・訴え型・疑問型・簡単型」の5型に分類しているが、仁田（1985）では、「述べ立て・働きかけ・表出・問いかけ」の4型としている。

(注20) その他、動詞とモダリティの融合によるキーワード的な文末表現として、次のような例を考えることができる。
〈疑問〉　〜を考えてみよう
〈仮説〉　〜ではないかと考える・〜と思われる
〈評価〉　〜が望ましいだろう・〜に期待しよう・〜でありたい

(注21) 指示詞に関する研究は多く見られるが、本文に示した先行研究を以下にまとめておきたい。

吉本（1992）では、次のような説明がされている。
　現場指示（deixis）：指示物の同定が外界または出来事記憶に基づいて行われる場合
　文脈指示（anaphora）：指示物の同定が談話記憶にもとづいて行われる場合

田中（1981）は、ダイクシス用法の「コソア」は現場指示、照応用法の「コソア」は文脈に対応するとして、「照応」の用法を次のように説明する。
　典型的照応：照応関係は先行詞と照応詞の指示対象が同一、すなわち先行詞と照応詞が同一指示的（co-reference）。

6. 説明文における「中核文」の認定

　　　変則的照応：先行詞と照応詞が同一指示的であるほかに、聞き手の側にある種の意
　　　　　　　　味論的知識が前提とされる。
　　仁科（1987）には、「前者（テクスト内照応）では発話行為を中心に考えるところか
ら現場指示から文脈指示が派生すると考えられる。一方、後者（テクスト外照応）はテ
クストを中心に考えて文脈指示が第一次的なものであるとする」といった指摘が見られ
る。また、指示という概念については所（1986）の議論がある。
〈センテンスの展開を規制できる指示語〉
　　１．指示の連体詞と副詞
　　　　　　例：この、その、こんな、そんな　　＋名詞
　　　　　　　　こう、そう、　　　　　　　　　＋動詞
　　２．代名詞が本来の代名詞の役割を逸脱
　　　　　　例：場所を示す「そこ」などが場所を示さない。
　　３．特定の名詞が指示語として使われる場合
　　　　　　例：左、右、先、後、前者・後者など。

(注22)　次の吉本（1992）は、ア系の現場指示的な特徴を良く示した指摘である。
　　　　アは話し手・聞き手双方の出来事記憶中に存在する事物を指示する。但し聞き手が対
　　　象を明らかに知らない状況でレトリック的に用いることができ、この場合は聞き手に対
　　　する非難や話し手の感情移入などの語調を伴う。(後略)
　　　　また、田中（1981）では、コ・ソ・アのうち照応関係をもつものはコ・ソのみに限定
　　　されている。
(注23)　馬場（1992）は、文脈指示を「言語表現によって導入されたテキスト世界に存在して
　　　いる事項、あるいはその事項からの意味的連想に基づいてテキスト世界は導入しうる事
　　　項を指示内容とする用法」と考えるが、これは、推論による照応までを射程に入れた定
　　　義だといえ、本研究もこの考え方に従いたい。
(注24)　金水・田窪（1990）では、次のように説明されている。
　　　　基本的に文脈指示には、ソが用いられる。話し手からの心理的距離に関して中和的な
　　　ソに対し、近称のコは明らかに文脈指示においては、有標であり、なんらかの強調的な
　　　効果をもたらす。(中略) 操作可能性、所有、所属関係、導入者の優先権、情報の多寡な
　　　どの点で、話し手が指し示す対象を「近い」と認定できる対象でなければ、コは用いら
　　　れない。「解説のコ」が典型的に表れるまとまった内容についての解説というのは、まさ
　　　しく聞き手に対して内容の把握、情報量などの点において優位にたった発話なのである。
(注25)　関連語句と「連想」については高崎（1986）でも言及されている。
(注26)　さらにMcCarthy（1991）では、反復語句においてたびたび登場する語句が、"topic
　　　word"になる場合があると指摘されている。
(注27)　Tropesについては、このほかに、ironyや、pars pro toto（物的隠喩）なども含まれる。
(注28)　一方、「類似性」は「選択」として、コード（メタ言語的機能）に結びつくものとして

163

いる。
(注29) 尼ヶ崎（1988）では、「語の縁」という観点から、次のように整理が行われている。
「語の縁」の諸相

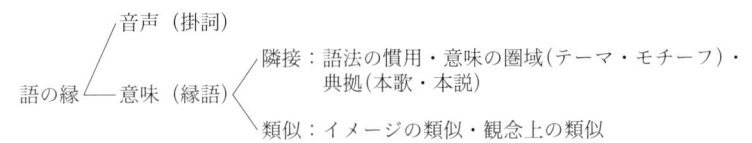

```
                音声（掛詞）
語の縁 ─┤                   ┌ 隣接：語法の慣用・意味の圏域（テーマ・モチーフ）・
                意味（縁語） ─┤       典拠（本歌・本説）
                             └ 類似：イメージの類似・観念上の類似
```

　これは、特に文学テクストの分析において有効であるが、説明文でも、たとえば「意味の圏域」に季語などが含まれるといった形が考えられる。
(注30)　この「monster-cat」のような関係は、認知意味論ではその場での一回的な「新しい範疇化」と説明されるので、「上位語－下位語」の関係、「メタファー」のどちらともとれるともいえる。
(注31)　以下、本研究で拾う関連表現は、「語」のレベルに限定せず「表現（句）」のレベルに着目する。

7．説明文のマクロ構造の認定

7．1．マクロ構造に関する先行研究

　Dijk & Kintsch（1983）は、テクストの記憶表象として、"surface memory"、"propositional text base"、"situation method"の３つのレベルを考え、このうちの"propositional text base"（命題的テクストベース）の意味構造には、局所的な構造を表すmicrostructureと全体的なテーマや要旨に関連するmacrostructureの二種を認めることができるとし、これに並行する形でミクロルールとマクロルールを定義している。それによるとマクロルールでは、一般化、削除、結合、構成という作業によって叙述の意味内容が構成されるが、これらの作業は「推論」を用いたスキーマによる統御の下に成立する。さらにこの「推論」は、"situation model"（状況モデル）というテクストに記述される状況全体を理解するためにも重要とされる。本研究で考えるマクロ構造の理解は、文章の全体構造を意識しながら情報をつかむことで、推論や予測の過程を含むため、このマクロルールを用いた作業は「中核文」を利用した説明文の読解に結び付くものだと考えられる。

　前章では、ミクロとマクロとの中間に立つ「文段」という言語単位の認定方法について考察したが、本章では、その文段の相互関係を中心としたマクロ構造把握の方法を考える。先行研究では、段落の相互関係を連接や配列から捉え、表現効果を高めるための文章作法として活用することが多かった。本研究では、それらを、人間の「推論」形式に端を発する文章の構成要素として、分析を進めていきたい。これは、リード（1985）が、

　　　正確で首尾一貫した方法で象徴を使用することは、明瞭な表現の基礎であり、それゆえ、すぐれた散文の基礎であるわけだ。すぐれた散文は明瞭な表

現に限定されるものではない。すなわち、それにはまたわれわれがみるように喚情的用法もある。だが、すぐれた解説的散文は象徴組織化して、われわれが、推理と呼ぶ構造を作りあげるものである。　　　　　（リード 1985）

として、解説的散文（説明文など）が推理と呼ぶ構造を持つとしていることからも、説明文の構造が推論形式と関係を持つことは大いに予想される。なぜなら、私たちの言語活動は文章・談話（テクスト・ディスコース）の形式をとることが普通だが、その表現活動においては内容や目的に沿った効果的な構造を考え、理解活動においてはその構造から表現者の推論過程をたどり、意味内容を明らかにしているからである。またLongacreは、段落構成とジャンルごとの内容展開について、「段落には、基本的にみて二項構成のものと、多項構成のものと二種がある」と規定し、「前者は対照や論理関係・因果性などの表現に多く利用され、後者は物語・描写などに多く現れる」（『現代言語学辞典』）と指摘しているが、これは、先のリード（1985）に見られた推論形式を具体化したものと見ることができよう。

　ところで、文章は、段落→文→語と細分化することが可能であるが、これら全ては相互に影響し合って構造を形成し、統一体を成している。そのため、ミクロレベルからの積み上げによるマクロ構造の析出は、文章研究の手法として盛んに取り上げられてきた。そこでさらに求められているのは、文章の論理の流れという大きな枠を推論形式などの心理学的なアプローチによって捉えた上で、内容の予測を援用したマクロ的テクストの解明を積極的に取り入れていく研究であろう。語や文という要素が文法規則に従って組み立てられて文章を形成するわけだが、それらの要素は書き手の意図に基づいて意味内容や、文脈を生み出しているということも重視すべきである。現在の国語教育における内容展開や段落構成の指導は、教材ごとの分析にとどまることが多く、しかも三段落や四段落構造といった典型例が中心である。各教材の指導では内容に応じた工夫が見られるにも関わらず、それらをまとめあげ、体系的に文章構造を捉える枠組みは未だ不十分な段階にあり、これについての検討を重ねていくことは急務である[注1]。

　その他、ジャンルとマクロ構造の関連性から文章を扱った実用的な読みの方策は、応用性が高いと予想される。マクロレベルにおけるスキーマの活用とは推論

や予測を伴った言語処理であるが、これに沿って文脈や文章構造をつかむことは、その主題や結論といった論点を明らかにすることにつながる。また、このような読解過程を経ることは、文章内容に対する読み手の姿勢（肯定・疑問・批判など）を自ずから明確化することにも有効であろう。文章理解の流れとして、個々の表現を連ねていくミクロレベルの積み重ねと同時に、様々なマクロ構造に適応し得る推論や意識に着目することも必要である。これは、ボトムアップとトップダウンを併用する読みという普遍的な言語能力としても期待される。

　立川（1994）では、ジャンルと文章構造には相関関係が存在していることを明らかにしたが、説明文にも特有の文章構造の傾向が見られると考えられる。もちろんジャンルを機械的に区分することは不可能であり、説明文のジャンル内部でも対象とする事柄や書き手、読み手の立場によって、その内容や構造にバリエーションが見られるだろう。しかし、説明文というジャンルが「正確さ」や「明快さ」という基本的性質を共有している以上、たとえば意見文における書き手特有の「説得の技術」や、随筆文における「書き手独特の書き癖」といった心情的要素は入りこみにくい。そこで本章では、このジャンルが持つ定式化した構造を析出することを目的とし、それを通して実際の読みに沿った応用性の高い方策を探っていきたいと思う。

　さて、文章構造に注目した先行研究では、「各言語、各文化は特有のパラグラフ構造を持っている」（Kaplan 1966）といった指摘や、「英語での説明文における〈演繹法〉、〈帰納法〉といった書き方に対して日本人には〈起承転結〉など独特の構造が見られる」（Hinds 1980, 1990など）といった指摘が見られる[注2]。このような、文化によって思考過程が異なり、それが文章構造に反映されるという事実は、第二言語習得研究でも取り上げられ、教育現場でも利用が図られている。けれども、人間はそういった文化圏による差を越えて、いくつかの普遍的な「推論形式」を持っており、それが基本的な理解を支える機能を担っていると考えられる。それゆえ、私たちが文章を理解する際にはこの推論形式を（無意識にも）利用しているはずであり、さらに表現する場合にはマクロ構造の構築に反映されるはずである。このような点から、推論形式を利用して説明文の基本的な構造を規定することが可能だと考えられ、以下ではこれに沿って考察を進めていきたい。

　本研究では、文章構造を把握するための具体的な手がかりとして、以下の3点

を取り上げる。
　1．統括段落の位置　　2．段落の連接　　　3．段落の配列
　これらは、部分的に文法論の援用が可能であるが、多くは文段の意味内容を中心に検討することで明らかにされるものである。マクロ構造の決定が単なる文法理論では処理しきれず、意味や内容も含めた談話分析の手法を用いる必要があることはDijk（1977）でも言明されている。

　　Macro-structures may in turn be subject to certain rules and constraints varying for different TYPES OF DISCOURSE. For example, a macro-structural proposition may be assigned to a certain CATEGORY representing a specific FUNCTION in the discourse. These categories and functions, although based on linguistic (semantic) macro-structures, do not themselves belong to linguistic theory or grammar proper, but are to be defined within the framework of more general THEORY OF DISCOUSE or subtheories, like the theory of narrative, the theory of argumentation, of the theory of propaganda, belonging to various disciplines, e.g. poetics, rhetoric, philosophy or the social sciences. Such theories would require separate monographs and we therefore may only briefly discuss the relation with linguistic macrostructure as they are treated in this book.　　　　　（Dijk 1977）

　ここでDijkは、ディスコースのタイプ（ジャンル）に対応したマクロ構造の存在を示しているが、それは多様な要因によって決定されると考えている。日本語学の先行研究では、そうした要因が単独に取り上げられて相互に脈絡が見られない、または各要因が混同されてしまっているといった問題点があった。立川（1994）では、まず文章全体の中で中心段落（＝統括段落）の有無を検討し、次に段落相互の連結（連接していない二つ以上の段落をも含んだ結合関係）について「配列」の概念をもとに「拡張型」と「進展型」の二つの論理展開型に分類し、その構造の図式化を行った。このように文章の時間的な流れや各段落の性質、結合関係を図式化（視覚化）することは、文章構造の類型化と国語教育への応用を可能にするものだといえよう。しかし、段落決定の手法や、より高次の文章構造

についての議論が手薄であるという問題点が残された。そこで本研究ではこれらの点を再検討して、ジャンルと構造の関係について分析を進めていきたい。

　この分野の代表的な先行研究には、永野（1972）や市川（1978）がある。まず、マクロ構造把握の基礎単位である「文段」についてだが、国語教育では、改行一字下げによる「形式段落」と、内容面から区分される「意味段落」があり、前者は書き手が、後者は読み手が設定するという性格から、特に表現主体の意図が強く反映されるジャンル（例：文学的文章、随筆など）では、形式段落の在り方は多様である。けれども説明文は、正確に理解されることを目標とし、常に読み手を想定した客観的な叙述が行われるため、この二種類の段落は一致することが多い。すなわち、説明文は言語的な形態による内容構造の把握が、比較的容易なジャンルだということができる。但し、もちろんこれは、形態的に明示された形式段落のいずれかが、意味段落の区切れ目と対応するという程度のことであり、全ての場合に形式段落と意味段落が即応するというものではない[注3]。本研究では、中核文に基づいて設定した文段をマクロ構造の基礎単位と考えるが、これは形態的指標と意味的指標の両方を用いて決定されるため、国語教育における上述の段落の双方の性質を併せ持つものである。

　次に連接類型についてであるが、ここでは、「連接」と「配列」の概念を整理することが重要な課題である。段落相互の関係は「連接」と「配列」の両面から捉えることができるが、各々は異なる観点から文章構造を捉えた仕組みであるため、相互に強い関連を持つものの、同一の次元としてまとめることはできない。文章構造把握では、両者の関係を明確にする必要があり、これについては後節で改めて議論する。

　さて、説明文の文章構造把握に関する研究として、まず樺島（1978）は、文章の目的や意図に応じた効果的な型を想定し、説明の文章では、理解がうまく成り立つように文章を構成する必要性を指摘した上で、説明文に「（導入）・（説明）・（結び）」の三部構成を認めている。さらにこの構成の中の（説明）の下位分類として、「定義・例示・問題提起・問題解決」といった項目を設け、各々の叙述の型を示している。

　また、説明文の構造に多くの観点を盛り込んだ分析として、岸・綿井・谷口（1989）がある。そこでは、formalな説明文として小学校国語教科書の説明文を

取り上げ、それを「統括」と「配列」によって分類し、全センテンスの連接関係を規定した上で、心理学的統計処理を用いて小学生の「配列」の理解能力を調査している。ここに見られる文章の各段落にラベルづけを行う手法は、本研究で用いる「配列」概念の利用法と似た性質を持つ。しかしこれは、規範的な説明文（教科書の文章はリライトされたものや、そのために書き下ろされたテクストが中心である）を対象とした、子供の論理構造の獲得と形成といった心理学的な議論であるため、ジャンル決定の根拠や段落構造把握の方法論、認定に対する客観性など言語学的な文章分析の方法としては、改めて検討すべき要素も多い。

さらに白井（1980）は、文章を「結合関係によって意味単位が互いに結ばれているネットワーク」と考え、その結合子としての「意味結合関係（Cohesion relation）」をもとに、機能的側面からそれを「連接関係」と「対等関係」とに分類しており、永尾（1983）は段落の関係のあり方の基本的な概念について、「共通する概念」・「相違する概念」のどちらの関係なのか、それぞれはどのように結合するのかによって、文章の立体構造を考えることが可能だとしている。

一方、テクスト分析における段落構造（macro-structure）の分析では、各センテンスのTheme-Rhemeに着目する方法がある。Daneš（1974）では、"The relevance of functional sentence perspective for the organization of discourse (or text) is beyond doubt."として、センテンスレベルのTopic-Comment構造に着目し、Topicの連鎖（TP=Thematic Progression）についての類型を立てている。そしてこれらTPのタイプは、実際の文では様々な組み合わせとして実現されているとして、文章の構造を論じている。

DanešによるTopicの連接構造（TP=Thematic Progression）
 (1) Simple linear TP (or TP with linear thematization of rhemes):
     Each R becomes the T of the next utterance.
 (2) TP with a continuous (contrast) theme:
     In this type one and the same T appears in a series of utterances (to be sure, in not fully identical wording), to which different R's are linked up
 (3) TP with derived T's: The particular utterance themes are derived from

7. 説明文のマクロ構造の認定

'hypertheme' (of a paragraph, or other text section).

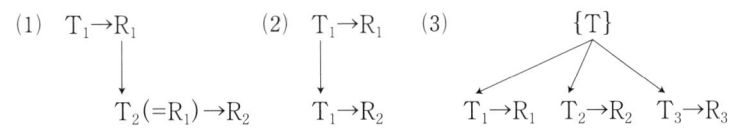

(1) $T_1 \rightarrow R_1$ (2) $T_1 \rightarrow R_1$ (3) $\{T\}$
    $\downarrow$ $\downarrow$ ↙ ↓ ↘
$T_2(=R_1) \rightarrow R_2$ $T_1 \rightarrow R_2$ $T_1 \rightarrow R_1$ $T_2 \rightarrow R_2$ $T_3 \rightarrow R_3$

またRhemeについても、

> In respect to FSP (Functional Sentence Perspective), the generalized structure of a coherent text may be described in terms of an underlying thematic progression and a rhematic sequence of semantic relations obtaining between the particular rhemes.

として、文章構造分析におけるRheme部分の重要性を述べている。述部に言語主体の心的態度が現れることについては、日本語の研究でも指摘されているが(中本 1989など)、叙述表現と段落内容の展開が深く関係することは、本研究でも提題表現・叙述表現の議論においてふれた通りである。

また文章のmacrostructure理論として有名なDijk (1977) では、文体的な関係をsemanticな面から指摘し、談話におけるTopicとMacro-structureが全体の一貫性を支え、またそれら自身は線条性によって支配されていることを示した上で、談話のタイプ別の構造や認知的側面からの分析を詳細に行っている[注4]。

ところで、第一言語としての英語学習では、文章作法として文章構造が必ず取り上げられる。例えばAuerbach & Snyder (1987) では、文章構造として、Generalization and specific; Classification; Comparison and contrast; Problem-Solutionなどの種類が挙げられており、Salkie (1995) は、readingにおけるcohesionの分析の一部としてLarger Patternを挙げている。以下ではこれらのテクスト分析の手法をふまえて、日本語の文章構造について考えていくことにする。

7．2．マクロ構造把握の手順

　説明文とはある情報を相手に分かりやすく伝達する文章であるため、内容と共に形式が重要なジャンルである。またこの文章は、文学的文章のように内容を理解・記憶するだけに終わらず、そこから得た知見を実際の生活に生かすことによって最終的な目的が達せられる。この違いについてKintsch（1994）は、

　　Remembering a text means that one can reproduce it in some form, more or less verbatim and more or less completely, at least its gist. Learning from a text implies that one is able to use the information provided by the text in other ways, not just for reproduction……The need to distinguish between text memory and learning arises from the impreciseness of the term comprehension.　　　　（Kintsch 1994）

として、'Remembering a text'と'Learning from a text'の差について指摘しているが、説明文において必要なのは後者といえよう。この'Learning from a text'は、文章の細部や一部の記憶や曖昧な理解によっては達成し得ず、叙述された事柄を正確に理解した上で、抽象的にかつ大局的にまとめ直すことを必要とするが、その際に文章のマクロ構造は重要な役割を果たす。すなわち、'Learning from a text'の過程において、テクストの論理構造の把握は不可欠なのである。説明文の叙述内容は、単なる眼前の事実の列挙でも表現者の想像でもない。伝達事項は、表現者の手によって整理された知識や情報として提供されているため、説明文の文章は必ず「構造化」されているはずである。この構造化の仕組みを的確に捉える能力としての「スキーマ」は、'Learning from a text'を目的とする説明文の理解に必須とされるものであろう。物語や小説などの文学的文章ではプロットの意外性や新奇性が作品の面白さを生み出すこともあるため、一概にスキーマのみを用いてその構造理解を論じることはできないが、説明文では内容の分かりやすさが最優先されるため、受容者の予測可能の度合いが重要である。すなわち、マクロ構造認定に際しては、読み手がどれだけスキーマを活性化させられるかが問題となるのである。このマクロ構造把握の中で本研究が特に重視するのは、文段の

7. 説明文のマクロ構造の認定

性質の決定や推論形式に緊密に関わる「配列」に関するスキーマである。国語教育では、表現指導の分野で「材料」の組立てを用いた構成指導が行われているが（大内1989など）、この思考操作は読解の領域にも生かされるべきである。

ところで、説明文の構成を「分かりやすさ」という観点から分析した先行研究は言語教育の分野で多いが[注5]、わかりやすい文章（規範的な文章）について論じることと、一般に読まれている文章について論じることとは、異なる立場である。またこうした一般的な説明文についても、辞書的な説明文（極めて客観的に事実を簡明に説明した文章）と、一般的な説明文（ある事項について、表現者が多角的な目で分析し、総合的に説明した文章）とは、同じジャンルに属するものの、両者の構造には違いがある。本研究では、その目的に鑑み、言語教育における表現・読解活動の対象として位置付けられるような後者のタイプ、すなわち実際に用いられるある程度の長さとまとまった内容を持った説明文を、記述的に論じていきたいと思う。

以下では、説明文のマクロ構造を認定する手順について、具体的な考察を進めていく。まず理論的には、説明文の構造を次のような観点から捉えることにする。

(1) 説明文は（文学的文章のように）時間的な流れに限定されたり、循環的な構造を持ったりするものではなく、論理的な流れによって立体的な構造を成している。そしてその構造は、大きくは人間の推論形式のいずれかのパタンに還元できる。

(2) 人間の推論形式は、「演繹・帰納・追歩」の三つの方式を基本とするが、それは統括段落の位置と、内容展開の様相によって決定されるものとする。またマクロ構造では、文段のいくつかが集合体を成し、文章全体はそうした文段の集合体によって形成される（このようにして成立する文段の集合体を、本研究では「集合文段」と呼ぶ）。

(3) 文章のマクロ構造を詳しく捉えるために、集合文段の相互関係として、「配列」と「連接」の二項目を立てる。

(4) 集合文段は一つ以上の文段によって形成されるが、「配列」から認定される文章内での機能や、「連接」から理解される文段相互の親疎によって認定される。またこれらの事項の検討に関しては、文段認定に用いた中核文も利用する。

(5) 国語教育への応用を考慮して、(3)・(4)の事項については図式化を図り、実際の文章構造が明確に示されるような方法論を考える。

　以上が理論的なマクロ構造把握の手法であるが、具体的な手順を考察する前に、本章の冒頭で取り上げた「推論形式」と「説明文」の関係についてまとめておきたい。説明文は情報伝達を目的とするため、その内容は単純な線的連続ではなく、構造化されており、この事実は文章の長さとは関係がない。文章構造は「説明しようとする内容」（前提と結論）と、それに対して「どういった方法をとるか」（方法）によって決定されるが、「説明しようとする内容」は「作者が読み手に理解させたい部分（結論）」という叙述の眼目と、「それを支える部分（前提）」との二つの部分に大きく分割できる。別の見方をすると、「結論」とは統括力を持つ論旨や要点であり、「前提」はそれを明確化するための叙述ということになるが、これらは整理をすることで、人間の推論形式になぞらえることができる。
　Graesser & Goodman (1985) は、説明文の構造をGoal-oriented, Cause-orientedの二種類に大別してその様相を図式化している。この関係は'Goal'あるいは'Cause'を基点とする点でやや本研究の見方とは異なるが、説明文にこうした二項を中心とした構造を認める見解として、共通点も持つ。ここではBlack (1981) の説を引用して、Goal-orientedとCause-orientedについて、以下のように説明している。

　　Perhaps both structures would be derived in the representational theory. Some comprehenders might construct the information in a cause-oriented fashion and others in a goal-oriented fashion. The orientation may depend on the goals of the comprehender. 　　　　　(Graesser & Goodman 1985)

　Black (1981) を参考にすると、人間が推論を利用して文章を理解する思考過程では、まず中心点（＝結論）を決定することが必要だといえる（もちろんこれは中心点が不在（＝結論無し）という場合も考えられる）。ここから構造的な読解や表現活動の思考過程についての本研究での見解は、次のように説明することができる。テクストに関する言語活動では、まず文章の統括部分（結論）とそれ以外の部分（前提）との区別が行われ、次にこの二大別をもとにそれらの連接関係や

7. 説明文のマクロ構造の認定

配列関係（方法）が考えられる。これらを通して「結論」と「前提」のあり方が一層明確になると共に、文章全体の構造が理解されるが、これについては図式化を行うことが可能である。またこの一連の手法を体系的に整理することによって、国語教育や広く一般の読みの技術への応用が可能となる。本研究ではこの過程を理論的に明らかにすることで、効果的な文章理解の方法論への発展を目指す。

従来の国語教育では、文章構成を三～四段落に分割し（「序論・本論・結論」、「起承転結」など）、文学的文章も説明的文章も同じ枠組みで構造分析を行っていた。本研究では特に情報伝達の構造を持つ説明文にジャンルを限定し、人間の理解の方策に基づく形態（推論形式）からその構造を考えるという、新たな視点でマクロ構造を認定する。

具体的にはこの中心部分（＝結論）の決定を、統括・被統括の判別に結びつける。よって、大部分の文章は「前件－後件」的な二項構造に分割されると予想されるが、これは推論形式の「演繹型」と「帰納型」に収束され、それ以外に順々に論理的に内容を展開していく型として、「追歩型」が存在する（詳しくは後節で扱う）。

以上の通り本研究では、説明文の構造には推論という人間の思考のメカニズムが反映され、マクロ構造は基本的に二項関係によって成立しているものと考えるが、実際の文脈から説明文に二つの項目を認めている分析も見られる。たとえば野村（1993）では説明文を、「(a)説明の駆動（先行文脈の類型）」と「(b)説明の意味（説明の本体・展開）」に分けて、それぞれの類型を列挙している。(a)・(b)の分類と本研究で考える「前提・結論・方法」はカバーする領域の上で差があるが、説明文を二つの事項の関係によって展開する形式と規定する点で、やはり共通性を持つ立場だといえよう。

その他、二項関係に関しては、総合的・全体的に内容把握を行う場合、重要なことを先に述べて付加的なことを後に行う、大づかみの内容をまず述べて細かい部分は後で述べるなどの前件・後件の区別をつけて順序立てることが多い（樺島1979）といった指摘もあるが、これを具体的に系統立てて整理することによって、体系的な理論化が可能となり、明快に説明文の構造を規定することができるはずである[注6]。

ところで、説明文の文脈の多くが二部構成（前提－結論）を持つとすると、そ

れぞれの部分（前項・後項）の機能を明確にする必要がある。これはつまり、前提と結論の組み合わせによって、文章全体がどういった論理構造を持つのかを明らかにすることだが、本研究では「配列」の概念からそれを割り出していく。ここで「配列」とは、文章内の特定の部分とそれ以外の部分との「相互関係」を、論理的視点から示すものであると考える（先行研究では「配列」の概念規定が曖昧で、「機能」や「連接」との混同が見られた）。すなわち、集合文段を成立させて前項と後項との組み合わせをその「配列」の関係から考えることで、相互の論理構成を明示するわけである[注7]。以下では、これらの理論に基づいた具体的なマクロ構造認定の手順を示す。

〈本研究におけるマクロ構造認定の手順〉
［１］　中核文に基づく文段の認定
　　　　前章で論じた言語学的な根拠に従って、潜在型・顕在型の中核文を認定し、それによって文段を決定する。
［２］　文段の機能の決定・連接関係による段落相互の親疎の考察・集合文段の決定
　　　　文段の機能は「Ａ　開始機能　Ｂ展開機能　Ｃ転換機能　Ｄ終結機能」のいずれになるか（各機能は単数の文段から成立するとは限らない。またひとつの文章の中に全ての機能が出現するとは限らない）、それぞれの切れ続きの形態はどのようであるかを考える。
　　　　同じ機能は結びつきは強く、別の機能は結びつきは弱いため、ここから段落の親疎は大づかみに捉えることが出来る（より具体的には「配列」の部分で明らかになる）。
　　　　さらに段落の親疎を見る指標として連接関係も利用するが、ここでは特に強い分断点を認定することを目的とする。
［３］　文章構造の図式化
　　　　［２］で明らかになった文段の機能や親疎から文段内容の相互関係を図式化する。
［４］　文段の性質及び集合文段の配列の決定
　　　　［１］〜［３］の操作と図式化によって明らかになった構造を、より抽象

的な形で把握するための作業である。文段相互の親疎と中核文の内容を中心に「配列」を決定して、文章構成をつかむ。
［５］ 集合文段相互の連接関係の決定
　　ここでは、この後に検討する統括の位置とも絡めて、集合文段の連接を決定する。文章全体の流れをつかむことに重点を置き、構造の論理展開を考える指標として連接関係を扱う。
［６］ 統括部位の決定・推論形式からのマクロ構造把握
　　統括部位はふつう一カ所だが、二カ所の場合もある（集合文段として統括を認定するため、「統括部位」という表現を用いる）。
　　さらに推論形式によるマクロ構造の認定を行う。

本研究のマクロ構造の把握は、以上の手順によって進められるが、この方法の特徴は、以下のようにまとめられる。

・文や語句の関係や叙述内容から認定された中核文をもとに決定した「文段」を、マクロ構造を構成する基礎単位として考える。
・言語的理論に基づいた手法で認定された中核文を、文段の内容や機能の決定に利用する。これは客観的指標の一つとして取り扱う。
・文段の相互関係については、連続する二段落だけでなく、常に全ての文段を含めて抽象化した形で検討する。マクロ構造把握においては文章の流れを知ることが重要であるが、簡略な図式化を行うことによってその立体的な構造を明確に捉える。
・説明文の構造を、統括部位・文段の機能と配列・連接関係といった多面的視点から決定し、それを図式化（視覚化）して明示することによって、最終的には「推論形式」の一つとして捉えるが、その際には国語教育・日本語教育へ向けての応用性に配慮する。

以下では、上に述べた項目［１］～［６］の各手順について詳しく論じていきたい。

7.3. マクロ構造認定の具体的方策

　本節では、前節で示したマクロ構造把握の手順の各事項について議論を行う。

7.3.1　文段の機能と切れ続きの指標としての連接関係（手順［2］）

　マクロ構造決定の手始めに、文章全体の中での位置と中核文の内容によって明らかになる「文段の機能」と「連接」について考察する。前者は文段の基本的な役割を示す指標で、後者は文脈展開の流れを追いながら文段相互の緊密度を計る指標であるが、これらを利用することで、集合文段決定の手がかりとなる文段の様相を見ることができる。

　まず「文段の機能」だが、これは、マクロ構造決定の手順［4］の配列の決定（7.2.参照）と関わるもので、中核文認定の予測段階においては形式段落を手がかりに考察したが、ここではさらに詳細な検討を経て決定していく。こうしたパラグラフや段の機能について、先行研究では以下のように指摘されている。

Steel（1950）：パラグラフの種類
- ①　導入（introductory）：トピックを提示する機能
- ②　終結（concluding）：論文の内容をまとめる機能
- ③　移行（transitional）：旧から新へと結ぶ機能。前述部をまとめるようなことはしない。
- ④　展開（developing）：①〜③以外の総称。トピックセンテンスが明確に決定されやすい。

佐久間（1994b）：文章の展開における段の主要な機能
- A　文脈展開機能－始発機能・再開機能
- B　文脈継続機能－並列機能・対比機能・因果機能・反対機能・解説機能・補充機能
- C　文脈転換機能－変換機能・逆転機能・制約機能
- D　文脈終結機能－終了機能・中断機能

7. 説明文のマクロ構造の認定

　この他、森岡（1965）では、段落の目的や役目として「主要段落、導入の段落、結びの段落、つなぎの段落、補足の段落、強調の段落、会話の段落」を挙げ、西田（1993）は、段落の種類を以下のように設定している[注8]。

①始発段落：文章の最初に位置する書き出しの段落
②運びの段落（展開段落・転換段落）：書き出しの段落の後に書かれる段落
③終結段落：文章の最後に位置する終わりの段落

　以上より、文段の機能として立てられる項目（本研究では「開始・展開・転換・終結」の4種類）は、日欧いずれの先行研究においてもほぼ一致した見解が見られる。そこでマクロ的視点から文段の機能を認定するにあたっては、「統括力の強弱」と、文章のどの部位へと受け継いでいく（受け継ぎ）ことが多いのかという観点を設定し、以下のように整理したい。この「受け継ぎ」は、その機能の出現位置（前部・後部）とも深く関わるものである。

〈図表7－1：マクロ構造決定における文段の機能〉

受け継ぎの傾向	統括力が強い	統括力が弱い
後部へ受け継がれる	A開始機能	C転換機能
前部から受け継ぐ	D終結機能	B展開機能

　文段の機能は中核文認定の予測段階でも考察したが、マクロ構造認定においては、これらの機能を中核文の内容を含めて検討する。中核文の予測段階では、読み手は叙述内容から「事柄、説明・解説、意見」のタイプを判別し、さらに文章中の位置から文段の機能を予測した。一方、マクロ構造の認定では、各文段の叙述内容である中核文同士を相対的に比較し、統括に関する検討を行う。そのため、例えば文章の最終部に位置する文段が必ずしも終結機能を持つとは限らず、前段との関係によっては展開機能を持つことになる。

　また機能の決定では、各文段が前後のいずれの部分と内容的な受け継ぎが認められるのかを考慮するが、それについては連接関係を通した分断点の認定を援用する。つまりここでは、特にその切れ続きの強弱を見るという「切れる」連接関係に注目するわけである。またこの文段相互の親疎については文相互の親疎関係を準用するが、これは各文段の内容を示す中核文から各文段の連接関係を検討することが可能だと考えるためである。

二文の連接関係の研究として、佐久間（1992a）は、接続表現の必要性の高いものは省略率の低い「必須的な用法」、必要性の低いものは省略率の高い「補助的な用法」に相当するという前提のもと、市川（1978）他と自らの実験データから、逆接型・転換型が省略されにくく、対比型・同列型・添加型・補足型の順で省略率が高くなると結論づけている。

　また佐久間（1992b）は、二文のつながり具合について「文間文脈の距離」という市川（1978）の概念を利用し、「連鎖型」、「同列型」、「補足型」、「添加型」、「順接型」は、〈緊密度〉が大きくて内容面での〈類似度〉が高く、二文の文間文脈展開の距離は小さく、「転換型」、「逆接型」、「対比型」は〈緊密度〉が小さくて〈類似度〉が低く、文間文脈の距離が大きい傾向があるとする。

　また西田（1992）は、「文と文との連接」という枠組みでその結びつきが「緊密」な場合と「ゆるやか」な場合について列挙している。西田説は連接論の中に「配列」が混在している点に問題があり、論理的な結びつきからの分類であることから、ここでの連接の議論に直ちに応用することはできないが、「ゆるやかに結びつく」関係は、文学的文章のジャンルでの展開に見られるパターンであるのに対し、「緊密な関係で結びつく」場合は、いずれも論理展開を中心とした説明的文章にしばしばみられるパターンであるという点で、参考となる知見である。

西田（1992）：文と文との連接
・文が緊密な関係で結びつく場合
　　1　問いかけ－答え　　2　総括・要約－内容説明
　　3　叙述－結果　　　　4　まとめ－具体例
　　5　言い換え（並立）　6　対照比較
　　7　対比
・文がゆるやかに結びつく場合
　　1　空間・時間　　　　2　話題に一貫性

　さらに土部（1973）は、「文相互の関連的地位」を「位」と考え、「位」を叙述内容の関連性がより緊密なものから疎遠なものへと7種14類に類別している。この研究は、文の関連における「意味内容の緊密度の強弱・濃淡」という視点を取り入れ、

緊密度の強い順に「再叙・分化（補説・前提）・帰結（順接・逆接）・累加・並列・対比・応答・転換」と提示している。ここでも配列と連接が混在して議論されているが、佐久間（1992b）とも重なる結果が一部見られる点が注目される。

以上、文段相互の関係を文相互の関係から準用して考えた場合、分断点は「連接」の様相から相対的に決定されることが明らかとなり、複数の研究者が示す「転換」と「対比」が切れやすい性質と考えてよいだろう[注9]。このように手順［２］の段階における連接は、文段相互の切れ続き、とりわけそれらの中でも分断点をみるもので、連接関係の具体的な検討は後節で行いたい。

7．3．2．文章のマクロ構造の図式化（手順［３］）

前節では文段の機能と、連接による各文段の親疎を捉えたが、本節では立川（1994）を基礎研究としてこれらの関係の図式化について考える。説明文のマクロ構造は次のような例が考えられる。

〈図表７－２：説明文のマクロ構造の図式例〉

```
           A開始  B展開  C転換  D終結  （文段の機能）
         ┌─────────────────────────┐
         │ 1                       │
         │   ＼                    │
         │     ＼                  │
         │       2                 │
         │         ～～            │
         │            ～～ 3       │
         │                    ┌──┐
         │                    │ 4│
         └────────────────────┴──┘
  文章の線条的進行
```

まず、図の縦軸は文章の線条的進行を示し、横軸Ａ～Ｄ欄は文段の機能を示す。そして縦軸の文章の線条性に従い若い数字から順に、機能ごとに文段の番号を記入する。次にこれらの文段を線で結ぶが、連接上大きな分断点を成すと考えられる箇所（転換、逆接）については、文段を結ぶ線に切れ目を入れる。また各文段を結ぶ線の種類には ──── 線と ～～～ 線の二種類を考える。この二者の区別は文段相互の内容の「流れ」と「結合状態」をもとに、以下の理論によって区別される。

文章には時間的、論理的という二種類の「流れ」が存在するが、前者は冒頭から結末へと一方向に流れを成し、これは書き手が文章を進めていく速度やリズム、

そして読み手が文章を読み進めていく速度などと一致する。一方後者は文章内容と密接な関係を持ち、文章構造によって類型化することが可能である。そこで、この時間的、論理的な「流れ」が進行している状態を ──── 線で、停止している状態を 〜〜〜 線で表すことにする（これはDaneš（1974）に見られる「直接的主題展開」と「派生的主題展開」の概念にもなぞらえる）。

また、段相互の関係が ──── 線で結ばれる場合、内容の「結合状態」は、前段が主張している内容と直接関係を持つ内容が後段で展開される。つまり、前段と後段は内容的に脈絡をもって強く結合しており、両者によって一つの連続した話題が完成される。この場合、各段落の主題や言及対象は一致するが、言及範囲は異なる必要がある。つまり、前段の一部もしくは全体と関連しつつ後段の内容が展開され、両段によって完結した論理が構成されるのであり、両者には多様な関係が認められる。

一方、〜〜〜 線の関係における「結合状態」は、同じレベルで筋が並列される型であり、具体的には各段が列挙・対照などの関係を持つ。

ところで本研究は、推論形式に基づいて説明文のマクロ構造を把握するため、「配列」や「連接」についての詳細な議論は、集合文段の相互関係の決定において行う。図式化における文段相互の結合は、内容展開を大きくとらえた上述のような ──── 線と 〜〜〜 線の連結状態の違いとして把握される[注10]。

次の手順［４］では、「配列」によって文段の性質と構造をよりマクロ的に決定していくが、ここで一つの性質にまとめられた集合文段は ……… で囲む。その後、中核文の内容と配列や連接、そしてこの図式から統括部位を決定するが、特に統括箇所となった集合文段は ……… から ──── に直し、□のように囲む。

以上のように、文章の抽象的なマクロ構造を視覚化することが可能になるが、これは立川（1994）でも実証されたように、教育現場への応用性の高い方策だと考えられる。次節では、マクロ構造の様相を詳細に理解する手段として、「配列」とそこから決定される「集合文段」の性質について考えていきたい。

7．3．3．文段の性質及び集合文段の配列（手順［4］）

　本節では、各文段の内容を「配列」という観点から捉えることで集合文段を決定し、それらの論理的な相互関係を考える。説明文の構造は、「配列」と「統括部位」、「連接」といった要素を絡み合わせることで推論形式に還元できると考えるが、その過程において、集合文段は、文章構造を論理構造として抽象的に表す「配列」から決定できるものとする。

　これに関連する研究としては所（1986）の「思考の方法」があり、これは思考の中には配列的な発想が含まれ、それが推論形式の下位項目として立てられるというものである。

所（1986）：思考の方法
1．並列型思考　　（1）　直列的連続　　（2）　並列的連続
　　　　　　　　　（3）　連鎖的連続　　（4）　漸層的連続
2．転化型思考
3．対象批判型思考
4．否定・肯定型思考
5．問答型思考

　この中の「2．転化型思考」は連接関係に、そして「4．否定・肯定型思考」は主にレトリックの領域に関わるものだが、「1．並列型思考」、「3．対象批判型思考」、「5．問答型思考」は「配列」に対応する。本研究で、配列は推論形式を具体化するものと位置づけられるが、「思考の方法」は推論につながることからも、配列と推論とは関係が深いと言えよう。人間が作成する文章の構造が思考様式に対応するのは当然であるが、特に「配列」はその具体的様相を示すのに有効だといえる。

　本節の手順［4］では、配列方式をもとに「集合文段」を決定するが、「集合文段」とは各文段の機能や中核文の内容から認定されるもので、配列で示される様々な関係（例：抽象－具体、問題－解決など）の中の単位として同じ性質を持つ文段の集合体である。よってこれは一つの文段で成立する場合もあれば、複数個の文段によって形成される場合もある。また手順［2］では、連接関係から文

段と文段とが「切れる」部分を考えたが、内容から段落を区切る目安としては
　筆者の見解に関する変化（論点、主張、観点など）
　話題となる事実の変化（対象、場面など）
が挙げられ、本研究の配列から認定する集合文段は、こうした目安を精密化したものということができる。

　以下では、配列に関する本研究の見解を詳説していくが、まず英文の先行研究に見られた文の配列のパタンを利用してその大枠を設定する。その理由は、英文の研究が4〜5個といった少数のタイプ（日本語の文章の場合は10項目以上を列挙するものが多い）によって配列のパターンを網羅しようとするものであり、具体的事象を整理する上で大いに参考となるためである。これを日本語の文章に応用し、先行分析に見られる段落配列のパタンに関して、立川（1994）をふまえて検討する。以上が説明文の配列類型設定の手順である。

　さて、配列に関する初期の研究としては、Christensen（1967）があり、そこではパラグラフの展開を「co-ordinate sequence; sub-ordinate sequence; mixed sequence」に分けている。同じように文章展開を大別したWinter（1977）では、全ての「節」は'sequenced'か、'matched'か、あるいは両方の結びつきによって成立しているとし、両者の違いは「反復」の利用の有無によるとしている。またこのWinter（1977）や、Hoey（1983）による分析は教育への応用性が高いため、英国における英語教育の方法論としてMcCarthy & Carter（1994）の中で紹介されている。具体的には文章の類型（clause-relational approach）として、
　phenomenon-reason; cause-consequence; instrument-achievement
テクスト構造（text organization）として、
　problem-solution; hypothetical-real; general-particular（preview-detail）
また、テクストの型（patterns in text）として、
　problem-solution; claim-counterclaim; general-specific
などが挙げられている。McCarthy & Carter（1994）では、それぞれの類型は特定のジャンルに偏る傾向を持ち、読者がこれらを理解することがテクストの理解にも効果的だと指摘しているが、上述の型の中では特に、problem-solutionやgeneral-specificが説明文と関係が深い。

　その他の代表的な理論としてMeyer（1975）があるが、この見解はHill（1993）

7. 説明文のマクロ構造の認定

で以下のように紹介されており、ここでもDiscourse structureが文章理解に関与すると指摘している。

　　Other research has been done on expository prose texts. Meyer (1975, 1977) and Meyer and Freedle (1984) recognize five different types of rhetorical organization; collection, causation, problem/solution, comparison and description...
　　Meyer and Freedle (1984) provided empirical evidence that the different types of discourse structure mentioned above differently affect the reasoning comprehension and recall of native speakers.　　(Hill 1993)

　加えてHill (1993) は、日本語の修辞構造として、"collection of description; causation; problem/solution; comparison"の4種類を紹介しており、英語の視点からの日本語の文章の分析として興味深い。さらにLongacre (1980) は、Paragraphのタイプとして7種を提示し、文の集合状態をもとにパタン化を行っているが、パラグラフと文との関係は文章とパラグラフの関係になぞらえることができると考えられ、やはり参考となる指摘である[注11]。
　以下では英文の代表的な研究で挙げられた文章構成のパターンをまとめ、比較を行う。

〈図表7-2：英文における文章構造の類型〉

	Hoey&Winter (in McCarthy 1994)	Meyer (1975)	Hill (1993)	Hague & Scott (1994)
1	phenomenon-reason			
2	cause-consequent	causation	causation	cause/effect
3	instrument-achievement			
4	problem-solution	problem-solution	problem-solution	problem-solution
5	hypothetical-real			
6	general-particular			
7	claim-counterclaim			
8		collection	collection of description	collection
9		comparison	comparison	comparison and contrast
10		description		description

　上の表において、まず1～3は全て「因果関係」として一つにまとめられ、こ

れと並んで 4 problem-solution と 6 general-particular は、説明的文章全般に見られる構造と見ることができる。5 hypothetical-real と 7 claim-counterclaim については、池上（1985）で示された条件－帰結（同論文は英語の「接続詞の関係」として分類を行っているが、日本語を対象とする観点では配列に含まれるため、ここで議論の対象とする）の論理構造を示すもので、意見・主張を中心としたジャンルに多く見られる形式である。また Meyer（1975）と Hague & Scott（1994）に見られる 10 description は、narration と同義で修辞学用語として用いられることが多いが、ここでは、広く「描写」として、事実を時間や場所の推移を伴いながら叙述する用法や、特に説明文では内容の密度を変化させて叙述する用法（これも推移のひとつと考える）を含むものと捉える。これらから、日本語の文章へ応用した大枠としての分類は、以下のようにまとめられる。

〈図表７－３：英文の文章構造の類型：日本語テクストへの応用〉

英文での分類項目	日本語での分類名称
collection	列挙
comparison	対照
description	時空間・密度
general-particular	包摂
causation	因果
problem-solution	問題－解決
claim-counterclaim	論理（主張－反主張）
hypothetical-real	論理（仮説－事実）

　これらの中で general-particular や description については、その内部に様々なパタンを含むため、さらに下位分類について検討する余地がある。そこで以下では、日本語の文章の先行研究おける配列理論を表にする[注12]。これらは具体的である一方、各研究の着眼点には偏りも見られるが、英文での項目をもとに以下を具体的な配列の在り方として概観する。

7. 説明文のマクロ構造の認定

〈図表7－4：日本語の文章における文章構造の類型〉

平井(1970)	木原(1973)	西田(1992)	森岡(1965)	澤田(1978)	永野(1972)	市川(1978)
時間	時間	時間	時間	時間	時間	
空間	空間	空間	空間	空間	空間	
漸層	漸層		漸層		漸層	漸減・漸層
既知－未知	既知－未知		既知－未知	既知－未知	既知－未知	既知－未知
単純－複雑				単純－複雑		単純－複雑
原因－結果		原因－結果	原因－結果	原因－結果	原因－結果	原因－結果
特殊－一般	特殊－一般	特殊－一般	特殊－一般	特殊－一般	特殊－一般	一般－特殊
役立ち度		重要さ	重要さ	重要さ		
受け入れ度		興味	動機付け		身近	
	否定－肯定					
	消去法					
	疑問－解決	疑問－解決	問題解決順		疑問解決	課題－解決
		全体－部分				全体－部分
		原理－適応				原理－適用
提示－根拠						提示－根拠
					手段－目的	目的・手順・結果
						主要－付加
			列挙		列挙	列挙
					対比	対照

　以上、英語と日本語の配列理論について検討してきたが、ここから説明文の文章構造の「配列」は次のように整理できる。基本的には、「拡張型」と「進展型」に大別ができるが、これらの相違は、主題の展開という視点から、拡張型では主題が反復、対比（これは新主題の提示を含む）されるのに対し、進展型は主題が敷衍する性質を持つという点にある（これは、図式化における 〰〰 線と ── 線の関係と重なる）。

〈図表7−5：本研究における文章構造の「配列」〉

文章構造の型	下位分類		具体的な「配列」関係の例
拡張型	————		列挙・対照・対比
進展型	相対的	時空間	時間・空間
		内容の密度（濃度）	漸増・漸減・連想・既知−未知 重要さ・身近さ・役立ち度
		包摂	全体−部分・一般−特殊・主要−付加 抽象−具体・上位−下位
	論理的	因果	原因−結果・原理−適応・提示−根拠
		問題−解決	問題−解決・疑問−解決
		論理	仮説−事実・主張−反主張

　文段の「配列」から見た相互関係は上の通りである。進展型は6種類の下位分類によって構成されるが、大きくは相対的関係と論理的関係との二つのグループに分割できる。この他「演繹」・「帰納」という用語が先行研究には見られたが、これらがいずれの下位分類を含むのかについては一定の見解が見られず、「一般−特殊」（平井（1970）・木原（1973）・澤田（1978））や、「原理−適応」（西田（1992））など対応は様々であった。本研究では、「演繹型」と「帰納型」は推論形式の一つとして扱うため、配列の中には組み込まない。

　さて、これらの配列関係は具体的な集合文段を形成する際の手がかりとなる。例えば、図式化の形態をふまえ、ある文章の文段の第一段から第三段めまでは中核文が表す文段の内容から「一般」を示し、第四段は「特殊」であるというように前件と後件を内容から区切ることができ、各々を集合文段と認めるのである。

　集合文段はこのように「配列」から認定されるもので、中核文認定の予測段階における「段落の種類（事柄・説明解説・意見）」からさらに深い論理構造として、実際的に規定される。つまりマクロ構造での集合文段は、構造的側面から配列の名称を用いて規定されることになる。

7．3．4．集合文段相互の連接関係（手順［5］）

　説明文のマクロ構造を把握する手段の中で、連接関係は情報の流れを端的に示す具体的な指標と位置付けられる。手順［2］では、各文段の親疎を考える方策として連接を用い、内容の分断点の認定を行った。本節では集合文段の配列と組

み合わせることによって、統括部位や推論形式の決定に結びつく論理構造的な側面から、連接関係の検討を行う。

　市川（1978）は「段落が思想上、一つのまとまりをもっているならば、その内容を要約して、文の形で表すことも可能になる。とすれば、段落と段落との関係を、文と文との関係に近似させて、文の連接関係を段落の連接関係に準用することができるはずである。」（市川 1978）と指摘している。本研究ではこの見解に沿い、集合文段相互の連接について、文相互の連接を援用する。

　「連接」と「配列」とは、文章を別々の視点から捉えた概念である。本研究では、「配列」は集合文段の相互関係を抽象的・概念的に示すものであり、「連接」は集合文段の論理的展開の方向を具体的に示す実際的・直接的な関係だと考える。両者は密接なつながりを持っているが、異なる枠組みで文章を観察する概念だといえる。

　さて、連接関係に関しては、その統括や論理構成から類型化を図ったもの（市川 1978, 塚原 1969）、二文だけでなく三文の主要な型についても言及したもの（永野 1972）、品詞論から検討を加えたもの（佐治 1987）、思考様式からその原理を考察したもの（所 1986）、網羅的に接続の種類を列挙したもの（田中 1984, 平沢 1992）など実に多くの研究がなされているが、基本的な項目立ては似通っている[注13]。

　本研究ではマクロ的文章構造把握の視点として「配列」と「連接」、そして「統括」を柱とするが、以下、「連接関係」の型の代表例として、市川、塚原、永野各氏の類型を取り上げる。

市川（1978）：文の連接関係の基本的類型
　A　論理的結合関係：二つを論理的に結びつける
　　1 順接型　順当・きっかけ・結果・目的（だから、それで、すると、かくて）
　　2 逆接型　反対・背反・意外（しかし）
　B　多角的連続関係：二つを別々に並べる
　　3 添加型　累加・序列・追加・並列・継起（そして）
　　4 対比型　比較・選択・対立（むしろ、または）
　　5 転換型　転移・推移・課題・区分・放任（ところで、では）

C　拡充的合成関係
　　6 同列型　反復・限定・換置（すなわち、つまり）
　　7 補足型　根拠づけ・制約・補充・充足（なぜなら、ただし）
　　8 連鎖型　連携・引用・応対・問答形式（特に接続詞が入らない）

永野（1972）：連接関係の類型
　　1 展開型　（だから、すると、それで）
　　2 反対型　（しかし）
　　3 累加型　（そして、その上）
　　4 同格型　（つまり、たとえば）
　　5 補足型　（なぜなら、というのは）
　　6 対比型　（または）
　　7 転換型　（さて）
　　8 飛石型
　　9 積石型

塚原（1969）：接続詞の分類

A　展開的連接	B　構成的連接
・論理的展開	・連続的構成
順態（だから、ゆえに）	解説（なぜなら、ただし）
逆態（しかし）	同列（つまり、たとえば）
・段階的展開	・断絶的構成
前提（そこで、すると）	対比（または）
累加（そして、および）	転換（さて）

　塚原説の分類は、接続詞を「展開的」と「構成的」と二大別している点がユニークである。また永野説の類型は、8と9は連文の「構造」を示す点で、1〜7とは捉え方が異なるものと考えられる。市川・永野両説は、市川説の「連鎖型」と永野説の「飛石型」、「積石型」を除くと、分類観点が近い。市川説の「連鎖型」は「前文に直接結びつく内容を後文に述べる」関係で、特に接続詞の入らないゆるやかな切れ続きで前文の内容をふくらませるという、日本語の文脈展開

7. 説明文のマクロ構造の認定

でしばしば用いられるタイプである。また塚原説の「前提」は、他では「順接」や「展開」に入れ込まれている型である。本研究ではこれらをもとに、集合文段相互の連接関係を以下のように整理する。

〈図表7－6：本研究における集合文段相互の連接関係の類型〉

(A) 展開的連接 （論理的な結びつき）	1 順接（だから、それで、すると）：結果を示す 2 逆接（しかし、けれども）：逆の意見を述べる、限定する 3 累加（そして、そのうえ、および）：継起、並列や追加を示す
(B) 補充的連接 （内容を充実、情報量を増大させる）	4 同列（すなわち、つまり、たとえば）：反復。具体例を示す。 5 補足（なぜなら、ただし、というのは）：理由説明。限定を行う。
(C) 分断的連接 （話題の変化）	6 対比（むしろ、または、あるいは）：比較・対照を行う。 7 転換（さて、ところで、では）：話題転換を示す。 8 連鎖（特に接続詞がはいらない）

　基本的な下位項目は市川説と永野説に重なる部分が多いが、本研究ではそれらを(A)から(C)の連接に類型化した。(A)は前後の内容が論理的に結びついており、テーマが共通で、議論の内容を深めていく緊密な連接を成す型である。(B)は前後の内容のテーマはほぼ同一であるが、いずれかの（前or後）項目が中心となり、もう一方はそれを強調したり支えたりする働きを持つ、比較的ゆるやかな連接を成す型である。(C)は前後の内容に違いが見られ、各々の事柄が独立して叙述される型（(A)～(C)の中では、最も文脈が切れている型）である。この類型化は、先の集合文段認定における連接の切れ続きの議論を発展、深化させたものである。

　ところで本研究では、連接は具体的な文脈展開を示すとともに、統括部位の決定を助けるもので、これ自体は文章の結束性を示す直接の指標とはなりにくいものと考える。なぜならば、連接が示す情報とは、文章内容の切れ続きや展開の方法に関する事項だと考えるからである。言い換えると、連接とは基本的に論旨の展開といった「流れ」を示し、それによって分断の様相が明らかになり、その結

果として、結束性と関わりが生まれると考えるのである（本章で連接について手順［２］と［５］に分割して扱った手法はこれを端的に示している）。そこで以下では、〈図表７－６〉にまとめた集合文段の連接と、統括部位との関係について考えていきたい。接続表現と統括の方向についての研究には、永野（1986）や市川（1978）などがある。

永野（1986）：統括の方向性
　　　冒頭統括：同格型・補足型　　　末尾統括：展開型・反対型
　　　零記号統括：累加型・対比型
　　（転換型：本質的に統括とはいわない）

　永野説は、転換型と統括とは結びつくことがなく、累加・対比型は共に統括がないとしている。累加型は本研究の類型の「(A)展開的連接」の３項目の中では、比較的弱い論理展開を持つが、(A)の連接の基本的な前後関係は、後件は前件をもとに積み上げられる性質、すなわち前件を土台として付け加わる性質を持ち、前件に比べて後件は内容的な発展性が強い。そのため、このタイプはしばしば後件に力点が置かれた統括が見られる。転換型は連接関係の中でも最も切れる力が強く、統括部位には多様なケースが想定できるので、特に別枠として立てたのかと思われる。
　市川（1978）でも、文レベルでの連接と統括の関係が以下のように論じられている。

市川（1978）：連接と統括の関係
　　　論理的結合関係：後件重視
　　　多角的連続関係：同等
　　　拡充的合成関係：どちらか

　また、佐久間（1990）は、市川説の接続型の分類を用いて、各々がどのような統括を伴うかを類型化しているが、たとえば尾括型にはすべての接続型が適応されている。
　以上から、連接を通じて大きな統括の方向性を見ることは可能だということがい

7. 説明文のマクロ構造の認定

えるだろう。但し、接続表現が重複して用いられる、接続の解釈に幅があるなど、言語表現の意味内容に複数の要素が絡んでくることはやむを得ない現象であり、連接と統括の関係を一元的に確定することは難しい。そこで本研究では、連接から見える統括の方向については、以下のように大きく捉えてその傾向を示すにとどめ、実際の文章内容を優先して図示化への適用を図ることにする。

〈図表7－7：連接と統括の傾向との関係〉

連接	統括の傾向
(A) 展開的連接	後方統括が多い
(B) 補充的連接	前方統括が多い
(C) 分断的連接	なし（もしくは前方・後方統括）

まず、(A)展開的連接では、前項の内容が前提の役割を成し、予め設定された状況から発展した内容が後件で叙述されるため、論理展開の方向からも後方に統括がある傾向が強い。一方、(B)補充的連接では、前項において主要な内容が提示され、後項はそれを裏付ける内容や証明、解説といった副次的な内容を担う場合が多いため、前項でしばしば統括が行われる。(C)分断的連接では、前件と後件の内容の比重は同等であるのが基本的な型であるため、統括部位を特に持たない文章構造にはこの連接が現れることが予想される。ただ配列によっては「対比」の場合など、いずれか一方が重要な内容を含んだ統括部位となることもある。以上のような形で、連接の類型は統括部位の決定と関連を持つものとする。

ところで、文レベルの「連接」では、文章が多数の文からなる構造体であるという性格から、二文の連続箇所と同時に、離れた位置にあるセンテンス同士の繋がりも考える必要があるために、一つのセンテンスに複数の連接が関与することがあった。しかし集合文段の連接は、マクロ構造把握の中の高次の段階における概括的な内容を前提としているため、このような文レベルの問題はほぼ免れることができる。そこで、本節でのマクロ的次元における議論は、ミクロレベルの緻密な構造分析とはやや意味合いが異なり、柔軟に関係を認定していくことが可能なものと考えられる。

以上、連接関係についての方法論を述べてきたが、文章のマクロ構造は前節で述べた「配列」とこの「連接」をもとに、次節で考える「統括」及び推論形式によって決定される[注14]。

7．3．5．統括部位と推論形式（手順［6］）

　説明文のマクロ構造の把握は、統括部位と推論形式の決定によって完成する。邑本（1998）では、文章理解に関係する「推論」として、「テキストに明示されていない情報を読み手が補うこと、またはその内容」と「テキスト中の2つの命題を関連付けること」という2つの側面を示しているが、本研究では、これらの両側面はテキスト中の局所的な関係の認識というミクロレベルの推論、そしてテキスト全体の内容の構造的な把握というマクロレベルの推論のいずれにも適応されるものと考える。また「推論」という概念について、語用論の観点から日常言語における論理的推論のメカニズムを議論する坂原（1985）は、「推論とは前提と呼ばれる命題の集合から、ある命題を結論として導き出す操作のこと」だと定義している。また土屋（1986）は、推論を「前提から論理的に導かれうる結論を導出することとしてとらえる」こととし、佐伯（1986）には、特に、「演繹的推論（deductive reasoning）」は古くから認められ、研究されてきたといった叙述が見られる。以上から本研究では、推論形式とは「結論を導き出すために働く思考様式」とし、古くから研究されている一般的な推論の方法である「演繹型」に加えて、「帰納型」、「追歩型」、「その他」といった下位項目を考える。以下、説明文の構造から考えるこれらの4種類の推論形式の性質について、具体的に説明していきたい。

　まず説明文の文章構造は「内容」と「方法」の要素に大きく分けられ、前者はさらに「前提」と「結論」の部分に分けることが可能だと考える。「推論形式」の類型（演繹・帰納・追歩）はこれらの3つの要素のいずれかが予め決定されている様式（文章の時間的・線条的な流れから捉え、先に提示される事項）として、次のように捉えることができる。

文章の推論形式と事前決定事項

推論形式	演繹型	帰納型	追歩型	その他
事前決定事項	結論（内容）	前提（内容）	方法	多様

　各々の文章構造を決定づけるのは、この「前提」「結論」「方法」のいずれかだが、事前決定事項以外の要素（例：演繹型における「前提」と「方法」）は叙述を進めていく過程で決定されていく。そして説明文の大部分がそのいずれかに該

当する演繹法と帰納法については、「配列」の部分で言及した通り、内容展開に極めて様々なパタンが存在する。

これとは別の角度からの捉え方として、「演繹型」は統括が前件、「帰納型」は統括が後件という見方もある。「追歩型」も一番終結の部分に統括がくるが、「帰納型」が二項構造であったのに対し、これは三項以上の内容が徐々に展開して結論を導く構造である点で異なる。つまり、前提の提示方法が二項型とは異なるわけである。最後に「その他」としたのは、統括の位置が不規則なものや、存在しない例外的なタイプである。

このように、4種類の推論形式は文章の統括部位と密接な関係を持つが、文章構造全体を把握する方法として、先行研究では、統括段落の位置から文章構造の類型が立てられることが多かった。

統括とは、文章の中の中心的内容（主題の提示、全体の要約）がどの位置に現れるかということに基づく議論であるが、こういった視点はすでに、明治時代の修辞学研究である五十嵐（1909）の「文章組織の形式」に見ることができる。

五十嵐（1909）：主題発展の段階による文章構造
　1 追歩式（端から一歩一歩進めていく方式）　　2 散叙式（統べ括りなし）
　3 頭括式　　　　4 尾括式　　　　5 双括式

1990年代後半以降に盛んになった文章論における統括による文章型の研究としては、塚原（1966）が「統合段落」という「趣旨、主張、決意、結論、要旨、概括」を述べた段落を規定し、これとその「説明」を担う段落とに区分できる第一種の文章（統合型）と、両者が区分できない第二種の文章（列挙型）とから文章構造を分類している。

塚原（1966）：文章構造の基本形式
　A 統合型文章
　　a1 二段型　　1 演繹型：冒頭統括　　2 帰納型：末尾統括
　　a2 三段型　　3 一元型：中括　　　　4 二元型：両括
　B 列挙型文章　　5 並列型：零括　　　　6 追歩型：尾括

市川（1978）は、「統括」を「なんらかの意味で文章の内容を支配し、または文章の内容に関与することによって、文章全体をくくりまとめる機能」とし、次のように整理する。

市川（1978）：統括の型
　ａ 全体を統括する段落を持つ
　　　頭括（2段）　　尾括（2段）　　双括（3段）　　中括（3段）
　ｂ 全体を統括する段落を持たない

　また統括の仕方としては、「集約的統括（主題・要旨・結論・提案・あら筋・話題などを述べる）」と「付属的統括（筆者の立場・時や所や登場人物の紹介など）」の2種類を示している。
　永野（1986）では「統括とは文章を構成する文の連続において、一つの文が意味の上で文章全体を締めくくる役割を果たしていることが言語形式の上でも確認される場合、その文の意味上形態上の特徴をとらえて文章の全体構造における統一性と完結性とを根拠づけようとする文法論的観点である」とし、次の5種類を立てる。
　　　冒頭統括　　末尾統括　　冒頭末尾統括　　中間統括　　零記号統括
　その他、佐久間（1993）の文章構造類型は以下のようである。

佐久間（1993）：基本的な文章構造類型
　ア頭括式　　イ尾括式　　ウ両括式　　エ中括式　　オ分括式　　カ潜括式

　以上の研究と推論形式との相関をふまえ、本研究では統括箇所から見た文章構造の雛形を次のように立てる。

　　　　A頭括型　　B尾括型　　C中括型　　D両括型　　E潜括型

　先行研究の多くでは、全体の段落の数を限定した上で統括の型を考えていたが、本研究ではそういった限定を行わず、統括段落の個数によって分類するため、統

7．説明文のマクロ構造の認定

括段落以外の段落の相互関係を考えることも可能である点が特徴である。例えば尾括型の「B−2」（図表7−8参照）は、統括段落へ向けて論理的な進展をみることができるが、統括前の段落の数や相互関係に多様なあり方を認める。この方法は、文章の長さや構造に対して、柔軟に対処することができるものだといえる。以下では、文章構造の体系的な理解への応用を意図して、これらを図式化する。

〈図表7−8〉において ── 線と 〜〜 線の役割はマクロ構造の手順［3］の図式と同じである。また、n≧1であり、●が統括段落、○はそれ以外を示す。

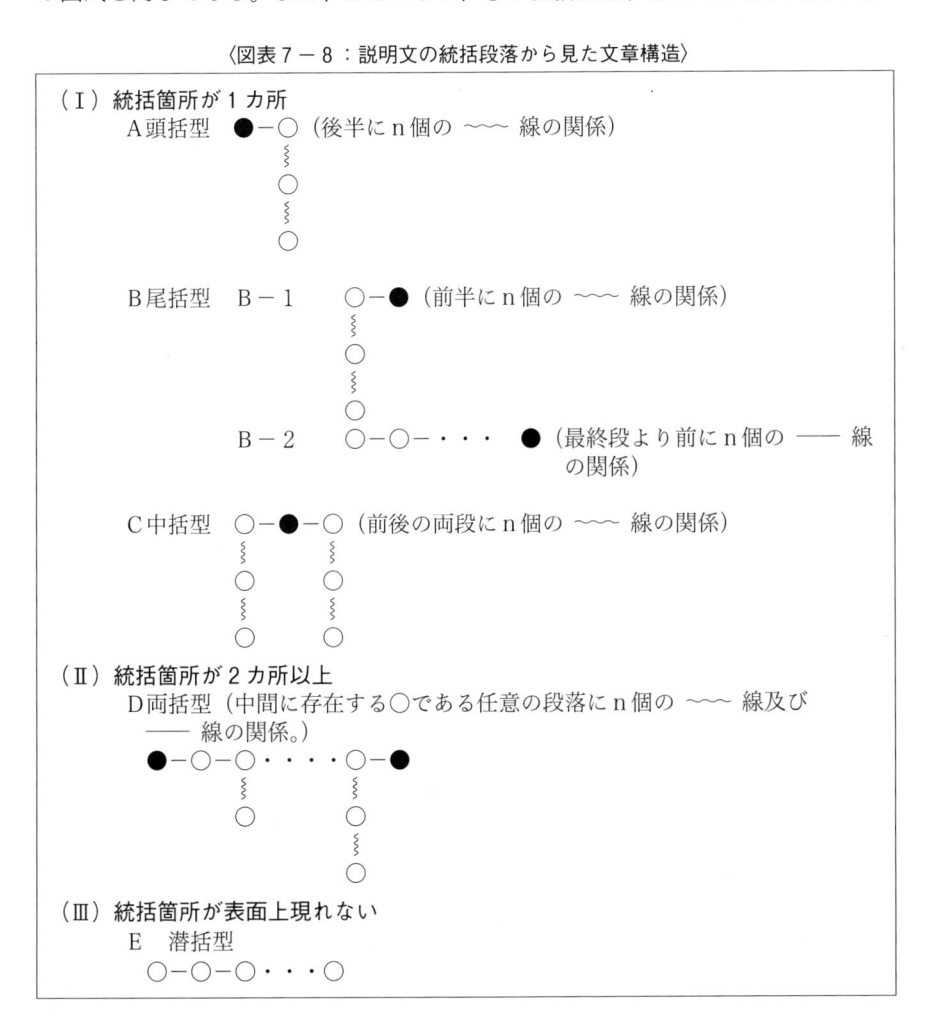

〈図表7−8：説明文の統括段落から見た文章構造〉

(Ⅰ) 統括箇所が1カ所
　　A 頭括型　●−○　（後半にn個の 〜〜 線の関係）
　　　　　　　　§
　　　　　　　　○
　　　　　　　　§
　　　　　　　　○

　　B 尾括型　B−1　○−●　（前半にn個の 〜〜 線の関係）
　　　　　　　　　　§
　　　　　　　　　　○
　　　　　　　　　　§
　　　　　　　　　　○

　　　　　　　B−2　○−○−・・・●　（最終段より前にn個の ── 線の関係）

　　C 中括型　○−●−○　（前後の両段にn個の 〜〜 線の関係）
　　　　　　　§　　§
　　　　　　　○　　○
　　　　　　　§　　§
　　　　　　　○　　○

(Ⅱ) 統括箇所が2カ所以上
　　D 両括型　（中間に存在する○である任意の段落にn個の 〜〜 線及び ── 線の関係。）
　　　　●−○−○−・・・○−●
　　　　　　§　　　　§
　　　　　　○　　　　○
　　　　　　§　　　　§
　　　　　　○　　　　○

(Ⅲ) 統括箇所が表面上現れない
　　E　潜括型
　　　○−○−○−・・・

〈図表7-7〉の ── 線や ～～ 線は集合文段の結びつきを示している。そして、たとえば「B-2尾括型」は論理的な展開が順々に続けられる型であり、「D両括型」は文章中の2カ所で統括が見られる型だが、いずれも統括箇所以外の段落の数は問わない。これらは基本的な文章構造を示す類型だが、一つのテーマについて論じる完結性の強い説明文であるならば、基本的なマクロ構造は上記の5型のいずれかに分類できる。段落数（本研究ではこの要素は集合文段となる）に制限を与えなかったのはそういった応用性を意識したためである。これも教育現場への応用から、できるだけシンプルな項目立てを目指したことによる。またこれらの型と推論形式の関係は以下のようになる。

〈図表7-9：推論式と統括類型、論理上の事前決定事項の関係〉

推論式	統括類型	論理上の決定事項
演繹	A頭括型	結論
帰納	B-1尾括型	前提
追歩	B-2尾括型	方法
帰納+演繹	C中括型	前提
演繹+帰納	D両括型	結論
その他	E潜括型	多様

先にも述べたように説明文においては伝達事項が十分読み手に理解されることが目的であるため、書き手は上記のパタンを意図して表現活動を行うものと考えられる[注15]。

注

（注1） たとえば平成22年6月に文部科学省が示した「高等学校学習指導要領解説 国語編」の「現代文B」の指導事項としても、「文章の構成、展開、要旨を的確にとらえ、その論理性を評価すること」が挙げられ、「文章の展開の大体が形になって現れている文章の構成を読み取り、それを踏まえて文章の展開をとらえる必要がある。そこでまず、個々の段落に注意して、それぞれの段落のはたらきを確かめ、段落相互の関係を読み取るようにする」と指摘する一方、例としては「論説や評論が、『序論─本論─結論』の三段構成で論述されている場合」を取り上げるにとどまっている。

（注2） Kaplan（1966）における指摘は以下のようである。
Superficially, the movement of the various paragraphs discussed above may be

graphically represented in the following manner:

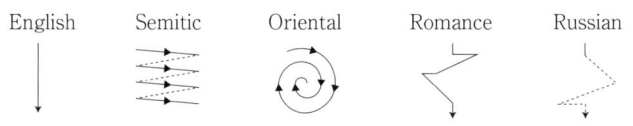

English　　Semitic　　Oriental　　Romance　　Russian

(注3) 「形式段落」と呼ばれる原文一字下げの段落については、「文章において文脈を論ずる場合には、原文の段落を重視し、そういう段落の累積とその展開こそが、客観的文脈である（永野1988）」という考え方がある。これは、形式段落が客観的な指標になるといった客観的文脈を重視する指摘である。

(注4) Dijk (1977) における指摘は以下のようである。

　　Note that macro-structure is not specific units: they are normal semantic structures, e.g. of the usual propositional form, but they are not expressed by one clause or sentence but by a sequence of sentences. In other words, macro-structures are a more GLOBAL LEVEL of semantic description; they define the meaning of parts of a discourse and of the whole discourse on the basis of the meanings of the individual sentences ... Thus, as for any serious linguistic theory, RULES must be formulated systematically relating the semantic representation of sentences to that, at the macro-level, of the sequence.

　　This notion of macro-structure is RELATIVE with respect to underlying semantic levels. The rules should be such that they operate on a sequence of macro-structures to yield still more global macro-structures until the most general macro-structure of a discourse is reached. We see that the semantic structure of a discourse may be hierarchically organized at several levels of analysis.　　　　　　　　(Dijk 1977)

(注5) わかりやすい説明文について説明した代表例として、大熊（1973）は、次のように説明している。

　　わかりやすい説明文の構成の基本は双括式である。「導入（主題の提示）－本体（名称・特色・種類）－結び（要約）」ごく短い場合は、結びを省略した頭括式でよく、辞典の場合がこれらが多い。

(注6) 明快な構成に関する事項として、Hague & Scott (1994) では、頭に入りやすい構造と入りにくい構造について次のように説明している。

　　Therefore, we think there is some reason to encourage textbook authors and publishers to reduce the number of reading selections that fall into the description and collection categories and to increase those that are comparison and contrast, cause/effect, and problem/solution. The latter structures have been shown to be more memorable to readers because they present information in a more organized manner than a simple listing of isolated facts about a topic.　　　　(Hague & Scott 1994)

(注7) 説明の機能に的を絞ってシンタグマティックとパラディグマティックなアプローチを利用し、そのあり方について述べた論考に、小田（1993）があり、
「パラディグムの観点から見れば説明機能には、説明の受け手の意識の中に説明内容に関わることを思い起こさせる働きがあるといえる」として、〈抽象と具体〉、〈対比〉、〈対立〉、〈原理と応用〉などの関係を示している。
(注8) 文章の冒頭や結びに着目した研究として、市川（1978）は文章の冒頭の型として、「叙述内容の集約」「本題に対する前置き、導入」「本題を構成する一部」を、文章の結尾の型として、「叙述内容の集約」「本題に対するつけたり」「本題を構成する一部」を挙げ、具体的な内容や型の特徴が示されている。
(注9) 特に西田（1986）では、「転換型」は「非連続の連続」という線条的論理的文脈を成すもの、すなわち「連接しない」ことを示すと定義しており、ここからも「転換」の関係は極めて「切れる」性質が強いといえる。
(注10) これは立川（1994）での議論と重なるが、本研究における図式と立川（1994）における図式とは、必ずしも全く同一の概念に基づくものではない。
(注11) Longacre（1980）ではパラグラフのタイプを次のように示している。
   1. Simple Paragraphs
   2. Coordinate and Alternative Paragraph
      2.1 Coordinate Paragraphs   2.2 Alternative Paragraph
   3. Temporal Paragraphs
      3.1 Sequential Paragraphs   3.2 Simultaneous Paragraphs
   4. Antithetical and Contrast Paragraphs
      4.1 Antithetical Paragraph   4.2 Contrast Paragraphs
   5. Paragraphs that encode logical relations
      5.1 Conditional Paragraphs
      5.2 Result and Reason Paragraphs
      5.3 Induction and attention Paragraphs
   6. Embellishment Paragraphs
      6.1 Amplification and paraphrase Paragraphs
      6.2 Identification Paragraph
      6.3 Exemplification and illustration Paragraphs
      6.4 Comment Paragraphs
   7. Interaction Paragraphs   （Gracia-Berrio, Mayordomo 1988より）
(注12) 表に示した諸研究の中の例として、市川（1978）と森岡（1965）にふれておく。
段落の配列方式について、市川（1978）は「①内容の性質面から見た配列」と「②内容の相互関係から見た配列」を挙げる。前者では、段落の内容の質的相違に着目し、「事実を述べた段落」「見解を述べた段落」「事実と見解を交えた段落」に分けている。また

7. 説明文のマクロ構造の認定

後者については次のような関係に整理している
- (1) 対置的関係＝列挙・対照
- (2) 相対的関係＝単純→複雑　既知→未知　漸減（重要→非重要）　漸層
- (3) 対応的関係＝原因と結果　提示と根拠　課題と解決　原理と適用
　　　　　　　　全体と部分　一般と特殊　主要と付加　目的・手順・結果

森岡 (1965) では、コンポジションの立場から「主題の展開：材料の配列」として、論を進める型（発想の型）を以下のように列挙している。

　時間的順序　　　　空間的順序　　　　一般から特殊へ　特殊から一般へ
　原因から結果へ　　結果から原因へ　　クライマックス（漸層法）
　既知から未知へ　　問題解決順　　　　重要さの順序　　動機付けの順序

(注13) 本文で扱った接続に関する先行研究で、本文で示さなかったものを、参考として以下に示す。

〈佐治 (1987) 接続詞の分類〉
　A　文の内側の接続詞
　　　並立（共存・選択）　　注釈（言い換え）
　B　文の外側の接続詞
　　　列叙（添加）　条件（順接・逆接）　転換

〈所 (1986) 主な思考様式（接続的用語を用いる場合）〉
　1 しかし　　　　　　　　　矛盾対立、批判
　2 だから、したがって　　　順接、理由、根拠
　3 つまり、すなわち　　　　前後の内容がイコールで結べる
　4 そして、同時に、しかも　添加
　5 さて、ところで　　　　　話題の転換や飛躍
　6 あるいは、又は　　　　　選択
　7 むしろ、ともかく、いや　強調
　8 もちろん、むろん、但し　補足的な内容

〈田中 (1984) 現代の接続表現の用法〉
　列挙・累加・選択・同一・経過・前提・仮定・理由・説明・逆接・例示・対比・限定・転換

〈平沢 (1992) 連接方向〉
　逆接型、順接型、並列型、選択型、補足型、まとめ型、
　比較型、例示型、同内容型、類概念型、対立型、連想型、
　肯定型、打ち消し型、疑問型、順序型、シーンサマリー型

(注14) Rudolph (1988) では、連接関係として次の4種類を挙げている。これは英語における連接関係であるため日本語とは異なるが、論理的な展開として論じている点や記号（＋、－など）を用いている点で本研究とも近しい性質を持っており、参考となる指摘と

いえよう。

There seems to be four basic ways to realize the combination of two propositions denoting facts and events.

1. A＋B　Connection of addition: AND relation
2. A－B　Connection of contrast : BUT relation
   e.g. adversative relation, concessive relation
3. A, B　Connection of time: THEN relation
4. A→B　Connection of causality: BECAUSE relation
   e.g. conditional relation, relation of purpose,
   relation of result, causal relation

(注15)　本研究では、段落数を設定しない方法によって文章構造を考えたが、長田（1997）では説明文の文章構造を段落数によってまず分割した後、問いが「顕在」するか「潜在」するかの違いで分類が行われている。これは、説明文の「問題－解決構造」に着目した類型である。

〈長田（1997）二段落による文章構成の型〉

・問いが顕在	1 問答型	2 前提自問型
・問いが潜在　統括あり	3 演繹型	4 帰納型
統括なし	5 前書本論型	6 本論後書型
	7 二段追歩型（時間）	
	8 二段並列型（列挙）	

8. 説明文のマクロ構造認定のケーススタディ

　本章では、実際の説明文を取り上げ、本研究で提示した方法をもとにテクスト分析を行う。分析対象として、典型的な説明文と考えられる荒垣秀雄編『四季の博物誌』から三つの作品を選び、中核文・文段の認定を行い、そこからマクロ構造を分析する。

ケーススタディ 1　「ゆず」

　①一字名の植物は、たとえば「い」（イグサ）、「お」（アサ）、「え」（エゴマ）、「き」（ネギ）など古代から日本人の生活にむすびついたものだといわれている。②千疋屋の先代の主人、斉藤義政氏の遺著『果物百科』に、日本の果物にはなぜか一字名のものがなく、はなはだ不満だとあるが、ユズは我が国では由と一字で呼んでいたもので、「液多く酢し、故に東俗に呼て柚の酢と号す」と『本朝食鑑』にある。③和菓子の柚餅子とか、砂糖煮の柚香煮など「ゆ」という呼び名は今も生きている。

　④ユズの特色として、他のミカン類が西日本にしか育たないのに、ユズだけが関東、東北地方にも栽培され、青森県の海辺にも育つことができるということが注目される。⑤たぶん、都から東国へ下って移り住んだ往時の人々には、きびしく長い冬の生活で、ふるさとをしのぶ香りとして、ユズによせる思いはひとしおだったことだろう。⑥初冬の陽に色づいたユズの実は、北国育ちの人々にとっても、なんとなく南国の風情を感じさせる。

　⑦藁掛けし梢に照れる柚子の実のかたへは青く冬さりにけり　　　長塚　節
　⑧ユズの仲間としては、阿波徳島のスダチがある。⑨「ユズより酸橘」（氏より育ち）といって、香味は和やかで、品があり、果汁がユズよりも多い。⑩秋の

マツタケの季節に併せて店頭に現れる。11今では、生産量もユズより多いくらいになっているようだ。12このほかに、土佐の餅柚、伊予のユコウなども、ユズの類である。13また花ユズ（別名トコユズ）は花の蕾が調味料にされ、温室で促成してお正月ごろから出まわる。

14大分県の臼杵、竹田地方を中心に、近年急速に栽培が広がり、愛好者が増えているものにカボスがある。15樹齢200年の古木もあるが、ユズに近いものとされながら、徳島のスダチとはちがった香りを持つ。

全体は約800字、途中に長塚節の短歌を含み、形式段落は4段落（短歌は2番目の形式段落に含まれると考える）、15文（短歌を含む）から成立している。中核文認定の手順の予測段階の事項については、形式段落の機能と種類、及びそこに含まれる中核文の統括機能は次のように予測される。

〈図表8－1：「ゆず」の中核文に関する予測〉

形式段落	文段の機能	文段の種類	文段内容提示機能	具体的叙述内容
第一段落	開始機能	事柄	A求心的	要旨
第二段落	展開機能	説明・解説	A求心的	主題
第三段落	転換機能	事柄	A求心的	あらすじ
第四段落	終結段落	事柄	A求心的	あらすじ

本文中には特に内容をまとめる機能を持つ文が見られないため、潜在型の要約的中核文が存在すると考えられる。認定の主な指標としては、反復語句や指示語、意味レベルなどが挙げられるが、全体の反復表現の様相は次の通りである。

8. 説明文のマクロ構造認定のケーススタディ

〈図表8－2 「ゆず」の反復表現〉

文番号	反復表現
1	一字名（い・お・え・き）
2	一字名　　一字　　由
3	呼び名　　　　　　ゆ
4	ユズ　　関東・東北
5	ユズ　　東国　　しのぶ　よせる思い
6	ユズ　　北国　　風情　感じさせる
7	柚子
8	仲間　ユズ　　スダチ
9	ユズ　　酸橘
10	
11	ユズ
12	類　　ユズ　　餅柚　　ユコウ
13	花ユズ
14	カボス
15	近いもの　ユズ　スダチ

　文段の第一段は形式段落と一致し、一字名というトピック（一字名、「い」「お」「え」「き」「ゆ」、一字、呼び名）でまとめられている。さらに「生活にむすびつく」→「一字名」は「抽象（General）－具体（non general）」という近接性の関係を成し、共に中核文に含まれる内容だが、これらは中核文の文構造を明示するものである。

　文段第二段も形式段落と一致する。テーマは同一反復表現の「ユズ」だが、これは文章全体に出現しているため、分断点は中核文の叙述部分から明らかにされる。それは、ゆずの栽培地域（関東、東北地方、青森県、東国、北国）と、ゆずに対する感情（しのぶ、よせる思い、風情、感じさせる）であり、反復表現が大きな手がかりとなる。

　残りの部分は形式段落が二段落続いており、相互に列挙（拡張型）で結びついていると見ることも可能だが（形式段落第四段の「カボス」については、説明がそれだけで完結するととることもできるため）、大きく一つの文段だと捉えるほ

205

うが適切であろう。その理由はこの二段落の種類や具体的叙述内容が同じであり、「ユズの仲間」の下位概念が具体例として列挙されているという共通性を持つためである。「ユズ」は前の文段から連続したテーマの同一反復表現であるため、この部分も文段の分節点は叙述表現の内容によって決定される。それは「仲間」や「類」などの関連反復表現から明らかなように、ゆずに近い果物についての紹介である。第12文の冒頭の指示表現「このほかに」が指す内容である「スダチ」以外、「餅柚」、「ユコウ」、「花ユズ」、「カボス」が列挙されているわけである。以上から、中核文は次のようになる。

〈「ゆず」中核文の例〉
　第一段：ユズは古代から日本人の生活に結びついていたため、「柚」という一字名で呼ばれていた。
　第二段：ユズは東国・北国でも栽培され、人々はそれに様々な思いを寄せる。
　第三段：ユズの仲間には餅柚、スダチ、ユコウ、花ユズ、カボスがある。

ここまでで文段と中核文が決定したので、次にマクロ構造の分析に入る。文段の機能は、第一段は開始機能で第二段はそれに累加する形で展開機能が続き、第三段は視点を変えた説明であるため、転換機能を持つ。第二段と第三段の間は転換型の連接で、切れる関係にある。全体構造を図式化すると、次のようになる。

〈図表8－3：「ゆず」の構造図〉

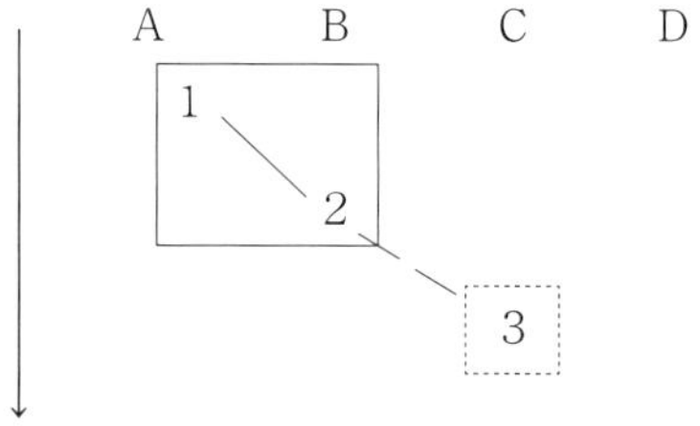

これらの配列と段落の性質については、文段の第一段と第二段はユズそのものの説明で「全体」にあたるが、第三段はユズの仲間である具体的な果物の紹介である「部分」にあたる。そこで配列は「全体－部分」の包摂関係であり、前後の

連接関係は「転換」と規定することができる。前提が事前決定事項として統括機能を持つ「頭括型」で、推論形式としては「演繹型」の構造を持つ文章と認められる。

ケーススタディ２　「むくどり」

　①ムクドリの一番目立つ姿は、秋冬の夕暮れにねぐらに集まってリャーリャーと喧しく鳴き騒ぐ大群や、鳴きかわしながら上空をねぐらに向かって飛ぶ何百羽もの群であろう。②彼らは夏のうちからすでに近くのねぐらに集まって夜を過ごすようになっており、その群が次第に統合され、少数のねぐらに集中するようになって、冬の大集団ねぐらが形成されていく。

　③彼らは、毎朝このねぐらから一斉に飛び立ち、時には40キロも離れたそれぞれの採食地に向かって飛び立ち、昼間はそこで過ごして、夕方ふたたびまたねぐらに帰ってくるのだが、こうした「通勤」の習性は、ほかにもスズメ、カラス、セキレイなどかなり多くの鳥で知られている。④ムクドリを始めとするこのような鳥たちは、なぜ秋冬には集団で夜を過ごすのだろうか。

　⑤こうして地域の鳥が、一カ所に集まって個体数を知り合って、過剰繁殖の防止、つまり「産児制限」の要不要の情報交換をするためだ、という説があるが、それはいささか考え過ぎであろう。⑥多くの鳥にとっては夜は休息の時である。⑦したがって夜を過ごす場所は安全な場所でなければならない。⑧ところがムクドリなど前記の鳥たちは、すべて隠れ場所もなくて危険な開けた地域の地上か地表近くで採食する。⑨いっぽう、彼らは昆虫だけを食べる鳥とは違って広いなわばりを占有している必要がなく、したがって採食地にとどまっていなくてもいいから、採食地と離れた場所で夜を過ごしてもかまわない。⑩けれど安全な場所はどこにでもあるわけではない。⑪仲間の集まっている場所なら一応安全だろうということで、特定の場所で集団をなして夜を過ごすことになる。

　⑫このように見ると、実は問題はなぜ秋冬には集団になるかではなく、なぜ春にはそうしないのか、であることがわかる。⑬それは、ヒナに忙しく給餌しなければいけないからで、通勤に時間をかけてはいられなくなるからである。

全体は約800字で4つの形式段落を持つ。反復語句、キーワード、指示語、意味レベルなどの指標を総合的に用いて中核文の認定ができる。中核文認定の予測段階の事項は形式段落に基づいて次のように考えられるが、併せて反復表現の分布も示したい。

〈図表8－4：「むくどり」の中核文に関する予測〉

形式段落	文段の機能	文段の種類	文段内容提示機能	具体的叙述内容
第一段落	開始機能	事柄	A求心的	主要題材
第二段落	展開機能	事柄	A求心的	主要題材
第三段落	展開機能	説明・解説	A求心的	要旨
第四段落	終結機能	説明・解説	A求心的	結論

〈図表8－5「むくどり」の反復表現〉

文番号	反復表現
1	ムクドリ　秋冬　ねぐら　大群　　　夕暮れ
2	彼ら　　冬　　ねぐら　群　集団　夜
3	彼ら　　　　　ねぐら　　　　　　夕方
4	ムクドリ　秋冬　　　　　　集団　夜
5	
6	夜
7	夜　　安全
8	ムクドリ　　　　　　　　　　　　　危険
9	彼ら　　　　　　　　　　　　　夜
10	安全
11	集団　安全
12	秋冬　集団
13	春

　形式段落の第一段落と第二段落は内容的に強い関連性を持っている。反復表現も「ムクドリ（彼ら）」、「秋冬（春）」、「ねぐら」、「大群（群、大集団、集団）」と、両段落を通して見ることが出来るクラスターが存在している。これらの反復語句は文章の後半部でも見られるが、中間部（第5文以降）でいったん断絶しているため、第1文〜第4文は共通性の高い内容を持つと認めて良いだろう。第3

8. 説明文のマクロ構造認定のケーススタディ

文と第4文には「のだ」表現が見られるが、前者は解説、後者は要約の役割を果たす重要な内容を含んだ文である。この第4文の「このような鳥たち」という言い回しは「スズメ・カラス・セキレイ」を指しており、これらの具体例は「通勤の習性を持つ」という上位表現でくくられる。特に第4文は「なぜ～のだろうか」という問題提起で強い統括力を持ち、そこに含まれる指示語「このような」の内容を意味レベルから手直しすることで、中核文としての体裁が整えられる。

このように文段の第一段で問題提起が行われるが、それを受ける文段の第二段は、形式段落第三段から始まる。形式段落第三段（第5文）の冒頭は「こうして」という指示語で始められており、前部のまとまった叙述を受けて新しい展開を始める指標として、文段の切れ目を示している。ここでの接続詞に注目すると、「A、したがってB、ところが（けれど）C」というパターンが第6文から第10文で2回繰り返されている（第6文から第8文、第9文から第10文）ことが分かる。これはBの部分に重要な情報が含まれ、Cの部分に次の内容への展開が見られる形式である。つまり第7文の「夜は安全な場所で過ごす」、第9文の「採食地と離れた場所で夜を過ごしてもかまわない」という内容が重要な情報として中核文に含まれると予想される。また「夜」「安全」「場所」が反復表現だが、第8文の「危険」も反意語として「安全」の関連表現と見ることができる。ここから形式段落第三段が文段の第二段と認定される。

最後の形式段落は文段の第三段となる。ここは反復表現の様相でははっきりしないが、第12文「このように」という指示表現から文章全体をまとめる働きを持った段だといえ、また、文末の「わかる」という動詞から、文章の結末として「事実に関する分析（判断）」を行う段であることが明らかである。この段落は二文構成で前件と後件が「問題－解答」の形式を持っている（キーワード的文型「なぜ～か、それは～からだ。」）。さらに第13文の冒頭の「それ」という指示語は、論理的な説明部を表す指標だと捉えられる。これらの分析から中核文は以下のように考えられる。

〈「むくどり」中核文の例〉
　第一段：ムクドリを初めとした「通勤」の習性を持つ鳥たちはなぜ、秋冬には集団で夜を過ごすのだろうか。

209

第二段：彼らは採食地と離れた場所で夜をすごしてもかまわず、かつ安全な場所が必要であるからだ。

第三段：春はヒナに給餌するので忙しいため、集団になることはない。

　これをもとに各文段の機能を考えてみたい。第一段は開始機能、第二段は第一段の内容を深く考察した展開機能、第三段は主に第二段の内容を補足しながら文章全体をまとめる終結機能を持ち、全ての内容は進展的な関係として――線で結ばれ、各文段は互いに結びつきを持って展開しているため、図式化は次のようになる。

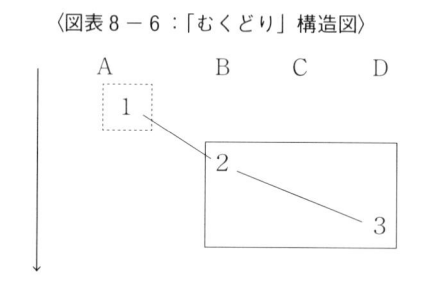

〈図表8－6：「むくどり」構造図〉

　文段の性質と配列は第一段が「問題」で、第二、第三段が「解答」の役目を果たして、上図のように集合文段を形成する。連接関係は「補足型」で、統括部位は解答の後件にあたり、「前提」が事前決定事項の文章構造である。よって推論形式は「帰納型」となる。

ケーススタディ3　「さくら」

　①サクラは種類によって花期がずれる。②ミネザクラは夏に、フユザクラは秋から冬、春に、カンザクラは一月に、ヒザクラは二月ごろに咲く。③十数年前、ネパールから贈られた種子を蒔いて育てたヒマラヤザクラは花をつけて三年目、1975年に11月の熱海で咲いていた。④暖地のものなので、東京では育たぬと言う。⑤気象庁の生物季節観測に用いられるソメイヨシノは、平均気温10度の暖かさとともに花前線が北上する。⑥ソメイヨシノは幕末のころに作りだされた、オオシ

8．説明文のマクロ構造認定のケーススタディ

マザクラとエドヒガンの雑種で、吉野といってもサクラの名所の吉野とは全く関係はない。

7一目千本と言われる吉野のサクラの大部分はシロヤマザクラである。8サクラは自然の状態では、落葉樹林の中にポツンポツンとある程度のもので、吉野の景観は一見自然のもののようだが、実は長い間人間が関わりつづけてできたものである。9生島伸茂氏によると、古い時代の吉野のサクラは山を埋めて咲くようなものではなく、修験道の発展に伴ってサクラの苗木が献木されて植えられていき、花の名所になったという。10しかしサクラの寿命は百年に足らぬというから、植えつがれていかなければ消えてしまうもので、たえずその努力がつづけられて現在に至ったのである。11吉野より自然に見える嵐山の事情も、これと同じである。12維持しようとする意志を失ってしまえば、こうしたサクラの名所は、ついには消滅してしまうであろうという。13吉野のサクラについても、その存続が一時憂慮されたが、関係者の努力で維持が図られている。

14ところで、庭先のサクラは戦後の帰化動物であるアメリカシロヒトリの集中攻撃をうけることが多い。15しかし林の中に混じったヤマザクラなどが被害をうけることはほとんどない。16自然界には食物連鎖を通しての歯止めがそなわっているのである。

3つの形式段落、16文から成立している文章である。意味レベルを中心とした反復表現や、キーワード、接続詞等を用い、顕在型・潜在型の中核文が認定できる。中核文認定については、形式段落ごとに次のような予測が可能である。

〈図表8－7：「さくら」の中核文に関する予測〉

形式段落	文段の機能	文段の種類	文段内容提示機能	具体的叙述内容
第一段落	開始機能	事柄	A求心的	題材
第二段落	転換機能	事柄	B周辺的	関連事項
第三段落	終結機能	事柄	B周辺的	関連事項

また、反復表現の様相は次の通りである。

〈図表8-8:「さくら」の反復表現〉

文番号	反復表現
1	サクラ　　　　　　　　　　　　　　　　　　　花期
2	ミネザクラ　　　　　　　　　　　　　夏
	フユザクラ　　　　　　　　　　　　　秋から冬
	カンザクラ　ヒザクラ　　　　　　　春　1月　2月
3	ヒマラヤザクラ　　　　　　　　　　　10月
4	
5	ソメイヨシノ　　　　　　　　　　　　花前線
6	ソメイヨシノ　オオシマザクラ
	エドヒガン　　　　　吉野　名所
7	サクラ　シロヤマザクラ　　　吉野
8	サクラ　　　　　　　　　　　吉野　　　　　関わり続けて
9	サクラ　　　　　　　努力　　　　名所
10	植えつがれ続け
11	吉野　嵐山
12	意思　　　　　　　　維持 存続 消滅
13	努力
14	サクラ
15	ヤマザクラ
16	

　文段の第一段は、形式段落と同一で、「サクラ」という上位語のもと「ミネザクラ、フユザクラ、カンザクラ、ヒザクラ・・・エドヒガン」と8種類のサクラの名称が下位語として列挙されている。これらは「種類」という概念でも置き換えられ、内容的には提喩的な関係を構成している。また「花期」（花前線）という語句についても同様に、その具体的な時期が「夏、秋から冬、1月」と列挙されている。これらの構造においてGeneralな表現はすべて第一文に含まれており、この文が顕在型の中核文だといえる。

　形式段落第二段は第一段とは異なる視点から内容を展開しているが、それは叙述の中心を示す「実は」（第8文）「しかし」（第10文）といったキーワードを含む文

8. 説明文のマクロ構造認定のケーススタディ

の内容から明らかである。そしてこれら第8文と第10文の内容は共通性が高いこともその裏付けとなるだろう。特に第10文は「のだ」で結ばれ、「結果」の機能を持つ統括力の強い文である。反復表現には、「名所」（具体例として「吉野」、「嵐山」）、「努力」（類義語として「意志」）、「維持」（類義語として「続けられ」、「存続」）といった集団があり、「維持」（存続）については「消滅」（消えて）という反意語も見られる。特に「努力」と「維持」は内容的に強い結びつきを持つと予想される。

　形式段落第三段の冒頭（第14文）には、「ところで」という転換の接続詞が置かれており、ここで再び内容が大きく変化していることが分かる。この段は一番最後の第16文の文末が「のだ」であり、これは、「解説」と「要約」の両方の機能を担う強い統括力を持つ顕在型中核文だと考えてよいだろう。以上から、各文段の中核文は次のような内容だと考えられる。

〈「サクラ」中核文の例〉
　第一段：サクラはそれぞれの種類によって花期がずれる。
　第二段：サクラの名所はそれを維持しようとする努力によって成り立っている。
　第三段：自然界には食物連鎖を通しての歯止めが備わっている。

　文段の機能は第一段は開始機能を持つが、第二段は基本的なテーマ（サクラ）が同じでも叙述の観点は全く異なるため、列挙である拡張関係で結ばれ、転換機能を持つ。第三段は「自然」に言及している点で第三段の「人間の努力」とやや関連するが、その反面「ところで」という接続詞が示すように内容の転換が図られ、叙述の対象とされるサクラの種類も異なるため、やはり転換機能を持つと考えられる。以上の関係を図式化すると、次のようになる。

〈図表8－9：「さくら」構造図〉

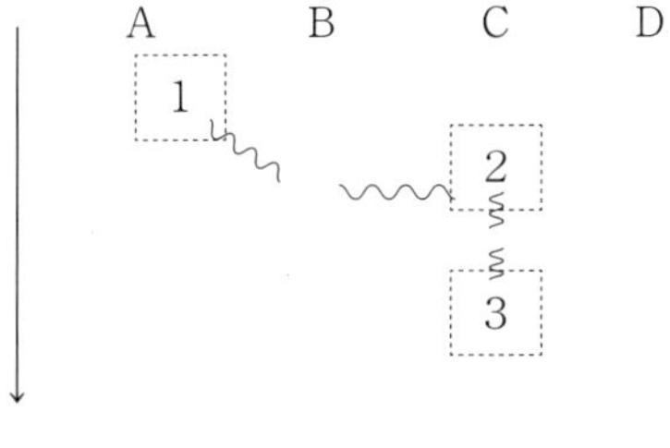

これらの各文段の関係は、各々がサクラというテーマについて独立した内容を持って列挙されているもので、連接関係も全て転換型であり、各々が統括・被統括といった関係を成していない。そのため、これは統括段落が明確には存在しない「潜括型」で、推論形式は「その他」に含まれる例である。

　以上、ケーススタディとして3例を挙げ、中核文による文段の認定を通したマクロ構造の分析を行ってきたが、次章では説明的文章をコーパスとして、説明文のマクロ構造を考える。その際、本研究で提示した説明文のジャンルの位置づけと絡めて、狭義の説明文以外の説明的文章（論説、評論などの広義説明文）についても検討し、説明文の独自の構造を明らかにしたいと思う。

9．説明的文章に見られるマクロ構造

9．1．本章で扱うコーパス

　本章では、本研究で提示した方法に基づいて説明文のマクロ構造の分析を行い、その文章構造の傾向について考えていきたい。

　ジャンル論でも議論したように、文章のジャンル分けを目的として言語学的指標を取り出すことは極めて難しい。文学的文章と説明的文章の差異に関しては、その流れが時間的か論理的かということの他に、本研究では、説明文における提題表現と叙述表現のあり方や定型表現、のだ表現の特徴について指摘した。説明的文章内での諸ジャンルでは、書き手の文章表現の目的や意図（書き手によって個人差があることは否定できない）から識別されるが、それは読み手がテクストの内容から判断するものということもできる。

　そのため、読み手がジャンルの認定においてどういった点に着目してテクストと向き合うかが問題となるわけだが、本研究では大きな枠組みとして、テクストの内容が「事実描写」と「意見・主張」のいずれに重点を置いているかという視点から文章を捉えた。もちろん厳密にジャンルの分割を行うことは不可能であるため、各ジャンルには幅を許容し、ゆるやかなスケールの上の一部として位置づける。本章で説明的文章を分析するにあたり、再度、この説明的文章のジャンルの下位分類を提示しておく。

〈図表9－1：説明的文章のジャンル〉

```
事実描写中心　←・・・・・・・・・・・・・・・→　意見・主張中心
　　記録　　　説明　解説　　　　論説　評論　　　意見
```

本研究は、説明的文章の中でも狭義の「説明（文）」を主な分析対象とし、「論

説」や「意見（文）」についてはそれとの比較の対象とする。説明文は、書き手が客観的立場をとって読み手に「事実」を知らせる点で、事実描写のウエイトが大きいジャンルだが、「分かりやすさ」を常に重視するため、書き手による叙述の工夫や事実の捉え方が文章内容に反映されるという点では、「意見・主張」の性質も含まれる。〈図表9－1〉においてスケール上に各ジャンルを並べたことからも明らかである通り、内容が全く「事実描写」のみ、「意見・主張」のみによって成立している文章は存在せず、両者の内容のバランスからジャンルは決められていくものだといえる。もちろん、ジャンルの認定では、この他に文章が実際に用いられる目的や状況も関与する。

　さて、説明文の読解や表現といった言語技術は、教育的側面において他ジャンルへの応用性が高いと考えられる。なぜなら、その文章構造は、他のジャンルの基礎となる要素を含んでおり、その骨格は人間の理解や表現に基づく思考（推論）形式に整理することが可能だからである。

　こういった方針に基づいて、本研究では次のように分析対象を設定する。まず典型的な説明文（狭義）として、荒垣編（1988）『四季の博物誌』から100編の文章を無作為に抽出する。これは、四季に見られる動物・植物・気候・食物などのトピック（例：たけ、つばめ、集中豪雨、くりなど）について800字程度、2～5の形式段落で説明した文章で、その分野の研究者が、一般の読者に分かりやすく各モチーフに関する説明を行っている。これを中心に、より事実描写中心の傾向を持つテクストとして新聞記事（約500字～1000字）を10編、また意見主張中心の傾向を持つものとして中学校国語教科書及び高等学校教科書（他教科）と学術的読み物（1000字～2800字）を合計10編取り上げる。以上3種類（120編）は、事実描写にウエイトが置かれる典型的説明文に近いコーパスである。このほか比較の対象として、「意見・主張」にウエイトを置く社説・コラム（各々約1300字、800字）を30編取り上げる。各コーパスの性質は〈図表9－2〉のように位置づけられる。

9. 説明的文章に見られるマクロ構造

〈図表9−2：本章で扱うコーパスの分布〉

```
                    典型的（狭義）説明文
事実描写←・・・・・・・↓・・・・・・・・・・・・・・・・→ 意見・主張
       新聞記事    『四季の博物誌』    教科書・学術書    社説・コラム
        10編         100編           10編           30編
```

以下では、これらのコーパスの文章構造を考えていきたい。

9．2．説明文のマクロ構造の特徴

　本節では各文章について、本研究で論じた手順に沿って、その構造を調べる。類型化にあたっては、統括位置から見た推論形式と配列の両面を中心にその構造を考えたい。マクロ構造決定では、これ以外に連接が利用されるが、これは文脈をたどるための具体的な概念であるため、本節では取り上げない。推論形式については統括位置の上位概念として、以下の表のように組み込む。文章の細かいジャンルに関しては前節で述べた通り、事実描写中心から意見主張中心へむけて順に、「新聞記事」10編、「四季の博物誌」100編、「教科書・学術書」10編（内訳教科書4編・学術書6編）、「コラム・社説」30編（内訳20編・10編）、以上計150編である。前者3点は事実描写中心、「コラム・社説」は意見・主張中心の説明的文章（広義説明文の一種）であり、「四季の博物誌」を一般的に説明文と呼ばれる典型的なタイプ（狭義説明文）と設定する。以下は具体的な文章構造の分布である。

〈図表9−3：新聞記事10編〉

配列	統括	演繹 頭括型	帰納 尾括型	追歩 尾括型	帰納+演繹 中括型	演繹+帰納 両括型	その他 潜括型	計
拡張	列挙						2	2
	対象							0
進展	時空	3					1	4
	密度					1		1
	包摂		1					1
	因果	1	1					2
	問答							0
	議論							0
合計		4	2	0	0	1	3	10

217

〈図表9-4:四季の博物誌〉

配列\統括		演繹 頭括型	帰納 尾括型	追歩 尾括型	帰納+演繹 中括型	演繹+帰納 両括型	その他 潜括型	計
拡張	列挙						15	15
	対象						2	2
進展	時空		1				1	2
	密度	2	4	2	1			9
	包摂	42	4		1	2		49
	因果	3	12	6				21
	問答		2					2
	議論							0
合計		47	23	8	2	2	18	100

〈図表9-5:教科書・学術的読み物〉

配列\統括		演繹 頭括型	帰納 尾括型	追歩 尾括型	帰納+演繹 中括型	演繹+帰納 両括型	その他 潜括型	計
拡張	列挙							0
	対象							0
進展	時空							0
	密度		2			2		4
	包摂		1					1
	因果			1				1
	問答	1		3				4
	議論							0
合計		1	3	4	0	2	0	10

〈図表9-6:社説・コラム〉

配列\統括		演繹 頭括型	帰納 尾括型	追歩 尾括型	帰納+演繹 中括型	演繹+帰納 両括型	その他 潜括型	計
拡張	列挙						3	3
	対象						1	1
進展	時空							0
	密度		4	1	1	2		8
	包摂		2	1				3
	因果	1	7	2		1		11
	問答		3					3
	議論			1				1
合計		1	16	5	1	3	4	30

　以下では、説明文の典型と考えられる「四季の博物誌」〈図表9-4参照〉を

9. 説明的文章に見られるマクロ構造

中心に、他のテクストと比較をしながら、その文章構造を論じていきたい。まず、統括部位（推論形式）では頭括型（演繹法）が47％と約半数を占めている。文章の冒頭部については、林（1983）や木坂（1990）で一般的な文章の書き出しに関する研究が行われているが、説明文にとっても冒頭は多様なあり方を持つ、重要な部分だということができる[注1]。

マクロ構造の特徴としては、包摂型、つまり上位概念から下位概念へと降りる形での説明が中心である。このように、最初に概要を述べて先へ進むほど詳しい情報を叙述する逆三角形の構造は、情報が頭に入りやすい構造である。説明文は、伝達内容を迅速かつ正確に読み手に理解させる必要があるため、文章の主要部分や全体概要を冒頭で述べる方法はそういった目的に沿ったものだといえよう。

ところでここで注目すべき点は、中核文認定でも取り上げた「近接性」の関係が文章の全体構造にも用いられていることである。近接性には事実的（換喩的）傾向を持つものから、意味的（提喩的）傾向を持つものまでその性質に幅が見られたが、文章構造の中で多かったのは、意味的傾向を持つ「抽象－具体」や「上位－下位」という包摂関係である。ここから、こうした意味的傾向を持つ包摂構造は、私達が広く一般的事実を整理し、理解する場合に用いる構造だということができる。こういった包摂関係を利用したマクロ構造は、説明文の目的に合った、読み手の頭に入りやすい形式だということもできよう。これは説明文のマクロレベル理解を論ずる上で重要なポイントである。一緒に調査を行った他のテクストでは、配列に関して「密度」の項目が多いが、これは、文章の内容の親しみやすさや重要性を用いて、文章がクライマックスへ向かって進む尾括型と強く相関していると予想される。

また「四季の博物誌」では尾括型は31％と頭括型よりも少ないが、その中でも中心となるのは帰納型であり、順序立てて論理を発展させていく追歩型は比較的少数であった。国語教育における日本人の文章作法の中心は尾括型であったが、あらゆるジャンルに特定の典型的な構造を適応させることには無理があり、やはりジャンルによって効果的な文章構造が存在していることを考慮した、体系的な方法論を立てる必要がある。説明的文章のジャンルでは、意見・主張を中心とした文章ほど尾括型が多くなるが、事実描写中心の文章では頭括型が多い。

次に尾括型に関する帰納型と追歩型の割合について、もう少し見ていきたい。意見や主張の強さから、コラム・社説は相手を説得する目的を強く持つジャンル

といえるが、本研究の結果では、それらの文章は帰納型が半数以上を占め、追歩型はその３分の１にも満たなかった。つまり相手の説得のためには、論理的な追歩型よりも単純な構造を持つ帰納型が好まれていることになる。一方、教科書や学術書といったいわゆる客観的かつ論理的な性格の強い文章では追歩型が多い。これについては、文章の長さや内容の性質、読み手の姿勢といった様々な要因を加味してさらに考察する必要があるが、追歩型という推論形式は、客観的に筆者なりの論理展開をアピールする場合に用いられる可能性があるといえる。

さらに「四季の博物誌」では、「前件－後件」による二項構造と捉えられる演繹型・帰納型が70%を占め、大部分の説明文の構造がこのいずれかであることを示している。演繹型は尾括型、帰納型は頭括型と結びつけられるが、これらは追歩型のように論理展開にいくつかの段階が存在するタイプではなく、「前件－後件」の二段階で議論が完結することが特徴である。これは、説明文の文章構造がシンプルな人間の推論形式になぞらえるという予想に沿った結果だといえる。

また先行研究において説明文の構造としてしばしば挙げられていた「問題－解決」構造は、意見主張の傾向が強い文章に多く見られた。読者に分かりやすく事実を伝える説明文の場合、その事実に対して読み手に問題意識を持たせることが目的とはならない。説明文のジャンルでの問題提起とは、事実に関して深い理解を促すことを意図して、「注意を喚起する」目的で用いられるのである。そのため、一般的にはむしろ、事実の本質的な部分をまず提示し、それに関する理解を促すためにさらに詳細な情報を与えたり理由を説明したりするといった、問題提起とは逆の、主題提示といった要素が冒頭に方法が多く見られる。

ここから、説明文では、書き手と読み手の双方で、ある事実を受容した上でさらに深くそれを理解していくといった「肯定的」姿勢が見られることが見てとれる。問題提起は、筆者がその事実に関して未知の立場にある読者に近づくための導入（興味を持たせる、読む必要を感じさせる）であるが、どうしても事実を批判的に捉える姿勢をとることになる。さらにこの構造は「因果関係」と並んで尾括型を取るため、事実の本質を知るための情報は後件に盛り込まれてしまう。そこで、客観的かつ迅速な事実の伝達を主眼とする説明文では、それとは逆の、事実に関する原理やそれ自身の提示を重視した頭括型の叙述がとられるのである。

この他に注目される事項として、「説明文」の典型である「四季の博物誌」に、

「列挙型」で「統括がない」タイプが見られた点が挙げられる。立川（1994）でも同様の傾向が見られたが、これは説明文において、具体的列挙、すなわち箇条書き的な方法が多用されていることと関係すると考えられる。

　ここで、以上の結果を簡潔にまとめておきたい。まず、説明文は大きく「前件－後件」の二項構造をとることが多く、これは人間の推論方式である「演繹型」及び「帰納型」が説明文のマクロ構造と重なることの裏付けとなる事実である。またこれらの中では演繹法（頭括型）が中心で、その構造は「近接性」を利用するものが多い。この「近接性」は、一般には修辞法の一部として、その下位分類に換喩と提喩が置かれるが、説明文のマクロ構造では、意味的傾向（提喩的）の強い「抽象－具体」、「上位－下位」といった包摂関係がしばしば用いられる点が注目される。説明文の目的は、相手への情報伝達を効率良く行うことであるため、こういった演繹型は事実説明の方法としては頭に入りやすい方法だといえる。

　さらに、説明文では「列挙」の手法も多用されており、事実描写を箇条書きの形で行うことが多い。これは統括が存在しない文章構造であるが、これも文章構造のひとつとして認める必要があり、本研究では潜括型にあたる。こういった列挙のみの統括がない構造や二項構造といった極めて単純な構造が、説明文の文章構造の特徴だと考えられる。

　一方、国語教育で文章構造把握の中心とされてきた「序論・本論・結論」（追歩）型は、意見・主張中心の文章に多く見られる。また相手を説得する際には、論理的な枠組みによって順序立てて内容展開が行われる尾括型が効果的とされているが、その中でも特に客観性が強く事実に即して叙述を進める時には、追歩型が多用される。その他に、問題解決型は説明文に頻用されると考えられてきたが、本研究の結果からは必ずしもそうとは言い切れなかった。本研究での典型的説明文の文章構造では、事実そのものをまず提示した上で、細かい内容や結果、根拠を示して理解を深めさせる「肯定的」な叙述姿勢に基づく論理展開をとる形が多く、冒頭部に問題意識を喚起した形式は少ない。だがこの結果については、文章の性質や読み手の種類なども加味してさらに検討の必要があるものと予想される。

　次節では、典型的な説明文に多く見られたマクロ構造の例を、いくつか見ていくことにする。

9．3．説明文に見られるマクロ構造の例

本節では、(狭義)説明文に多く見られたマクロ構造の例として、文章とその構造分析の結果を提示する。

例１）演繹型（頭括型）　上位－下位関係　「はんのき」

　①ハンノキ属の学名アルヌスは「河岸近く」という意味である。②九州から北海道まで海岸に干潟をつくるような河口のヨシやガマの群生する湿地などに、以前はよく見られた。③河川改修などで本来の生育地が失われ、最近はきわめて少なくなった。④ヨシなどの生えた湿地の草原からハンノキ林に遷移するから、湿性遷移の先駆樹であることは確かであるが、その後の遷移がどういう過程をたどるかは、あまりはっきりしていない。⑤しばしば、水田のあぜ道に植えられ、刈り取った稲かけに使われる。⑥干潟や水田に集まる鳥が活発に活動をはじめるころ、いち早く裸の枝に花が咲き、他の広葉樹に先駆けて春の訪れを告げる。

　⑦ハンノキの葉面には、つやがなく、裏面は淡緑色だが、東海道以西には、葉につやのあるサクラバハンノキがある。⑧名のように葉形はサクラの葉に似ている。⑨山地に入るとハンノキに代わって、ヤマハンノキ、ケヤマハンノキが現れる。⑩ともに葉はほぼ円形で、縁に粗いギザギザがある。⑪ケヤマハンノキは、一年目の枝は青みをおびるが、二年目の枝には名のように紫色をおびた褐色の毛が密生している。

　⑫ハンノキ属は日本に7〜8種あるが、この属の植物の根には、すべて放線菌、アクチノミセス・アルニが共生して根瘤をつくり、窒素固定を行う。⑬このため、荒れ地でも生育でき、ヤシャブシ、オオバヤシャブシは、砂防用や荒れた斜面の緑化用に植えられることが多く、火山の溶岩原にもいち早く侵入する。

　⑭ハンノキ属の球果や樹皮には多量のタンニンを含み、それを煮出した汁に鉄分の多い泥土を加えて黒色染料として使われる。⑮球果はとくに矢車と呼ばれ黒色染料に用いられる。⑯黒八丈はハンノキの球果で染めたもので、甲斐絹は富士山付近に多くて球果が大きいヤマハンノキで染めたものである。⑰この樹皮で魚網を染めることがあり、「あみかわ」と呼ばれている。

9. 説明的文章に見られるマクロ構造

　この文章は４つの形式段落から成っているが、各形式段落は内容的によくまとまっており、文段もこれと同一と考えてよい。例えば、第１段では「ハンノキ」の樹木としての生息地といった一般的・全体的な説明がなされ、それは「湿地・草原・あぜ道」、「遷移」という関連語句から明らかである。それ以降はハンノキの具体的・部分的な事柄に関する叙述であり、第２段はハンノキの葉や枝と種類、第３段はハンノキの植生と種類、第４段は黒色染料として用いられることを列挙している。ここから第１段、そして第２段から第４段の各集合文段は、全体として互いに包摂関係を持つといえる。これを図式化すると次のようであり、集合文段相互の連接関係は累加である。第１段が統括力を持った演繹（頭括）型の構造である。

〈図表９－７：「はんのき」構造図〉

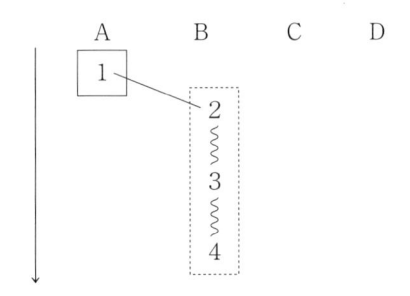

例２）帰納型（尾括型）　因果関係　「なし」
　①ナシも含めて多くの果樹では、開花して花粉は雌しべにつき、受精して初めて果実がなる。②当たり前のことだが、じつはこれがなかなか厄介なことなのである。③多くの果樹は同じ花同じ木の花粉がついても受精せず、従って果実がならない。④自家不結実という性質がある。⑤また果物の品種というものは、最初の一本の原木から枝をとって接ぎ木で次々に殖やしたものであるから、すべて同じ個体にほかならない。⑥ナシの主品種で全国に栽培される二十世紀も、すべての木が明治21年に千葉県松戸で発見された原木の「分身」なのである。⑦だから、同一品種間でも自家不結実性であり、ナシ園に二十世紀だけ植えても実はならない。⑧二十世紀の実をならすには、これと同時に開花する他の品種を所々に混植して、その受粉用の木から出た花粉を二十世紀の雌しべに着かさなければならない。
　⑨この交配は自然には蜜蜂にたよるわけだが、天候が悪かったり、受粉樹の開

花期が主品種とずれたりすると受粉はうまくいかない。10安定して豊作を望むには、人工授粉が最も確実であるが、雲霞のごとく咲き乱れる花々に人工授粉するのは大変な仕事で、農家の知恵の絞りどころとなる。11まず花粉を集めるのが大仕事だが、最近はこれを共同化し、いわば花粉銀行といった方法をとっているところが多い。12主品種の開花直前になったら、受粉用品種の花蕾を摘み集めて、室内で適温に人工加温して雄しべを開かせ、花粉採集機にかけて花粉を採集しておく。13主品種が開花したら、花粉に石松子などを7～15倍まぜて増量し、必要量を果樹園にもっていって、その雌しべにつけてやるのである。14交配の作業は、まだ一般には筆や羽毛でいちいち塗りつける、手間のかかる方法で、人海戦術がとられている。15花粉銃などの機械で吹き付ける能率的な方法もあるが、受精率が劣るので、機械の改良開発が切望されている。16また花粉をつけずに、ホルモン剤を撒布して受精と同じ効果をあげる技術も将来の夢として期待されている。

　この文章は内容的に前後の二段に分割が出来るため、形式段落と文段は重なる。前半では「なし」の「自家不結実性」という性質の紹介をしているが、まず「自家不結実性」の説明を第3文で簡潔に行い、文末に「のだ」を伴う第2文で「果実をつけさせるためにはやっかいな性質」とその特色を示している。後半では、前半で紹介した性質が「原因」となって、その「結果」どういった事実が発生したかを説明している。具体的には、「自家不結実性」を克服する対策として「人工授粉」を提示し、第11文から第12文までは花粉の集め方、第13文から第15文までは花粉をどのように雌しべに付着させるかという手段が述べられている。前後の連接関係は補足型で、後半が統括力を持つ帰納（尾括）型と考えられる。

〈図表9－8：「なし」構造図〉

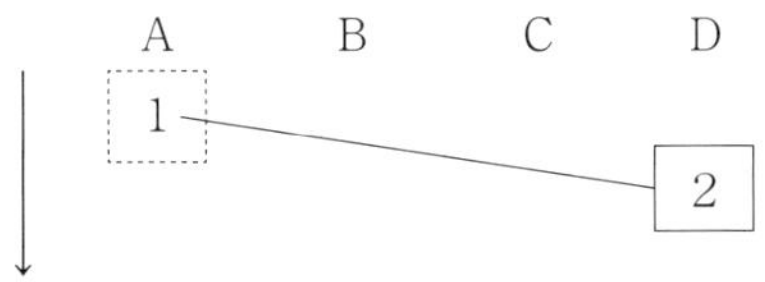

9. 説明的文章に見られるマクロ構造

例3）潜在型　列挙型　「はち」

　①ハチは刺すものという印象をもっているのは、人間だけではないらしい。②刺されてものすごく痛いかどうかはべつとして、確かにたいていのハチの雌は毒針をもって刺す。③一度チクリとやられれば、人間はもちろん、鳥もヒキガエルもそれをよく記憶していて、二度とうかつには手を出さない。

　④このことから、二つのことが生じた。⑤一つはハチが大変よく目立つ姿になったこと、もう一つはハチをまねた昆虫が数多く現れたことである。⑥ハチの目立つ色はいわゆる警告色であって、まだ一度も刺されたことのない動物は、ハチの色や形を別段おそれない。⑦その点で未経験の動物に対しても恐怖感を与えるらしい「威嚇色」とは異なっている。⑧いずれにせよ、踏切のしるしが多くのハチと同じ黒と黄色であることは興味深い。⑨毒も針もない昆虫がハチのこのような警告色をまねるのが、いわゆる擬態である。⑩鱗翅類、双翅類、鞘翅類、半翅類など、まったく異なったグループの多くの虫がハチに擬態していることは、ハチが刺すものだという印象がいかに強いかを示すものであろう。

　⑪ハチの仲間は、親が何らかの形で多少とも子孫の世話をする。⑫もっとも「原始的」なハバチですら、けっしてチョウやガのように卵を葉の上に生み捨てにはせず、鋸歯のついた産卵管で植物の組織に切り込みを入れ、その中に卵を生み込むなど、自分の卵に対してかなりの配慮を見せる。⑬そのようにしてバラの茎に卵を産むチュウレンジバチは、バラつくりの人々から目の敵にされている。⑭ハナダカバチは砂地に掘ったいくつかの巣の中にいる幼虫たちに次々と餌のハエを届けてまわる。⑮ミツバチやスズメバチのあの集団生活も、ハチの仲間がもつこの基本的な性質が生み出した究極の産物なのかもしれない。

　この文章は全体で3つの形式段落に分けられているが、文段もそれと同様の分割でよいと考えられる。まず第1段で「ハチ」は刺す虫だという事実を述べ、それが「原因」で生じた「結果」としての二つの事項（ハチが目立つ姿になったこと、ハチをまねた昆虫が多く現れたこと）を第2段で説明しており、文段の第1段と第2段は強い結びつきを持つ集合文段である。これはまず、第4文冒頭の「このこと」という指示語が前段全体の内容を承けていること、そして「刺す」という事実とそれをめぐる「針、毒」などの関連表現が第1文から第10文にかけ

て存在し、それと近接性を持つ「警告色」「威嚇色」という語が展開することから明らかである。第3段は一転して、ハチの産卵について述べており、第15文では「〜かもしれない」という推量を伴ってミツバチやスズメバチの集団生活に言及している。第1段・第2段の集合文段と第三段の連接関係は転換型で大きく切れるが、前件と後件はハチというテーマについての異なった側面からの叙述であり、いずれにも統括部位は存在しない。統括内容は「ハチについて」といった程度にしかまとめることができないため、潜在型・列挙型の構造だといえる。図式化を行うと次のようになる。

〈図表9−9：「はち」構造図〉

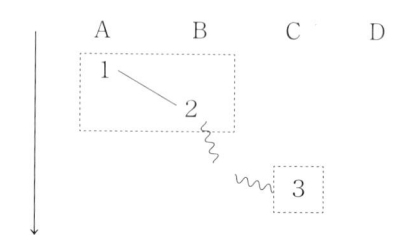

```
        A    B    C    D
       ┌─────────┐
       │ 1       │
       │    2    │
       └─────────┘
                  ╲
                   ╲
                  ┌───┐
                  │ 3 │
                  └───┘
↓
```

例4) 追歩型　尾括型　因果関係　「うぐいす」

　①ウグイスは春を告げるその声でよく知られているが、その割に羽色を知っている人は少ない。②わずかに緑色をおびた淡褐色の地味な背面で、いわゆるウグイス色ではなく、淡色の眉斑のほかにはとくに目立つ斑紋はない。③この鳥は藪鶯の名もあるように、主として低い茂みの中で生活していて、茂みから出ることはほとんどない。④地上におりたり高木の枝にあがったりすることも珍しい。

　⑤日本にはウグイスの仲間が十種余り住んでいるが、どの種も緑褐色系か淡褐色系の地味な羽色でよく目立つ斑紋を持たず、茂みの中で生活している。⑥生活場所は、ウグイスやヤブサメは低い茂み、ムシクイ類は高木の茂み、オオヨシキリは葦の茂み、セッカは丈の高い草原というようにそれぞれ性格を異にしているが、どれも茂みの中であることに変わりはない。⑦地味な羽色はこのことと関連を持っている。

　⑧茂みのなかをチョンチョンと渡り歩いて、葉にいる昆虫を捜すというウグイス類の生活では、大敵である猛禽類や肉食禽獣に気づかれずに動き回ることが必

9. 説明的文章に見られるマクロ構造

要である。⑨だが、じっとしていたのでは昆虫を探すことができない。⑩動きまわっても気づかれないというのは、非常に難しいことなのだが、ちょうど草木の葉やその落とす影の大きさと同大の小鳥では、それらと同じような色になってしまえば、葉が動いたのか鳥が動いたのかわからない。⑪ウグイスの仲間はこれを利用しているのである。

⑫だが、そうするとこの仲間の鳥は、どれもよく似た羽色になってしまって、見分けがつかなくなる。⑬実際、素人には姿を見ただけでは区別がつかない鳥が多い。⑭鳥にとってはそれでもかまわないのだが、繁殖の時だけは困る。⑮別種とつがいになるわけにはいかないからだ。⑯そこで彼らは互いに春の囀り声を違えることにした。⑰その中で最も早く囀り始めるウグイスの囀りが、春を告げる自然の歌としてとらえられているのである。

　これは前半の被統括部位が論理的内容展開を持つケースだが、そこに見られる追歩型の内容展開も含めてその様相を見ておきたい。この文章は4つの形式段落からなるが、ウグイス、羽色という同一反復語句が全体を通して見られ、最後の形式段落では「囀り」という反復語句が登場する。「羽色」と「囀り」は共にウグイスの属性ではあるが、これらは単に列挙・対照されているのではなく、各々の事項が持つ特性を介して論理関係を持つ。また、形式段落第4段冒頭（第12文）の「だが」という接続詞は、これ以降の叙述の統括度の高さや重要性を示している。

　ところで、第7文は羽色がその生活と密接に結びついていると今までの叙述をまとめており、形式段落第3段では羽色が地味であることの理由が具体的に示されている。ここから形式段落第2段と第3段は論理的な脈絡を持ちながらも、互いに独立した機能を持った文段と見ることができる。形式段落第3段については、第8文の「必要」というキーワードは説明部位の指標として文段の種類が明確にされており、第11文は「これ」という前部の叙述をまとめる指示語と「のだ」という文末表現を持つ。ここから、ここで文段第2段の内容の性質は説明であり、第11文がそのまとめを行って分断点を示すことが理解される。

　以上から集合文段は第1文〜第7文、第8文〜第11文、第12文〜第16文という三つの部分に分けられるが、各部分の機能は開始、展開、終結となる。それぞれの内容の動きは、以下のようにまとめられる。

集合文段	中核文の例	具体的内容
第一段	ウグイスの羽は地味な色だが、それは茂みで生活することと関連している。	羽の色・生活場所
第二段	茂みの中で敵から身を守るためにこのような羽色をしているのである。	食生活と羽の色との関係
第三段	体が同じ系統の色であるため、囀りの声を変えた。	繁殖の時の工夫

これらの具体的な内容を、さらに文章構造という観点から配列をもとに以下のように捉えると、「追歩型」の構造をより明らかにすることができる。

集合文段	1　　　2　　　3
配列	提示→根拠 ‖ 原因　→　結果

前の二つの集合文段は「提示－根拠」という関係であり、さらにその集合文段を大きく原因を示すものと考えると、一番最後の段はそれに対して結果を示すといえる。このような、順に論理的な展開を持つ構造を図式化すると次のようになる。

〈図表9－10：「うぐいす」の構造図〉

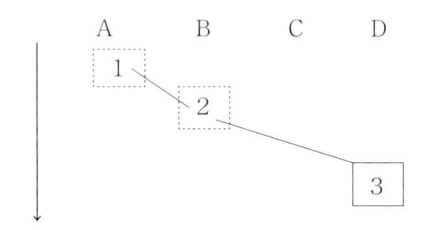

注

(注1) 〈林(1983)による文章一般の書き出し〉
　　(1) 即題法（解題法）　題目に即す、題目を解説する形で書き出す。
　　(2) 題言法　　　　　　主題目とは直接結びつかない読者への語りかけ
　　(3) 破題法　　　　　　いきなり話を始める
　　(4) 引用法

9. 説明的文章に見られるマクロ構造

(5) 会話法
〈木坂（1990）における書き出しの分類〉
・時枝説：文章表現の機構　　　1全体の輪郭　　2作者の口上　　3全体の要旨
　　　　　　　　　　　　　　　4事柄の提示　　5作者の主題の表白
・市川説
　1叙述内容の集約　2本題に対する前置き　3本題を構成する一部

結び―本研究の成果と今後の課題―

　言語教育における効果的な読解・表現の手法を確立するためには、応用言語学的な立場から、談話・文章の持つ構造的な特性を体系的に把握する方法論を確立することが重要である。たとえば、ボトムアップとトップダウンの読みの手法を併用し、マクロ構造に関するスキーマを活用した読みの技法などは、言語能力の向上に直結すると考えられる。本研究では、テクスト分析の立場から説明文について考え、そのジャンルの特性の解明を行った。説明文は言語活動の基本的な機能の一つである「伝達」を主眼に置いた、日常生活でしばしば用いられるジャンルである。しかし、国語教育及び日本語教育の中上級レベルという比較的安定した力を持つ学習者でも、伝達に関する言語技能に十分習熟していないのが実情である。こういった実態をふまえ、今回、言語学的な理論をもとに説明文について分析を行ったが、以下ではその内容を簡単にまとめておきたい。

　文章のジャンルについては、どのような観点からそれを考えるかによって分類基準が様々に立てられるが、国語教育においては、一般に文学的文章と説明的文章の二種類が認められている。そして後者の下位分類としては、主観性と客観性の強さという抽象的な識別に基づきジャンルが類別・列挙されているが、それは、具体的な文章とジャンルとの対応を考える場合、応用性に欠けるものである。本研究では、広く説明的文章と認識される集合体を「事実描写中心」と「意見・主張中心」という観点から捉え、様々なジャンルの集合体はその二者を極としたスケールの上に連続的に位置づけられると考えた。各ジャンルをこういったゆるやかな体系上の一部として捉えることで、それが厳密に分割できるものではなく、多くのパラメターの融合によって幅をもって規定されるとしたわけである。近年の言語学一般におけるジャンル論では、具体的なパラメターとして言語的指標を取り出し、客観的にジャンル決定を行う方策が考えられるとともに、レジスター

結び―本研究の成果と今後の課題―

やコンテクストといった状況や社会的・心理的文脈も併せて検討が行われているが、本研究はこうした流れに沿った立場をとっている。

また日本語学では、叙述内容の性質や目的からジャンル規定が行われることが多いが、本研究ではそういった内容からのジャンル観をふまえ、説明文の言語学的特徴を析出するため、いくつかの指標を取り上げた。まず提題表現についてだが、これは従来、助詞や文型といった形態的要素のみが取り出しの指標とされていたものである。しかし文章分析においては、主語と主題（ガとハ）をめぐる問題を含め、意味的な側面からの取り出しが必要であることを指摘した。同じように叙述表現については、格文法の概念を利用して、文末用言と強い結びつきを持つ格（ヲ格・ニ格）に注目することが重要である。また、説明のモダリティとされる叙述表現の「のだ」は、説明文のジャンルを特徴づける働き（要約・解説の機能など）をするだけでなく、論理展開の鍵ともなり、文章構造を考える上でも重要な要素である。その他、叙述表現の先行研究は、モダリティから見た文連鎖などが中心であったが、説明文は客観的な言い切りの文末表現が大部分であるため、特にモダリティが現れる文末部分を有標と捉え、その働きを考察することが、このジャンルの構造の把握に役立つと考えられる。さらに、言語学的特徴として、斜格から直格という移行によって文章が立体的な連続性を持つという、格の連鎖とマクロ構造との関係を指摘した。

さて、本研究では説明文の構造分析に先立ち、その基礎となる言語単位として「文段」を認め、その認定の手がかりとして文段の内容をまとめる「中核文」という言語単位を独自に設定した。文段とは、中核文を含む一文以上の文の集合によって形成される意味内容のまとまりであり、文章構造分析の基礎単位である。一方、中核文はトピックセンテンスや中心文のように、その段をまとめる内容を持つ一文だが、必ずしも原文から一文で抜き出せるものではない。中核文のタイプには、読み手が形態的指標（文型・反復表現・指示語など）や意味的指標（近接関係）といったパラメーターを用いて原文からそのままの一文で抜き出せる「顕在型」と、そうした指標を利用して新たに読み手が一文を作成することによって認定する「潜在型」とを認める。「潜在型」はその作成方法において「要約」に重なる部分を持つが、要約は予め決められた範囲の叙述をまとめる文であるのに対し、中核文はそれによって文段の範囲を決め、内容の分断を作り出す文という

性格を持つ点で、逆の方向性を持っている。こういった複数のパラメターを組み合わせたタイプの研究は新しい試みであり、特に「意味的指標」を取り入れた点は、本研究の極めて重要な部分だといえる。日本語の説明文では潜在型中核文が多いが、中核文を文段設定に導入することは、明確なトピックセンテンスを持つことが少ない日本語の文章の性質に合った方法であり、これは広く説明的文章のジャンル（論説、評論等）の分析にも応用可能な手法である。

　この中核文の認定は、文段の種類や機能に関する「予測段階」と、それをもとに実際の叙述の検討を行う「認定段階」との手順に分けられる。「予測段階」では、中核文の中心的な機能である「文段内容提示機能」や、文章内の位置から見た副次的機能である「文段の機能」を検討し、読者は文章を立体的な構造として把握しながら内容理解を進める。「認定段階」で用いられる「形態的指標」としては、反復表現、キーワード、提題表現と叙述表現、指示表現などを考える。また「意味的指標」については、意味論やレトリック、テクスト分析などの先行研究を参考にし、表現対象に対する視点を変えて叙述する方法としての「類似性」と「近接性」をとりあげる。特に「意味的指標」で中核文認定に必要な「叙述レベルの差」、すなわち、その表現が General か non-general（=specific）かを示すのは、意味の「近接関係」である。近接性は換喩（事実）的なものから提喩（意味）的なものまでその性質は様々だが、文章内では後者が利用されることで構造化が図られることが多い。読み手は、近接性によって文章の統括を、そして類似性によって文章の結束性を認めることができる。

　このように中核文を含む意味内容のまとまりである「文段」は、文以下の「ミクロ単位」と、文章という「マクロ単位」との間に立つ言語単位であり、その相互関係を活用して構造は捉えられる。説明文の読み取りでは、具体的な文章内容を抽象的な論理構造として理解しなくてはならない。その際、読み手の内部にはスキーマが形成され、それが適切に利用されるといったメカニズムが必要になることから、説明的文章の構造は人間の推論形式という枠組みによって捉える事が可能である。推論形式としては「演繹法・帰納法・追歩法・その他」が挙げられるが、これらは「あらかじめ決定している要素」や「統括位置」から具体的にそのあり方を規定することができる。

　まず、文章構造は「内容（前提・結果）」と「方法」によって決定されるもの

とすると、演繹法は「結果」、帰納法は「前提」、追歩法は「方法」がそれぞれあらかじめ決定している形式だといえる。また「統括位置」から見た場合、追歩法と帰納法は尾括型、演繹法は頭括型だが、本研究では、統括の位置とその個数のみによって類型化を行う。この用法によって、文章全体の段落数にこだわらない構造把握が可能となる。

　文章構造を把握するためには、このほかに「連接」や「配列」を用いる。配列には大きく「拡張型」と「進展型」とを設定するが、拡張型は各文段のテーマが変わる「列挙」、「対照」といった関係、進展型は各文段のテーマが変わらない「時空間」、「内容密度」、「包摂」、「問題解決」、「論理」といった関係を持つものである。この「配列」を利用して文章内容を検討していくと、各文段はさらに高次の集合文段にまとめることができ、大部分の説明文の文章構造は、連接による内容展開をも併せて、「前提と結果」から成る「二項構造（抽象－部分、根拠－提示など）」と見ることができる。さらに本研究ではこれらの関係の図式化を試みたが、これは教育現場での実際の読みへ応用が有効な手段となることが期待される。

　ここまでの理論的な議論を実証的に考察するため、これらの手法を用いて具体的な文章構造の特徴（説明的文章150編）を分析した。この分析から、狭義説明文の大部分は二項構造の頭括型（演繹型）で、その「前件－後件」は「近接関係」によって成立していることが明らかとなった。つまり、中核文を考える上で鍵となった意味的指標である「語句の包摂関係（General/non-general）」が、文章レベルの把握でも重要な役割を果たしているのである。また、箇条書きの形で事実を挙げ連ねていく「列挙」といった統括部位が存在しない構造も、説明文の特徴の一つといってよい。

　今後の課題としては、対象とするジャンルをさらに広げて多くのジャンルの文章分析を行い、ジャンルの文法について明らかにし、そこに心理学的知見や言語学のさまざまな分野からのアプローチを取り入れることが挙げられる。また日本語と他の言語との比較対照、さらにディスコースといった音声言語の談話分析も重要であろう。

　言語教育の観点からは、本研究で立てた理論を実践の方法論として生かすことによって、さらに創造的な言語能力の育成を行っていきたい。

あとがき

　本研究は、私が教員として現場で仕事をする中で感じた「理論的な方法論に基づく実践を行いたい」という強い思いをきっかけに始まったものです。お茶の水女子大学を卒業後、山脇学園中学・高等学校に奉職し、その間、東京大学大学院総合文化研究科に籍を置き、テクスト分析を国語教育に応用する方策について考える機会を得たことが、本研究のスタートとなっています。現在、流通経済大学では、留学生の日本語教育と、学部1年生の言語能力育成を目指す基礎ゼミ（国語教育）との両方に携わり、日本語学と言語教育との関わりを日々考えております。

　本書の内容は、1998年に東京大学大学院総合文化研究科に提出した博士論文「説明文のマクロ構造把握に関する研究――国語教育の実態とその応用へむけて――」を核としておりますが、今回、その内容に大きく手を入れました。こうした研究成果を出版することができたのは、ひとえに多くの方々の励ましと応援をいただいた賜物と、深く感謝しております。

　特に東京大学大学院で、指導教官をしてくださった山中桂一先生（現東京大学名誉教授）には、テクスト言語学をはじめ、広く学問に対する姿勢や研究の在り方をご教授いただきました。博士論文執筆に当たっては、壁に突き当たった時にいつも適切なアドバイスを下さり、力強く励まして下さいました。未熟な筆者が、勇気を持って研究に臨むことができたのは、ひとえに山中先生の若い者を育てていこうというご姿勢と温かいお人柄によるものだと思います。大学院で研究を行うにあたっては、本当に多くの先生方にお世話になりました。坂梨隆三先生（現帝京大学教授、東京大学名誉教授）には、日本語の文法について、しばしば洞察に富んだご指摘と丁寧なご指導を頂きました。大堀壽夫先生（現東京大学准教授）には、認知言語学的な視点からの示唆に富むご意見と、丁寧なご指導とをい

あとがき

ただき、様々な文献や内外の最新の研究動向などもご紹介いただきました。斎藤兆史先生（現東京大学教授）には、文体論と言語教育という国語・日本語の教育では今後の可能性が大きい見地から、貴重なご意見を多くいただきました。新田春夫先生（現武蔵大学教授）には、日本語学や格文法について、ご指導をいただきました。その他、言語情報科学専攻の先生方には、多くのご指導を頂き、本当にありがとうございました。

また、市川孝先生（現お茶の水女子大学名誉教授）には、文章論分析に関する多くのコメント、そして励ましのお言葉を頂戴しました。高崎みどり先生（現お茶の水女子大学教授）には、新しい方向からの日本語の文章論について多くの示唆を頂くとともに、共同研究の機会を与えて頂きました。大塚賀弘先生（現東洋大学名誉教授）には、英語文体論の見地から、貴重なアドバイスをいただきました。

さらに、テキスト分析研究会の皆様には、勉強会の折にふれて、率直なご意見やご批評を頂きました。

この場をお借りして、心よりお礼を申し上げたく存じます。

本書は、平成23年度流通経済大学学術図書出版助成費の交付によって刊行されました。

佐伯弘治学園長、小池田冨男学長、また出版助成の審査にあたってくださった先生方、流通経済大学出版会の池澤昭夫事業部長、本当にありがとうございました。学園の自由で闊達な雰囲気、そして若手教員の研究を見守ってくださるあたたかい環境、素晴らしい先生方や職員の方々に恵まれたことを、本当に感謝しております。

今後は、この研究をもとにして、日本語学と言語教育とを有機的につなげ、理論的な基盤に立つ実践活動に貢献できるような研究を進めていきたいと考えております。

主要参考文献一覧

相原林司（1984）『文章表現の基礎的研究』明治書院
　　　　　（1985）「反復表現の諸相」『応用言語学講座第一巻　日本語の教育』大修館書店　163-81
　　　　　（1987）「接続詞と文章の展開」『日本語学』6（9）　37-45
青山文啓（1987）「料理の文章における提題化の役割」『計量国語学と日本語処理』秋山書店　285-303
安達隆一（1987）『構文論的文章論』和泉書院
　　　　　（1996）「国際化時代の国語教育への提言」『月刊国語教育研究』293　42-43
尼ヶ崎彬（1988）『日本語のレトリック――演技する言葉』ちくま書房
有沢俊太郎（1995）「国語科における中高連携の教育」『上越教育大学国語研究』9　3-20
五十嵐力（1909）『新文章講話』早稲田大学出版部
池上嘉彦（1975）『意味論――意味構造の分析と記述――』大修館書店
　　　　　（1980）「テキストの言語学とテキストの詩学」千野栄一編『言語の芸術』　大修館書店　149-180
　　　　　（1984）「テクストとテクストの構造」『日本語教育指導参考書11　談話の研究と教育Ⅰ』1-42
　　　　　（1985）「テクストの構造」『英語学コース4　意味論・文体論』大修館書店　64-76
庵　功雄（2000）「教育文法に関する覚え書き：「スコープの「のだ」」を例として」『一橋大学留学生センター紀要』3　33-41
石神照雄（1989）「ハとガ――主題と主語――」『講座日本語と日本語教育4　日本語の文法・文体（上）』明治書院
石澤英美・古郡廷治（1990）「文章の「読み」とその過程の計算モデル化」『計量国語学』17（5）　227-40
石田　潤（1988）「連接文の理解に関する研究の展望㈡」『広島大学教育学部紀要』第一部　37　125-133
石出靖雄（2004）「漱石作品における「のだ」文の使われ方：鷗外『青年』と比較して」『早稲田大学大学院教育学研究科紀要 別冊』11（22）　45-54

主要参考文献一覧

井関義久（1994）『国語教育の記号論』明治図書
市川　孝（1968）『新訂文章表現法』明治書院
　　　　（1978）『国語教育のための文章論概説』教育出版
糸井通浩（1985）「文章論的文体論」『日本語学』4(4) 37-47
井土耕平（1999）「「陳述の連鎖」について──『裸の王様』と『1973年のピンボール』」『表現研究』69　17-24
稲垣吉彦（1988）「私の文脈論」『日本語学』7(7)　4-10
今井靖親・高本和昌（1991）「日本語の読みやすさに関する検討」『奈良教育大学紀要　人文・社会』40(1)　245-262
入谷敏男（1983）『言語心理学のすすめ』大修館書店
岩淵悦太郎（1994）『第三版　悪文』日本評論社
内田伸子（1995）『読む書く話すの発達心理学』放送大学教育振興会
宇野　忍（1993）「説明文からの情報の読み取りに及ぼす挿入発問の違いの効果」『東北大学教育学部研究年報』41　27-44
梅津彰人（1985）「表現教育の諸側面」『応用言語学講座第一巻　日本語の教育』明治書院　182-95
浦上博文（1988）「説明の文章を作成する指導」『岡山教育大学紀要』37　48-61
江連　隆（1996）「段落学習を見直す」『月刊国語教育研究』290　40-43
大内善一（1989）「作文教育における「構成」論の史的考察」『秋田大学教育学部研究紀要（人文・社会）』40　27-45
大久保忠利（1991）『大久保忠利著作選集第一集　国語教育Ⅰ』三省堂
大熊五郎（1973）「基本的な文章」『国語学　解釈と教材の研究』18(12)　54-69　学燈社
　　　　（1984）「国語教育における論理的思考」『日本語学』3(4)　46-56
大熊　徹（1992）「言語単位としての文章──深代惇郎はなぜ名文家か」『日本語学』11(2)　20-25
　　　　（1994）『文章論的作文指導──論理的思考力・認識力の育成──』明治図書
大津由紀雄（1995）『認知心理学3　言語』東京大学出版会
大西道雄（1990）「意見文の創構に関する一考察」『福岡教育大学紀要』39(1)　71-91
大矢武師／瀬戸　仁（1979）『高等学校における現代文指導の理論と実践』明治書院
岡　直樹（1984）「文章の読解に関する研究」『福岡教育大学紀要』34　139-44
魚返善雄（1994）『言語と文体』紀伊国屋書店
小河原誠（1996）『読み書きの技法』ちくま新書
尾川正二（1989）『文章のかたちとこころ』ちくま学芸文庫
尾木和英（1990）「作文指導の中心的課題」『日本語学』9(7)　27-32
奥田靖雄（1990）「説明（その1）──のだ・のである・のです──」『ことばの科学4』むぎ書房　173-216
小田迪夫（1993）「説明の機能──国語科でどう学ばせるか」『表現研究』58　1-8
尾上圭介編　北原保雄監修（2004）『朝倉日本語講座6　文法Ⅱ』朝倉書店

甲斐睦郎（1983）「物語の文章構造」『日本語学』1(2)　48-57
垣田直巳・松村幹男（1984）『英語のリーディング』大修館書店
片村恒雄（1992）「国語教育と文章」『日本語学』10(4)　63-70
加藤恭子・バネッサ・H（1992）『英語小論文の書き方』講談社現代新書
金岡　孝（1989）『文章についての国語学的研究』明治書院
樺島忠夫（1978）「説明文の構造」『論集日本文学日本語5　現代』角川書店　174-85
　　　　　（1979）『日本語のスタイルブック』大修館書店
　　　　　（1980）『文章作法事典』東京堂出版
　　　　　（1983）「文章構造」『朝倉日本語新講座5　運用Ⅰ』朝倉書店　118-57
　　　　　（1987）「文章作成支援システム」『計量国語学と日本語処理―理論と応用』秋山書店　357-368
樺島忠夫編／表現学会監修（1992）『表現学大系各論篇26　説明・記録の表現』教育出版センター
樺島忠夫／佐竹秀雄（1978）『新文章工学』三省堂
カプラン．R.B.編／芳賀純・島岡丘監訳（1986）『応用言語学入門』研究社
木坂　基（1990）「書き出しと結びの型――基本と応用」『国文学　解釈と教材の研究』35（15）　31-37　学燈社
岸　学・綿井雅康・谷口淳一（1989）「説明文の構造とその理解について――小学校国語教科書の分析に基づく検討」『東京学芸大学紀要1部門』40　77-86
北原保雄（1981）『日本語の世界6　日本語の文法』中央公論社
　　　　（1985）「言語教育のあり方」『応用言語学講座第一巻　日本語の教育』明治書院3-18
木戸光子（1992）「文の機能に基づく新聞投書の文章構造」『表現研究』55　9-19
木下是雄（1981）『理科系の作文技術』中央公論社
木原　茂（1973）「文章構成の基本的なパターン」『国文学　解釈と教材の研究』18(12)　15-23
金水　敏・田窪行則（1990）「談話管理理論から見た日本語の指示詞」『認知科学の発展3』講談社
金水　敏・田窪行則編（1992）『指示詞』ひつじ書房
工藤与志文（1994）「既有知識と矛盾する文章内容の読解に及ぼすルール教示の効果」『東北大学教育学部年報』42　75-96
国広哲弥（1982）『意味論の方法』大修館書店
　　　　（1984）「「のだ」の意義素覚書」『東京大学言語学論集　84年』5-9
　　　　（1992）「「のだ」から「のに」「ので」へ――「の」の共通性」『日本語研究と日本語教育』名古屋大学出版会17-34
久野　彰（1973）『日本文法研究』大修館書店
　　　　（1978）『談話の文法』大修館書店
グライス，P.著／清塚邦彦訳（1998）『論理と会話』勁草書房

主要参考文献一覧

倉持保男（1987）「文章中の指示語の機能」『国文法講座6 時代と文法——現代』明治書院　102-26

グループμ著／佐々木健一・樋口桂子訳（1981）『一般修辞学』大修館書店

「現代の国語」編集委員会編（1993）『現代の国語　学習指導書総説編』三省堂

国語学会編（1980）『国語学大辞典』東京堂出版

国立国語研究所（1951）『現代の助詞・助動詞：用法と実例』秀英出版

御領　謙（1987）『認知科学選書5　読むということ』東京大学出版会

斉藤和夫（1993）「文章展開の指導法(1)—国語と英語の作文指導法の比較」『聖徳大学研究紀要短期大学部』26(3)　27-33

佐伯　眸（1986）『認知心理学講座3　推論と理解』東京大学出版会

佐伯・藤田・佐藤（1995）『シリーズ学びと文化2　ことばという絆』東京大学出版会

坂口光司（1990）「私の作文指導——高校」『日本語学』9(7)　46-52

阪倉篤義（1963）「文章の機能と目的」『講座現代語第五巻　文章と文体』明治書院　1-18

坂原　茂（1985）『日常言語の推論』東京大学出版会

佐久間まゆみ（1978）「トピックセンテンス考」『人間文化研究』1　お茶の水女子大学大学院人間文化研究科　77-85

　　　　（1983）「段落とパラグラフ—理論化の系譜をたどって—」『日本語学』2(2)　21-31

　　　　（1987a）「文段認定の一基準(Ⅰ)　提題表現の統括」『文藝言語研究　言語篇』11　89-135

　　　　（1987b）「段落の接続と接続語句」『日本語学』6(9)　46-55

　　　　（1989）『文章構造と要約文の諸相』くろしお出版

　　　　（1990）「文段認定の一基準(Ⅱ)　接続表現の統括」『文芸言語研究　言語篇』18　36-66

　　　　（1992a）「接続表現の省略と用法」『国文』77　お茶の水女子大学国語国文学会　63-74

　　　　（1992b）「接続表現の文章展開機能」『日本女子大学文学部紀要』41　9-18

　　　　（1993）『日本語の表現と理解』90-123　放送大学教育振興会

　　　　（1994a）「要約文の表現類型　日本語教育と国語教育のために」ひつじ書房

　　　　（1994b）「中心文の「段」統括機能」『日本女子大学紀要文学部』44　93-109

　　　　（2003）「第5章　文章・談話における「段」の統括機能」佐久間まゆみ編『朝倉日本語講座7　文章・談話』朝倉書店

佐久間まゆみ、杉戸清樹、半澤幹一編（1997）『文章・談話のしくみ』おうふう

佐治圭三（1971）「「ことだ」と「のだ」——形式名詞と準体助詞その2」『日本語日本文化』3　大阪外国語大学

　　　　（1987）「文章中の接続語の機能」『国文法講座6 時代と文法　現代語』明治書院

(1993)「「の」の本質——「こと」「もの」との対比から」『日本語学』12(11) 4-14
佐藤喜久雄(1991)「作文教育から見た日本語教育と国語教育」『日本語学』10(10) 59-66
佐藤　孝(1958)『日本語文章表現学——教養文学・新文章規範——』おうふう
佐藤忠夫(1980)『論文をどう書くか』講談社現代新書
佐藤信夫(1978)『レトリック感覚』講談社学術文庫
(1992)『レトリック認識』講談社学術文庫
佐藤　勝(1968)『評論・論説の教え方』右文書院
澤田昭夫(1978)『論文の書き方』講談社現代新書
(1983)『論文のレトリック』講談社学術文庫
塩沢和子(1994)「社説の文章構造——語句の反復表現を手掛かりとして」『文藝言語研究言語篇』25　97-114
シクロフスキー，V．著／水野忠夫訳(1971)『散文の論理』せりか書房
清水幾太郎(1959)『論文の書き方』岩波新書
霜崎　實(1981)「ノデアル考—テキストにおける結束性の考察」『Sophia Linguistica』7　上智大学
白井英俊(1980)「文章理解と意味結合関係」『計量国語学』12(7)　308-319
杉戸清樹(1984)「談話の単位について」『言語生活』393　34-41
鈴木一彦・林巨樹(1992)『研究資料日本文法8　構文編』明治書院
砂川有里子(1990)「主題の省略と非省略」『文芸言語研究言語篇』18　15-34
(2000)「談話主題の階層性と表現形式」『文藝言語研究　言語篇』38　117-137
高木和子(1984)「文章理解の心理学」『言語生活』393　51-58
高崎みどり(1985)「文章における反復語句および関連語句の機能について」『文教大学国文』14　26-41
(1986)「文章の語句的構造」『国文』64　お茶の水女子大学国語国文学会　47-57
田窪行則・西山祐司・三藤博・亀山恵・片桐恭弘(1999)『岩波講座言語の科学7　談話と文脈』岩波書店
竹内敬人・八杉龍一(1971)『作法業書　論文レポートの書き方　改訂版』明治書院
田中章夫(1992)「文章の題名・要約文とキーワードの関連性」『表現研究』56　1-7
田中孝一(1997)「生涯学習を培う国語教育——国語教育の今日的課題」『月刊国語教育研究』299　28-33
田中　望(1980)「日常言語における「説明」について」『日本語と日本語教育』8　慶応義塾大学国際センター
(1981)「コソアをめぐる諸問題」『日本語の指示詞　日本語学教育指導参考書8』国立国語研究所
(1984)「談話の研究」『言語生活』381　筑摩書房　74-87

田中春美編（1988）『現代言語学辞典』成美堂
田野村忠温（1990）『現代日本語の文法Ⅰ「のだ」の意味と用法』和泉書院
　　　　　（1993）「「のだ」の機能」『日本語学』12⑾
多門靖容（1992）「文章の談話分析──「しかし」前後件の後続展開調査」『日本語学』
　　　　11（4）　56-62
丹保健一（1986）「係助詞「は」の理解」『日本語学』5⑵　14-21
塚原鉄雄（1966）「文章と段落」『人文研究』17⑵　1-33　大阪市立大学
　　　　（1968）「接続詞」『月刊文法』1⑴　明治書院
　　　　（1969）「連接の論理──接続詞と接続助詞」『月刊文法』2⑵
土屋　俊（1986）『心の科学は可能か』東京大学出版会
津田早苗（1993）「談話分析理論とコミュニケーション理論の接点」『東横学園短期大学
　　　　紀要』28　77-85
常木政則（1988）「意見文（作文）指導の研究」『新大国語』3　1-19
寺井正憲（1989）「説明的文章の読解指導における現状──「修辞学的な読み」の指導
　　　　に関する問題──」『文教大学国文』18　15-29
寺村秀夫（1984）『日本語のシンタクスと意味2』くろしお出版
寺村秀雄・佐久間まゆみ・杉戸清樹・半沢幹一編（1990）『ケーススタディ日本語の文
　　　　章・談話』おうふう
時枝誠記（1941）『国語学原論』岩波書店
　　　　（1950）『日本文法　口語篇』岩波書店
所　一哉（1986）『日本語思考のレトリック』匠出版
中村　明（1977a）『比喩表現の理論と分類』国立国語研究所　秀英出版
　　　　（1977b）『比喩表現辞典』角川書店
　　　　（1983）『日本語のレトリック　講座日本語の表現5』筑摩書房
中本正智（1989）「主題をかかげて脈絡をつける」『言語』18⑶　10-15
永尾章曹（1983）「段落と章節」『日本語学』2⑵　32-40
長尾高明（1992）「文章と段落」『日本語学』11⑵　26-32
長田久男（1984）『国語連文論』和泉書院
　　　　（1995）『国語文章論』和泉書院
　　　　（1997）『文章表現の研究と実践』窓映社
永野　賢（1972）『文章論詳説』朝倉書店
　　　　（1986）『文章論総説』朝倉書店
　　　　（1988）「私の文脈論──文脈における客観性と主観性」『日本語学』7⑺
　　　　18-26
鳴島　甫（1992）「要約文の表現原理についての一考察」『表現研究』56　8-15
成瀬武史（1989）『意味の文脈：通じる世界の言葉と心』研究社
難波博孝（2009）「母語教育の教育内容の妥当性の担保について──特に説明文／評論
　　　　文教材について──」『国語教育研究』50　47-56　広島大学

西田直敏（1986）「文の連接について」『日本語学』5(10)　57-66
　　　　　（1988）「段落とその接続について」『日本語学』7(2)　41-49
　　　　　（1990）「文章論──時枝誠記の文章論を中心に」『国語と国文学』796　東京大学国語国文学会　28-40
　　　　　（1992）『文章・文体・表現の研究』和泉書院
仁科喜久子（1987）「指示語の結合構造」『計量国語学と日本語処理―理論と応用』秋山書店　315-328
仁田義雄（1985）「文の骨組み──文末の文法カテゴリーをめぐって──」林四郎編『応用言語学講座1　日本語の教育』明治書院
　　　　（1991）『日本語のモダリティと人称』ひつじ書房
丹羽哲也（2004）「主題と題目語」尾上圭介編『朝倉日本語講座6　文法II』257-278　朝倉書店
ノーマン．D. A. 著／富田龍彦訳（1984）『認知心理学入門──学習と記憶』誠心書房
野田春美（1997）『「の（だ）」の機能』くろしお出版
野田尚史（1986）「複文における「は」と「が」の係り方」『日本語学』5(2)　31-43
野村真木夫（1987）「現代日本語のトピックセンテンス──パラグラフ論への試み」『弘学大語文』13　36-45
　　　　　（1988）「テキストにおける関係性」『弘前学院大学紀要』24　1-11
　　　　　（1993）「説明の機能―説明の表現の文脈効果―」『表現研究』58　9-17
　　　　　（2001）「テクストにおける文・発話の関係とテクストの構造化」『上越教育大学研究紀要』20(2)　443-458
　　　　　（2004）「談話分析からみた主語」『月刊言語』33(2)　34-40　大修館書店
長谷川孝士編／表現学会監修（1992）『表現学大系　総論編第3巻　表現学と国語教育』教育出版センター
波多野完治（1975）『波多野完治国語教育著作集　上』明治書院
波多野誼余夫編（1995）『認知心理学5　学習と発達』東京大学出版会
土部　弘（1973）『文章表現の機構──国語教育の実践原理を求めて──』くろしお出版
　　　　（1993）「説明の機能　シンポジウムを司会して」『表現研究』58　18-25
浜本純逸（1990）「国際化時代の作文教育」『日本語学』9(7)　53-59
林　巨樹（1983）「書き出しと結びの性格」『日本語のレトリック』151-65　筑摩書房
林　四郎（1959）「文章の構成」『言語生活』6　筑摩書房
　　　　（1983）「代名詞がさすもの、その指し方」『朝倉日本語新講座5　運用1』朝倉書店　1-45
　　　　（1987）『漢字・語彙・文章の研究へ』明治書院
　　　　（1990）「文の成立事情──文章論的文論への序説」『国語学』160　40-50
林　四郎編（1985）『応用言語学講座第一巻　日本語の教育』明治書院
林　四郎他編（1983）『朝倉日本語新講座5　運用I』朝倉書店
速水博司（1990）「高校における作文教育」『日本語学』9(7)　33-38

ハリディ, M. A. K. 著／増山節夫訳（1964）『言語理論と言語教育』大修館書店
ハリディ, M. A. K. & ハサン, R. 著／筧壽雄訳（1991）『機能文法のすすめ』大修館書店
馬場俊臣（1986）「主要語句の連鎖と反復語句との交渉」永野賢編『文章論と国語教育』朝倉書店　68-83
　　　　　（1989）「原文と要約文の反復語句」佐久間まゆみ編『文章構造と要約文の諸相』35-46
　　　　　（1991）「指示語―後方照応の類型について」『表現研究』55　20-27
　　　　　（1992）「指示語の文脈展開機能」『日本語学』11(4)　33-40
平井昌夫（1970）『文章表現法』至文堂
平沢洋一（1992）「文章の目的と種類」『日本語学』11(4)　49-55
深代惇郎（1978）『深代惇郎の天声人語』朝日新聞社
福沢周亮（1995）『改訂版　言葉と教育』放送大学教育振興会
藤田保幸（1990）「文脈論」『日本語学』9(9)　9-13
本多勝一（1982）『日本語の作文技術』朝日文庫
牧野成一（1980）『くりかえしの文法』大修館書店
　　　　　（1986）『言葉と文法』東海大学出版会
益岡隆志（1991）『モダリティーの文法』くろしお出版
松岡　弘（1987）「「のだ」の文、「わけだ」の文に関する一考察」『言語文化』24　一橋大学言語学研究室　3-19
松下　厚（1977）『日本文法学の体系』明治書院
三尾　砂（1948）『国語文章論』三省堂
三上　章（1953）『現代語法序説』（復刊1972、くろしお出版）刀江書院
　　　　　（1960）『象は鼻が長い』くろしお出版
　　　　　（1975）『三上章論文集』くろしお出版
南不二男（1974）『現代日本語の構造』大修館書店
　　　　　（1993）『現代日本語文法の輪郭』大修館書店
宮地　裕・清水康行（1993）『日本語の表現と理解』放送大学教育振興会
邑本俊亮（1998）『文章理解についての認知心理学的研究――記憶と要約に関する実験と理解過程のモデル化――』風間書房
森敏昭・石田潤（1988）「作文の評価に栄養する心理的因因」『広島大学教育学部紀要』第一部37号　117-123
森岡健二（1965）『文章構成法――文章の診断と治療』　至文堂
　　　　　（1980）「伝達論から見た省略」『言語生活』339　18-31
　　　　　（1988）『文章と表現』明治書院
森田信義（1988）『説明的文章の研究と実践――達成水準の検討』明治図書
森田良行（1984）「日本語の発想と論理」『日本語学』3(4)　37-45
　　　　　（1993）『言語活動と文章論』明治書院
茂呂雄二（1988）『認知科学選書16　なぜ人は書くのか』東京大学出版会

文部省（1989）『高等学校学習指導要領解説　国語編』教育出版
ヤコブソン. R著／川本茂雄監修、田村すず子他訳（1973）『一般言語学』みすず書房
山口明穂（1989）『国語の論理』東京大学出版会
山口仲美（1979）『論集日本語研究8　文章・文体』有精堂
山口佳也（1975）「のだの文について」『国文学研究』56　早稲田大学国文学会
　　　　　（2011）『「のだ」の文をその仲間　文構造に則して考える』三省堂
山中桂一（1989）『ヤコブソンの言語科学1　詩とことば』勁草書房
　　　　　（1995）『ヤコブソンの言語科学2　かたちと意味』勁草書房
山梨正明（1988）『比喩と理解　認知科学選書17』東京大学出版会
吉田則夫（1987）「国語教科書の接続語」『日本語学』6(9)　95-103
吉田裕久（1996）「［総合国語］の復活──「国語1」「国語2」の登場」『月刊国語教育
　　　　研究』287　44-47
吉本　啓（1992）「日本語の指示詞のコソアの体系」『指示語』ひつじ書房　58-63
米田　猛（1997）「説明文の文章表現能力分析」『月刊国語教育研究』297　58-63
リード. H著、田中幸穂訳（1985）『散文論』みすず書房
レイコフ. G＆ジョンソン. M. 著　渡部昇一・楠瀬淳三・下谷和幸訳（1986）『レト
　　リックと人生』　大修館書店
渡辺　実（1969）『国語構文論』はなわ書房
立川和美（1994）『文章の段落構造に関する研究──国語表現の指導における課題』東
　　京大学大学院総合文化研究科言語情報科学専攻修士論文
　　　　　（1998）『説明文のマクロ構造把握に関する研究──国語教育の実態とその応
　　用へむけて』東京大学大学院総合文化研究科言語情報科学専攻博士論文

主要参考文献一覧（英文）

Alfonso, A. (1966) "Japanese Language Pattern: A Structural Approach." *Sophia University L.L. Center of Applied Linguistics*.

Allison, D. (1991) "Textual explicitness and pragmatic inferencing: the case of 'hypothetical-real' contrasts in written instructional scientific discourse in English." *Journal of Pragmatics 15*. 373-93.

Auerbach, B & Snyder, B. (1987) *Paragraph Patterns*. New York Harcourt Brace, Jovanovich

de Beaugrande, R. & Dressler, W. (1981) *Introduction to Text Linguistics*. Longman.

Becker, A. L. (1965) "A Tagmemic Approach to Paragraph Analysis." *College Composition and Communication* 16. 237-242.

Black, J. B. (1981) "The effects of reading purpose on memory for text." In J. Long & A. Baddeley (Eds.) *Attention and performance IX*. Hillsdale, NJ: Lawlence

Erlbaum Associates.
Braddock, R. (1974) "The frequency and placement of topic sentences in expository prose." *Research in the teaching of English*. 8, 287-302.
Britton, B. K. & Black, J. B. (eds.) (1985) *Understanding Expository Text*. Lawrence Erlbaum Associates.
Bybee, J. L. (1985) *Morphology*. Amsterdam, Benjamins
Carrell, P. L. (1991) "Awareness of text structure: Effects on recall." *Language Learning* 14(2). 1-20.
Carter, R. (1995) *Keywords in Language and Literacy*. Routledge.
Chafe, W. L. (1987) "Cognitive Constraints on Information Flow." In R, Tolmin. ed., *Coherence and Grounding in Discourse*. Amsterdam, John Benjamins. 21-51.
Christensen, F. (1966) "Symposium on the Paragraph." *College Composition and Communication*. 14. 60-66.
――(1967)"A Generative Rhetoric of the Paragraph." *College Composition and Communication* 17. 155-61.
Connor, U. (1984) "A Study of Cohesion and Coherence in English as a Second Language Students' Writing." *Research Language and Social Communication* 17(3). 301-316.
――(1996) Contrastive Rhetoric: *Cross-cultural Aspects of Second Language Writing*. Cambridge.
Connor, U. & Kaplan, R. B. (1987) *Writing Across Language: Analysis of L2 Text*. Addison-Wesley Publishing Company.
Connor, U. & Kramer, M. G. (1995) "Writing from Sources: Case Studies of Graduate students in Business Management." In *Academic Writing in Second Language: Essays on Research and Pedagogy* 7 Ablex Publishing Corporation. 153-182.
Connor,U. & Farmer,M. (1985) "The teaching of topical structure analyses as a revision strategy for ESL writers." In *"2nd Language Writing, Research Insights for the Classroom* 8. B, Kroll. (ed.) 126-139. Cambridge.
Corder, S. P. (1973) *Introducing Applied Linguistics*. Penguin.
Coulthard, M. (1985) *An Introduction to Discourse Analysis. 2nd ed*. Longman.
Daneš, F. (1974) "Functional Sentence Perspective and Organization of the Text." In *Papers on Functional Sentence Perspective*. 106-128. Mouton; the Hague.
Davidson, D. (1949) *American Composition and Rhetoric*. Charles Scribner's Sons.
Decker, R. E. (1974) *Patterns of Exposition 4*. Little Brown & Company.
Dundes, A. (1975) *Analytic Essays in Folklore*. The Hague: Mouton.
van Dijk, T. A. (1977) *Text and Context*. Longman.
van Dijk, T. A. & Kintsh, W. (1983) *Strategy of Discourse Comprehension*. Academic Press.
van Emden, J. & Easteal, J. (1992) *Report Writing*. McGraw-Hill Book Company.

Enkvist, N. E. (ed.) (1985) *Coherence and Composition: A Symposium*. Abo, Finland, Publications of the Research Institute of the Abo Akademi Foundation.

Firbas, J. (1992) *Functional Sentence Perspective in Written and Spoken Communication*. Cambridge.

Fister-stoga, F. (1983) "Conversation and Composition in the Japanese Ki-Sho-Ten-Ketsu: Toward a Methodology of Contrastive Rhetoric.『外国語科研究紀要英語教室論文集』東京大学教育学部外国語科編. 130-168.

Fries, P. H. (1995) "Themes, Methods of Development, and tests." In R, Hasan.,P, H, Fries. (eds.) 317-59.

Fromkin, V. & Rodman, R. (1993) *An Introduction to Language 5th ed*. Harcourt Brace Javanovich Publishers.

Gorrell, R. M. & Laird, C. (1967) *Modern English Handbook 4th ed*. Prentice-Hall.

Gracia-Berrio, A. & Mayordomo, T. A. (1988) "Compositional Structure: Macrostructure." In Petöfi, J. S. (ed.) 170-211.

Graesser, A. C. & Goodman, S. M. (1985) "Implicit Knowledge, Question Answering, and the Representation of Expository text." In Britton,B. & Black, J. (ed.) 109-171.

Hague, S. A. & Scott, R. (1994) "Awareness of Text Structure: Is there a match between readers and authors of second language text?" *Foreign Language Annals*. 27(3). 343-363.

Halliday, M. A. K. (1994) *An Introduction to Functional Grammar*. E.Arnold.

Halliday, M. A. K. & Hasan, R. (1976) *Cohesion in English*. Longman.

　(1985) *Language, Context and Text: Aspect of Language in a Social-semantic Perspective*. Deakin University Press.

Hasan, R. & Fries, P. H. (1995) *On Subject and Theme: A Discourse Functional Perspective*. John Benjamins.

Hill, T. (1993) "The Effects of Discourse Structure on Japanese University Readers."『独協大学研究紀要』41. 101-119.

Hinds, J. (1980) "Japanese Expository Prose. *Papers in Linguistics* 13. 117-158.

　(1983) "Contrastive Rhetoric: Japanese and English." Text2(3). 183-195.

　(1984) "Topical Maintenance in Japanese Narratives and Japanese Conversational Interaction." *Discourse Porecesses*7. 465-482.

　(1987) "Reader Versus Writer Responsibility: A New Typology." In Connor (ed.) *Writing Across Languages. Chapter*8. 141-152.

　(1990) "Inductive, Deductive, Quasi-inductive: Expository Writing in Japanese, Korean, Chinese and Thai." In *Coherence: Research of Pedagogical Perspectives TESOL*. 87-109.

Hoey, M. R. (1983) *On the Surface of Discourse*. Allen & Unwin.

　(1991) *Patterns of Lexis in Text*. Oxford.

Jakobson, R. (1960) "Linguistics and Poetics." In Sebeok, T. A. *Style in Language*. J. Wiley.

Kaplan, R. B. (1966) "Cultural Thought Patterns in International Education." *Language Learning* 16. 1-20.

(1987) "Cultural Thought Patterns Revisited." In: Connor & Kaplan. 9-21.

Kinneavy, J. L. (1971) *A Theory of Discourse—The Aim of Discourse*. Prentice-Hall.

Kintsch, W. (1994) "Text Comprehension, Memory and Learning." *American Psychologists* 49. 294-303.

Lambrecht, K. (1994) *Information Structure and Sentence Form: topic, Focus and the Mental Representation*. NY Cambridge.

Legget, A. J. (1966) "Notes on Writing of Scientific English for Japanese Physicists." 『日本物理学会誌』21 (11). 790-805.

Loech, R. F. L., O'Bewiwn, E. J. (eds.) (1995) *Sources of Coherence in Reading*. Lawrence Erlbaum Associates.

Longacre, R. E. (1976) *An Anatomy of Speech Notions*. Lisse: Peter de Ridders Press.

(1980) "An Apparatus for the Identification of Paragraph Types." *Notes on Linguistics* 15. 5-22.

Markels, R. B. (1984a) *A New Perspective on cohesion in Expository paragraphs*. Southern Illinois University Press.

(1984b) "Cohesion Paradigm for Language Teachers." *College English* 45. 450-464.

McCarthy, M. (1991) *Discourse Analysis for Language Teachers*. Cambridge.

McCarthy, M. & Carter, R. (1994) *Language as discourse—Perspective for Language Teaching*. Longman.

Meyer, B. J. F. (1975) *The Organization of Prose and its Effects on Memory*. American Elsevier.

Meyer, B. J. F. & Haring, M. J. & Brandt, D. M. & Walker, C. H. (1980) "Comprehension of Stories and Expository Text." *Petics* 9. 203-211.

Petöfi, J. S. (1988) *Text and Discourse Constitution Empirical Aspects, Theoretical Approaches*. Walter de Gruyter.

Propp, V. (1928) *Morfoloja Skazki*. Leningrad. (北岡誠司他訳 (1972)『民話の形態学』白馬書房)

Reid, J. M. (1993) *Teaching ESL Writing*. Regents Prentice Hall.

Rudolph, E. (1988) "Connective Relations—Connective Expressions—Connective Structure." In Petöfi, J. S.

Rumelhart, D. E. (1975) "Notes on Schema for Stories." In Bobrow, D. G. & Collins, A. *Representation and Understanding: Studies in Cognitive Science*. Academic Press. 211-236.

Salkie, R. (1995) *Text and Discourse Analysis*. Routledge.

Sasaki, M. (1993) "An Analysis of the textual Development of Motorsport News Articles."『山梨英和短期大学紀要』27, 96-112.
Schiffrin, D. (1994) *Approach to Discourse*. Blackwell.
Smith, E. L. Jr. (1985) "Text Type and Discourse Framework." *Text 5*. 229-247.
Steel, M. S. (1950) *Readable Writing*. The Macmillan Company.
Stevenson, R. J. (1993) *Language, Thought and Representation*. John Wisley & Sons.
Stubbs, M. (1996) *Text and Corpus Analysis Computer Assisted Studies of Language and Culture*. Blackwell.
Williams, S. N. (1969) *The Logic of the English Paragraph*. Kenkyusya.
Winter, E. O. (1977) "A Clause Relational Approach to English Texts: A Study of Some Predictive Lexical items in Written Discourse." *Instructional Science* 6(1). 1-92.
Young, R. E., Becker, A (1966) "The Role of Lexical Grammatical Cues in Paragraph Recognition." *Studies in Language and Language Behavior Progress Report 2*. Ann Arbor: Center for Research on Language. University of Michigan.

主要参考文献一覧

〈付録1〉本研究で用いたコーパス

① 中学校国語教科書（1996年度版）
　　学校図書　中学校国語　　1年「字のないはがき」　向田邦子
　　三省堂　　現代の国語　　1年「ふき漆の器」　秋岡芳夫
　　　　　　　　　　　　　　　　「この小さな地球の上で」　手塚治虫
　　　　　　　　　　　　　　2年「サンゴ礁の秘密」　中村庸夫
　　教育出版　中学国語　　　1年「命の水」　林充美
　　　　　　　　　　　　　　　　「私の好きな春の言葉」俵　万智
　　　　　　　　　　　　　　　　「オツベルと象」宮沢賢治
　　　　　　　　　　　　　　　　「残されたフィルム」　内海隆一郎
　　　　　　　　　　　　　　　　「ベンチ」リヒター
　　　　　　　　　　　　　　　　「銀のしずくふるふる」藤本英夫
　　　　　　　　　　　　　　　　「たぬき親父」柏葉幸子
　　　　　　　　　　　　　　　　「少年の日の思い出」ヘッセ
　　　　　　　　　　　　　　　　「かけがえのない地球」島村英紀
　　　　　　　　　　　　　　　　「渡り鳥のなぞ」柴田敏隆
　　　　　　　　　　　　　　　　「植物の姿勢と鮮度」樋口春三
　　　　　　　　　　　　　　　　「0と1の世界」山田勲
　　光村図書　中学校国語　　1年「遠くでっかい世界」椎名誠
　　　　　　　　　　　　　　3年「あたたかいスープ」　今道友信
　　東京書籍　新編新しい国語　2年「走れメロス」　太宰治

② 高等学校教科書
　　『倫理』　実教出版（1997）
　　『高等学校　地学ⅠB』　数研出版（1996）
　　『生物ⅠB』　三省堂（1993）
　　『新日本史』　山川出版社（1994）
　　『家庭一般』実教出版（1993）

③ 日本語教育教科書
　　アカデミック・ジャパニーズ研究会編著（2001）『大学・大学院　留学生の日本語
　　　　① 読解編』アルク
　　東照二ほか（1995）『中上級用日本語テキスト：日本の社会と経済と読む』研究社
　　岡本牧子ほか（2005）『パターンで学ぶ　日本語能力試験1級読解問題集』Jリサー

チ出版
　佐々木瑞枝ほか（2001）『大学で学ぶためのアカデミックジャパニーズ：中・上級
　　　者用日本語テキスト』The Japan Times
　山崎信寿ほか（1992）『科学技術日本語案内：理工学を学ぶ人のための』創拓社
　早稲田大学日本語教育センター編（1988）『外国学生用　日本語教科書Ⅰ・Ⅱ』早
　　　稲田大学日本語教育センター

④　社説　読売新聞
　1997.5.1.～1997.5.31.
　2011.4.1.～2011.4.8.

⑤　新聞記事　朝日新聞
　　　　　　　　　　1997.8.17. 付
　　　　　読売新聞
　　　　　　　　　　1997.5.11. 付
　　　　　　　　　　2011.1.8. 付　2011.3.25. 付
　　　　　　　　　　2011.3.27. 付

⑥　その他
　『入門　価格理論』倉沢資成　日本評論社　1987
　『３分間結婚スピーチ』山川文也　永岡書店　1977
　『人間はどこまで動物か』ポルトマン／高木正孝訳　岩波新書1981
　『石川啄木』福田清人　清水書院　1969
　『キュリー夫人』白井俊明　小学館　1965
　『入門ビジュアルサイエンス　物理の仕組み』古暮陽三　日本実業社1992
　『化学Ⅰ　その本質と理解』Compton著　石森他訳　東京科学同人　1981
　『数学30講シリーズ　集合への30講』志賀浩二　朝倉書店　1988
　『四季の博物誌』荒垣秀雄編　朝日出版社　1988
　『心のコリをほぐす本』日本私立学校振興・共済事業団　2001

主要参考文献一覧

〈付録2〉説明的文章教材便覧

　以下に、『現代の国語』(1997年版　三省堂)に所収されている説明的文章の教材をリストアップし、題名、作者、分量、単元名、種別、出典、内容分類、キーワード、本文要抄を掲載した。本研究は一社だけについて便覧作成を行ったが、中学校教材については、各教科書が独自の編集方針を打ち出してバラエティ豊かな教材を揃えているため、他社についても同様の試みを行うことで、副教材に幅を持たせることや学年間の教材の連携を深めたりすることが可能になるはずである。また内容分類やキーワード等を利用し、指導順番の組み換えや指導法の工夫なども可能だと思われる。

　『中学校国語教科書教材目録』は広島大学より1993年版が出ており、そこでは全ての教材についての分析が行われているが、この便覧作成にあたっては島根県松江教育センター『昭和63年度国語Ⅰ評論・随筆検索便覧』を参考にした。

　『昭和63年度「国語Ⅰ」評論・随筆検索便覧』(島根県松江教育センター)では、題名、教科書名、筆者(専門)、単元名、出典、掲載分量、ジャンル、内容分類、語句(これはキーワードにあたる)、要抄が収められているが、内容分類の項目としては、

　評論：文化評論、言語評論、科学評論、人生論、文芸評論、社会評論、歴史評論
　随筆：自伝的、見聞雑記、文芸論的、教訓的、気功類、考証的、思想的、芸道
と15種類が立てられている。

〈「現代の国語Ⅰ」三省堂　説明的文章便覧〉

① 「ミツバチの帰路」(内田亨)　9ページ
単元名：自然とのふれあい　種別：説明
出典名：「蜜蜂と花時計」　内容分類：科学的
キーワード：ミツバチ・方向・距離
本文要抄：ミツバチが未知の場所から自分の巣へ戻ってこられる理由は、方向を知る感
　　　　　覚と、距離を測る感覚による。特に嗅覚は巣の区別に役立っている。

② 「花があれば自然？」(中村桂子)　10ページ
単元名：自然とのふれあい　種別：随想
出典名：書き下ろし文　内容分類：科学的
キーワード：花・昆虫・共生・栽培・人工
本文要抄：花を栽培していれば「自然」とともに生きているのだと考えるのは、誤りで
　　　　　ある。本当の自然は、花と昆虫との共生などの例に見られるような網の目構
　　　　　造をなしており、私たちはそういったことに目をむけ、人工的自然からそれ
　　　　　らを区別できなければならない。

251

③ 「アイスキャンデー売り」（立原えりか）6ページ
単元名：感じる心を広げる　種別：随想
出典名「おやじの値段」　　内容分類：自伝的
キーワード：アイスキャンデー・空襲・幽霊
本文要抄：小学生のころ夏休みにアイスキャンデー売りがいつも来ていたが、体の弱い私は冷たいものを禁じられていた。そのアイスキャンデー売りはいつも無表情で、お客がいなくなると地面にアイスキャンデーを並べてじっと見ているという不思議な行動をとっていたが、それは空襲で亡くなった子供たちに対してのお供えだった。小学生たちはそのことを「おもちゃ」にして「幽霊ごっこ」を始めるが、それはどういうことであるかをやがては理解していく。私もアイスキャンデーを食べていたならば、アイスキャンデー売りの心を理解できたのではないかと感じる。

④ 「カバこそぼくの人生」（西山登志雄）8ページ
単元名：読書　　　　種別：随想
出典名：「動物賛歌」　内容分類：科学的
キーワード：カバ・発見・お産・愛情
本文要抄：作者はカバが大好きである。カバとの生活を通して動物の親子の愛情や動物の性格を知っていき、ますます動物に対する愛情が増してきた。

⑤ 「高齢化社会ときみたち」（三浦文夫）10ページ
単元名：社会をみつめて　　　種別：解説
出典名：「高齢化社会ときみたち」　　内容分類：社会的
キーワード：高齢化社会・高齢化・予測
本文要抄：高齢化社会への離陸という面からは日本は外国に比べると後進国であるが、西暦2000年頃には、高齢化の最も進んだ国になると予想される。

⑥ 「この小さな地球の上で」（手塚治虫）8ページ
単元名：社会をみつめて　種別：随想
出典名：「地球大紀行1」　内容分類：人生論
キーワード：人間・賢明さ・愚かさ・運命共同体・地球
本文要抄：人間はナスカの地上絵を描く賢明さとイースター島の全滅を招く愚かさとの両面をもっている。もろくて壊れやすい地球に対してどう対処していくかは、人間にとって一度限りの選択であり、その際にこの地球という運命共同体でのいきものと人間との温かいふれあいや助け合いを忘れてはならない。

⑦ 「ふき漆の器」(秋岡芳夫) 4ページ
単元名:生活と文化　　　　種別:解説
出典名:「木——日本人の暮らし」　内容分類:文化的
キーワード:漆・接着剤・アシナガバチ・自然の知恵
本文要抄:漆はその樹液が強い接着力を持っており、アシナガバチは巣作りにそれを用いている。日本人も、漆を接着剤や塗料として古くから木の器に塗りこんでいるが、日常使いの「ふき漆」の器は、歴史とすばらしい性質を兼ね備えている。こうした自然の知恵には頭が下がる。

⑧ 「切ることと創ること」(原ひろ子) 7ページ
単元名:生活と文化　　　　種別:ルポルタージュ
出典名:「子供の文化人類学」　内容分類:文化的
キーワード:切ること・創ること・泳ぐこと・能力・可能性
本文要抄:ヘアーインディアンにとっては「切ること」とは「創ること」につながるため、子供たちはそういった能力に非常に長じており、その生活習慣から自分の身を自分で守ることを知っている。しかしその一方で、彼らに「泳ぐ」という概念は存在せず、泳げる者はいない。このように、人間が子供を育てるということには、子供の可能性を伸ばすこと、抑えることの両面が見られる。

〈「現代の国語2」(三省堂)　説明的文章便覧〉

① 「同じということ　違うということ」(落合恵子) 6ページ
単元名:人とのかかわり　　種別:随想
出典:「こころの科学」　　内容分類:自伝的
キーワード:友達・同じ・拘束・疎遠
本文要抄:中学生時代の友人関係において、何でも「同じ」であることに拘束されて息苦しさを感じていたにも関わらず、私は二人の間に生じた「靴ずれ」のような感覚についてきちんと話し合うことなく、彼女とは疎遠になってしまった。真の友人関係とは、自分と友人との差を認め合うことにあるのである。

② 「緑の長城はできるか」(辰野和男) 6ページ
単元名:文明と人間　種別:ルポルタージュ
出典:朝日新聞　　　　内容分類:社会的
キーワード:万里の長城・砂漠・緑化・生態系
本文要抄:緑の長城計画は中国の砂漠を緑化するという計画であるが、その土地の生態系を大切にして進めていくことが大切だ。さらにこれは中国だけでなく、人類的課題として取り組むべき問題である。

③ 「見えることの落とし穴」(清水邦夫) 6ページ
単元名「文明と人間」　種別：評論
出典：朝日新聞　　　内容分類：人生教訓的評論
キーワード：見える・ホンモノ・ニセモノ・警戒心・真実
本文要抄：私たちは現場で見たものは「ホンモノ」で、それ以外はニセモノと考えがちだが、ともかく見えることによって警戒心を失ってしまい、現場の〈真実〉をのぞいた気分になってしまう。ホンモノ・ニセモノの観点でなく、捉え方の正しさから見ることが大切だ。

④ 「短歌とその世界」(書き下ろし) 8ページ
単元名：豊かな感性　種別：解説
出典：書き下ろし文　内容分類：文芸的解説
キーワード：単歌の鑑賞
本文要抄：斉藤茂吉・石河啄木の短歌の紹介と、その内容説明、鑑賞文。

⑤ 「一枚の地図」(高野孟) 6ページ
単元名：国際社会の中で　　　　種別：随想
出典名：「入門　世界地図の読み方」　内容分類：社会的
キーワード：地図・読む・印刷物・暗黒・島国日本
本文要抄：一枚の地図はただの印刷物にすぎないが、その「読み方」しだいでは、私たちのイメージを様々に書きたてて、ただの印刷物以上の世界を見せてくれる。地図の歴史は古いが、かつては暗黒の部分だとされていた部分が今ではほとんど見当たらない。しかしわれわれの個人の中にある「地図」は島国日本の枠から出ていないことが多く、これからはその外の暗黒の部分を取り除いていくことが必要だ。

⑥ 「国際化の構図」(矢野　暢)　12ページ
単元名：国際社会の中で　種別：論説
出典名：書き下ろし文　　内容分類：社会的
キーワード：国際化・日本式国際交流・文化的鎖国状態
本文要抄：日本は集中豪雨型の国際交流と文化的鎖国状態を繰り返しながら、独自の国際化を図ってきたが、そのパタンはいつも国家レベルのみの交流に終始しており、個人が本来の国際化について充分認識していないことが多い。今後はそれらの問題点を解決していく努力が必要だ。

⑦ 「じょうご造り・くど造り」(吉田桂三) 7ページ
単元名：さまざまな文化　　　種別：解説
出典名：「なつかしい街並みの旅」　内容分類：社会的
キーワード：じょうご造り・くど造り・有明海・南方式・竪穴式
本文要抄：日本の民家には実に奇妙な作り方がたくさん見られ、有明海岸に立てられて
　　　　いる「じょうご造り・くど造り」の家もその一つである。これは、土地の気
　　　　候によって、作りだされた南方独特の家の形である。一方、日本には北方独
　　　　特の竪穴式もあり、こちらは日本人の起源を知る糸口となる。

⑧ 「文化というもの」(木村尚三郎) 6ページ
単元名：様々な文化　　　種別：論説
出典名：ヨーロッパの窓から　内容分類：文化的
キーワード：文化・土地・生き方・輸出と輸入
本文要抄：最近、文化の重要性が叫ばれるようになってきたが、文化とは本来その土地
　　　　ごとに独特な生き方の形式を指すのであり、輸出や輸入などはできない。そ
　　　　の土地ごとに発展していくべきものである。

〈「現代の国語3」(三省堂)　説明的文章便覧〉
① 「考えるということ」(鶴見俊輔) 7ページ
単元名：生きるということ　種別：随想
出典名：「家の中の広場」　内容分類：思想的
キーワード：考える・なぜ生きるか・しぐさ・感情・助けあい
本文要抄：よい社会とはの答えは、子供の時から身につけてきたしぐさと感情の中にあ
　　　　る。よい社会に生きるとは、助け合うことである。

② 「鳥のいる〈異風景〉」(加藤幸子) 4ページ
単元名：人類の課題　　　種別：随想
出典名：「私の自然ウオッチング」　内容分類：社会的
キーワード：異風景・自然・破壊
本文要抄：開発や都市化に伴う自然破壊の結果、様々な異風景が出現した。しかし私た
　　　　ちは、それに対して大きな違和感を感じることはない。自然の中の鳥たちは、
　　　　いつか人間をこの異風景のなかへ投げ返すことだろう。

③ 「地球環境の危機」(伊藤和明) 10ページ
単元名：人類の課題　　　　　　　　　　　種別：論説
出典名：「私たちの住む星　地球が汚されている」　内容分類：社会的
キーワード：地球・環境・熱帯林破壊
本文要抄：地球環境の破壊や汚染は、生物の絶滅を招き、その例として熱帯林破壊などがある。われわれは、このかけがえのない地球の環境を健全な姿で子孫に引き継がなければならない。

④ 「わたしたちと世界」(武田清子) 7ページ
単元名：平和な世界へ　　　種別：随想
出典名：「わたしたちと世界」　内容分類：文化的
キーワード：世界・他国・人権尊重・文化・歴史
本文要抄：新しい人類社会を作り上げる一員になるためには、過去の戦争や人権尊重の歩みの事実をはじめ、自他の歴史や文化を知る必要がある。

⑤ 「文化交流を考える」(加藤淳平) 7ページ
単元名：平和な世界へ　　　種別：論説
出典名：「日本の文化交流」　内容分類：文化的
キーワード：文化交流・自国文化・西洋文化・アジア諸文化
本文要抄：国際化の現在、われわれは、自国文化の理解、西洋文化の相対化、アジア諸文化の理解釈に努め、文化交流に参画しなければならない。

⑥ 「「ありがとう」といわない重さ」(一之瀬恵) 11ページ
単元名：ことばと文化　種別：解説
出典：書き下ろし　　　内容分類：言語
キーワード：態度・助けあい・精神世界・言語文化
本文要抄：モンゴル人は「バヤルララー(ありがとう)」の連発を卑しむため、その態度は日本人には不可解なこともある。反面、ユルール(詩)においては、言葉を尽くして相手の幸福を祈り、その精神生活は豊かである。これはすべて言語文化の相違なのだ。

⑦ 「手あかのついた言い回し」(清水義範) 11ページ
単元名：ことばと文化　種別：評論
出典：「ことばの国」　内容分類：文化
キーワード：言い回し・自分の言葉・レトリック
内容要抄：手あかのついた言い回しは、不用意に使うと真実から遠ざかり、お笑いの種にもなるので、自分の言葉を心がけることが大切だ。また、レトリックの活用でも意図と異なる効果を生むことがあるため注意したい。

〈付録3〉高等学校現代文一覧　学校用教科書目録
（平成8年度使用）

発行出版社・書名	ページ数	検定済年	著作者
日本書籍　新版高校現	302	平成7	大久保典夫ほか10名
東京書籍　現代文	328	平成7	吉田照生ほか19名
東京書籍　精選　現代文	356	平成6	吉田照生ほか19名
学校図書　高等学校現代文	326	平成6	阿川弘之、野地潤家ほか18名
三省堂　新編現代文	238	平成7	柴田武ほか9名
三省堂　現代文	368	平成6	関口安義ほか7名
教育出版　精選現代文	356	平成7	小田切秀雄ほか7名
教育出版　新選現代文	32	平成6	小田切秀雄ほか7名
大修館書店　高等学校新現代文	330	平成7	平岡敏夫 北原保雄ほか17名
大修館書店　高等学校現代文	310	平成6	平岡敏夫 北原保雄ほか17名
大修館書店　新編現代文Ⅰ・Ⅱ	各178	平成6	平岡敏夫 北原保雄ほか17名
明治書院　新現代文	308	平成7	紅野俊郎ほか13名
明治書院　精選現代文	324	平成6	紅野俊郎ほか13名
右文書院　現代文	320	平成7	会田、助川、中野ほか8名
右文書院　新現代文（上）（下）	182/178	平成6	会田、助川、中野ほか8名
筑摩書房　新編現代文	358	平成7	安藤宏ほか3名
筑摩書房　ちくま現代文	358	平成7	紅野謙介ほか5名
筑摩書房　現代文	354	平成6	安藤宏ほか3名
角川書店　高等学校現代文	360	平成6	吉川泰雄、大野晋、山田俊雄他7名
旺文社　高等学校現代文	326	平成6	山田有策ほか5名
尚学出版　新版現代文	332	平成7	大野信・長尾高明・野山嘉正他11名
尚学出版　新選現代文	360	平成6	大野信・長尾高明・野山嘉正他10名
第一図書　高等学校現代文1・2	336/344	平成6/7	竹盛天雄ほか10名
第一図書　高等学校新現代文	312	平成7	竹盛天雄ほか10名

【著者紹介】
立川　和美　（たちかわ　かずみ）
1989年　お茶の水女子大学文教育学部卒業
1998年　東京大学大学院総合文化研究科、博士課程修了、学術博士
2008年〜　流通経済大学准教授

主　著
『日本語随筆テクストの諸相』（共著、2007年、ひつじ書房）
『ここからはじまる文章・談話』（共著、2008年、ひつじ書房）
『ガイドブック文章・談話』（共編、2010年、ひつじ書房）

説明文のマクロ構造把握
―国語教育・日本語教育への指導・応用に向けて―

発行日　2011年11月3日　初版発行
著　者　立　川　和　美
発行者　佐　伯　弘　治
発行所　流通経済大学出版会
　　　　〒301-8555　茨城県龍ヶ崎市120
　　　　電話　0297-64-0001　FAX　0297-64-0011

ⓒKazumi Tachikawa 2011　　　　　Printed in Japan/アベル社
ISBN 978-4-947553-53-9 C3081 ¥3000E